COLLECTION
FOLIO/ESSAIS

Sainte-Beuve

Pour la critique

Édité par Annie Prassoloff
et José-Luis Diaz

Gallimard

AVANT-PROPOS

Charles-Augustin Sainte-Beuve, né en 1804, commença sa carrière de critique au Globe *le 10 octobre 1824. Le 13 octobre 1869, une opération manquée interrompit son travail de guetteur, et priva Flaubert du lecteur espéré : « J'avais fait l'*Education sentimentale *en partie pour Sainte-Beuve. Il est mort sans en connaître une ligne*[1]*. »*

Parce que le métier de critique affiche plus que d'autres pratiques d'écriture sa dépendance envers un texte antérieur, on a souvent pris le parti de soumettre la publication de ses articles à l'ordre de ces matières premières, à la hiérarchie scolaire variable des modèles de ses Portraits. *A défaut d'un Sainte-Beuve intégral, nous présentons ici un Sainte-Beuve chronologique, avec une proportion plus généreuse pour la littérature de son temps et pour les textes de ses débuts : meilleure façon de faire sentir ce qui a maintenu, par-delà les faiblesses ou les désastres intimes,*

1. Lettre à sa nièce, citée par André Guyaux dans son édition de *Volupté*, « Folio », Gallimard, 1986, p. 45-46.

l'autorité de ce lecteur auprès des deux ou trois générations littéraires qui ont écrit, comme Flaubert, « en partie pour lui ».

Les textes retenus ici ne sont pas tous intégraux, mais nous nous sommes efforcés, malgré les coupes, de respecter autant que possible l'essentiel de leur dynamique.

On trouvera aux pages 79 à 108 une biographie de Sainte-Beuve par lui-même. Cette notice qu'il a laissée dans ses papiers et que Jules Troubat a publiée au tome XIII des Nouveaux Lundis *offre le double mérite d'informer sur le personnage et de donner une première vue de sa manière. Dans la même section biographique, notre choix fait ensuite exceptionnellement une place à un des nombreux articles anonymes, mais catégoriquement reconnu et « signé », trente-cinq ans plus tard, par les larmes que l'auteur étouffa en l'entendant lire par son dernier secrétaire et exécuteur testamentaire, Jules Troubat : c'est un bref rappel du Sainte-Beuve politique trop méconnu, qui s'exprime avec flamme dans cet hommage aux sergents de la Rochelle, exécutés par Louis XVIII pour complot libéral.*

L'élaboration de sa méthode critique, l'histoire de ce va-et-vient exigeant entre une vaste culture théorique et les surprises empiriques des textes, surtout littéraires, est le fil directeur de la section suivante. Elle conduit du « Pierre Corneille » de 1829 au dialogue avec la Physiologie des écrivains et des artistes, *d'Emile Deschanel, parue chez Hachette en 1864, essai de psychocritique médicalisée et jusqu'à cette formule d'épilogue : « Le goût seul ne dispense pas des méthodes armées et précises. »*

La section suivante rassemble des textes sur le métier d'écrivain, le champ intellectuel, ses forces et ses magnétismes, qui constituent les éléments d'une sociologie historique du fait littéraire.

La quatrième donne un échantillon (mais toujours selon l'ordre de leur parution) de ses portraits d'écrivains, si divers dans leur rhétorique et leur visée. Nous le quitterons au moment de son dialogue épistolaire avec son « petit ami libertin » : Baudelaire. Moment où la prudence, et peut-être surtout un accès de presbytie critique passager, l'a ramené, pour une phase dont Roger Fayolle a éclairé les composantes[1]*, à sa plus petite dimension.*

Mais quelles que soient ces fluctuations, reste la méthode de Sainte-Beuve, sur laquelle porte l'essentiel de notre introduction : méthode qui excède sa légende, et dont la force est de ne s'être pas blasée sur le mystère de l'hybridation d'une forme et d'un trajet existentiel.

Les indications bibliographiques relatives à chaque article sont données en bas de la première page de chacun d'eux. Les notes en bas de page, appelées par des astérisques, sont de Sainte-Beuve.

1. Roger Fayolle, *Sainte-Beuve et le XVIIIe siècle, ou comment les révolutions arrivent,* Paris, Armand Colin, 1972.

La section suivante présente des textes sur la matière d'écriture, le champ intellectuel, ses formes et ses magnétismes, qui construisent les éléments d'une sociologie historique du fait littéraire.

La quatrième donne un échantillon (mais [illegible]) de ses portraits d'écrivains, si divers dans leur méthode et leur visée, que [illegible] au moment de son [illegible] avec son « portrait [illegible] » [illegible] et [illegible] de chaque passage. [illegible], pour une phase [illegible] les composantes, [illegible] petite dimension.

Mais quelles que soient ces fluctuations, c'est le [illegible] de Sainte-Beuve sur [illegible] l'essentiel de notre introduction : méthode qu'il [illegible], et dont la force est de ne s'être pas [illegible] sur [illegible] vers la subordination à une forme ou d'un sujet [illegible].

Les indications bibliographiques relatives à chaque article sont données en bas de la première page de chacun d'eux. Les notes en bas de page, appelées par des astérisques, sont de Sainte-Beuve.

1. Roger Fayolle, *Sainte-Beuve et le XVIIIe siècle, ou comment les révolutions arrivent*, Paris, Armand Colin, 1972.

PRÉSENTATION

Sainte-Beuve
ou « l'office de la vigie »

> « Nous ferons l'office de la vigie et notre cri de découverte sera toujours mêlé d'émotion et de joie. Quand on a soi-même des portions de l'artiste, qu'on l'a été un moment ou du moins qu'on a désiré de le devenir à quelque degré, la vigilance sur les créations naissantes est extrême ; le clin d'œil est rapide et peu trompeur ; on reconnaît avec un instinct vif presque jaloux, ces lumières qui pointent à l'horizon et vont à mesure éteindre les anciennes. »
>
> *« M. A. de Musset », 1833,* infra, *p. 294.*

Pour arriver jusqu'à Sainte-Beuve

Malheureux destin d'un grand critique, dont on ne sait plus assez que ce fut aussi un grand écrivain. Pour arriver jusqu'à lui aujourd'hui, il faut franchir le double obstacle des éditions quasi introuvables et des « imagos » négatives, formant ligne de défense.

De l'« oncle Beuve », comme l'appelait Gautier, ses contemporains ne se sont pas fait faute de multiplier les caricatures : le « galantin », le « Tartuffe », le « caméléon », le « matou », la « vieille dame à chaufferette » (Barbey d'Aurevilly), l'« impuissant de génie », l'« envieux », l'« écrivain à teintes grises » (*L*, V, 542[1]), avec « sa blafarde muse de la nature des chauves-souris » (Balzac[2]). Mais on le lisait, il faisait partie du paysage, il avait sa fonction : c'était l'Aristarque tatillon du romantisme, mais aussi sa conscience.

A la fin de sa vie, et dans les premiers temps de sa survie posthume, Sainte-Beuve a joui d'une estime dont témoigne l'abondance des éditions ainsi que le nombre des études à lui consacrées. Gloire restreinte mais tenace que confirme encore le *Livre d'or* qu'on publie en 1904, pour saluer le centenaire de sa naissance, avec toute la pompe « Troisième république » de rigueur. Mais, comme l'a montré Antoine Compagnon, il a eu le malheureux bonheur de beaucoup servir d'ancêtre et de garant à l'Université naissante. On ne passe pas impunément grand homme pour inspecteur d'académie...

Gustave Lanson lui reprochait déjà en 1896 d'avoir « employé les œuvres à constituer des biographies », au lieu « d'employer les biographies à expliquer les œuvres[3] ». Mais il le donne néanmoins pour le parrain

1. Les abréviations utilisées sont les suivantes : *L* pour les *Causeries du Lundi* ; *NL* pour les *Nouveaux Lundis*, *PC* pour les *Portraits contemporains*, *PL*, pour les *Portraits littéraires*, *RDM*, pour la *Revue des Deux Mondes*.

2. C'est Sainte-Beuve lui-même qui nous l'apprend, pour accéder à un écrivain il faut d'abord traverser ses légendes (*L*, XI, 281).

3. Avant-propos de *Hommes et Livres* [1896], repris dans Slatkine Reprints, Genève, 1979, p. VIII.

de la critique universitaire, imité en cela par le chœur de la « critique d'érudition » — pour reprendre le mot de Roland Barthes sur Raymond Picard. Trop mondain cependant pour les érudits, trop professionnel et soucieux d'exactitude pour « la bonne société, dont l'une des fonctions est de s'adonner au ramage littéraire » (Julien Benda) : deux mondes étanches, régis par des modes de légitimation discordants[1]. Pas assez positiviste pour les uns, puisqu'il se méfiait du déterminisme tainien, et voulait préserver à tout prix l'individualité géniale et sa propre liberté d'impression ; trop positiviste pour les autres, qui ne retiennent de lui que son goût des témoignages et des documents biographiques : Proust, mais aussi Valéry, unis par-delà leurs différences.

Le premier lui en veut de chercher la vérité de Stendhal en interrogeant les amis de jeunesse d'Henry Beyle et en s'en tenant sur lui à leur sentiment. Partisan d'une critique intérieure, qui se hausserait par le seul « effort de notre cœur » à la tremblante vérité de l'œuvre, il s'impatiente devant tant d'attention donnée par Sainte-Beuve à la connaissance minutieuse des milieux intellectuels et des relations mondaines. Parlant plutôt au nom d'une « poétique générale », Valéry l'inclurait volontiers dans sa critique des biographes, qui préfèrent s'attarder sur les anecdotes et les maîtresses, plutôt que d'affronter la difficile question de

1. Comme Sainte-Beuve le notait lui-même dans son compte rendu de l'étude de J.V. Leclerc, *Des Journaux chez les Romains*, *Revue des Deux Mondes*, 1840, p. 839 : il faudrait être « philosophe » pour juger l'érudition, mais « les philosophes sautent à pieds joints et aiment mieux inventer. Les érudits restent entre eux, se dénigrant et se combattant, se louant et se citant. »

l'élaboration formelle de l'œuvre. D'où le double rejet subséquent de la part des formalistes et des divers critiques de l'intériorité (à l'exception d'un Jean-Pierre Richard).

Avec les thèses de Roger Fayolle et de Raphaël Molho (1972), le critique absolu est devenu à son tour un objet d'érudition. Mais, champion d'un XVIIe siècle monarchique étrangement chéri de la République, ou ami de l'ordre comme M. de Vigny sous Napoléon III, ce Sainte-Beuve-là non plus n'offrait pas aux années 70 une figure séduisante.

Il a pris de plein fouet la vague structuraliste et subi le rejet du mariage de routine entre littérature et psychologie, une psychologie banale et sans théorie. Son rôle posthume d'initiateur et de Mentor pour l'histoire littéraire l'a désigné à la vindicte quand l'histoire littéraire et la « méthode biographique » ont subi la vague de suspicion que l'on sait. Dès 1954, un éditeur virtuose (Bernard de Fallois) avait déniché dans les papiers posthumes de Marcel Proust un titre devenu célèbre. Et par la force de cette *auctoritas*, tout a été dit. Enseigne d'un livre qui regroupe avec art des morceaux tombés de l'établi de la naissante *Recherche*, ce titre a eu bientôt force de chose jugée. Tout le monde aujourd'hui (ou presque) est « contre Sainte-Beuve ».

Maintenant qu'on met en doute la mort annoncée de l'auteur et que les biographies reviennent aux devantures, peut-être est-il temps de reconsidérer plus librement l'auteur des *Portraits littéraires* et des *Causeries du Lundi*.

Il est desservi par l'étendue même de son œuvre, malaisément republiable *in extenso*, ainsi que par la défection de très larges pans de ce qui était pour lui « la » littérature. Qui connaît Gandar, Jomini, le général-comte Friant, Mme de Gasparin ? Ce grand ordonnateur des fastes de l'ancienne littérature ne règne que sur un troupeau d'ombres, dit-on injustement depuis Balzac. Et la rumeur ajoute qu'en revanche, sur tous ses grands contemporains qui restent aujourd'hui nos dieux familiers (Diderot, Balzac, Stendhal, Flaubert, Musset, Sand, Baudelaire, Nerval !), il s'est largement trompé. A quoi bon s'encombrer de tout ce fatras d'articles qui s'efforçaient de suivre déjà à reculons l'actualité littéraire d'un siècle révolu ? Quinze volumes de *Causeries du Lundi*, treize de *Nouveaux Lundis*, presque autant pour *Port-Royal* et les *Portraits littéraires*, sans compter les *Portraits contemporains* et les *Portraits de femmes*...

En remettant modestement en circulation « un peu de » Sainte-Beuve, notre vœu n'est pas d'en faire un cheval de bataille pour on ne sait quel combat d'arrière-garde. Mais d'inviter simplement à faire relire un grand écrivain affligé du poids de ses images et de proposer aux lecteurs d'aujourd'hui un plaisir délicat dont ils se sont trop longtemps privés.

Sainte-Beuve n'est pas ce critique scolaire qu'on a dit — et scolaire selon d'anciennes normes —, totalement dévoué à la sacro-sainte biographie, s'empêtrant dans l'« homme », ses relations mondaines et ses maîtresses, plutôt que d'affronter la difficile explication des œuvres. Sainte-Beuve a de la culture, de l'intelligence et de la grâce. Sainte-Beuve a aussi de la méthode, même s'il sait la limite de toute méthode. Cet amoureux inquiet et assidu de l'« objet littéraire » sous toutes ses formes a beaucoup réfléchi à cet « office de la vigie » qu'est son métier de critique, vécu par lui comme un destin ingrat mais exigeant.

S'il n'alimente pas, apparemment, notre vision tragique de l'activité littéraire, s'il a beaucoup habité les « côteaux modérés » de toute espèce, il reste des nôtres par l'acuité de son regard et le haut niveau conceptuel des questions qu'il pose à la littérature.

Sainte-Beuve est, enfin, l'animateur d'une Comédie littéraire aussi impressionnante par ses proportions, aussi séduisante par sa diversité que ces autres grands édifices restés familiers, la *Recherche du temps perdu*, ou *La Comédie humaine*. Son œuvre critique est un « lieu de mémoire » : sur ses traces, on retrouve les chemins d'empires littéraires en partie évanouis. Les catacombes d'une littérature enfouie surgissent avec une fraîcheur pompéienne dès qu'on se retrempe dans la « petite pluie fine » de ses phrases[1].

1. Balzac, « Lettre sur Sainte-Beuve », *Revue parisienne*, 10 août 1840, *O.C.* d'H. de Balzac, Club de l'Honnête Homme, t. XXVIII, p. 107.

Premiers chemins d'une « âme seconde[1] *»*

« Il faut avoir de l'âme pour avoir du goût »
(Vauvenargues).

On cherche et on trouve trop aisément du côté des maigres aléas d'une vie grise de célibataire parisien attaché à son boulet les principes d'explication éventuels de son penchant critique. Une vie rangée, dans une maison très « Rayons jaunes » de la rue du Montparnasse qui porte encore sa plaque commémorative. Des chats, une maman qui veille à tout, quelques séjours à l'étranger, pas très loin, Lausanne, Liège ; un peu d'éclat sentimental (Adèle Hugo), mais surtout des amitiés tendres et le train-train des amours ancillaires. Mais sur cette toile de fond prosaïque, une vie intellectuelle fort mobile. Si l'homme s'incruste, l'esprit bouge, et il faut le suivre dans ses voyages.

Cet élève de Daunou et des « idéologues » apprend dans la jeune rédaction du *Globe*, les réflexes tout nouveaux en critique, de l'objectivité et de la recherche

1. « " Dans les Lettres mêmes, il est ainsi des âmes tendres, des âmes *secondes*, qui épousent une âme illustre et s'asservissent à une gloire : Wolf, a dit quelqu'un, fut le prêtre de Leibnitz [...] Comme j'enviais à mon tour d'être le secrétaire et le serviteur des grands hommes !... " » On se figure aisément combien j'eus à rabattre de cette sensibilité excessive dans le commerce habituel et prolongé des amours-propres. Presque chacune de ces biographies fournirait matière à un petit appendice à l'appui de La Rochefoucauld et aurait ainsi son revers ». La citation puis le commentaire de ce passage de *Volupté* (chap. XXI) sont faits dans les notes d'un article sur Béranger (*PC*, I, 136).

historienne. Milieu de jeunes universitaires exigeants, et, alors, d'avant-garde : Dubois, Ampère, Duvergier de Hauranne, Rémusat, mais aussi Cousin, Guizot, Jouffroy, Villemain. Initiation décisive, Sainte-Beuve s'en souviendra longtemps, et ne cessera de regretter la défection littéraire de ces bons travailleurs déportés vers les honneurs et les charges politiques sous le règne du Roi citoyen[1]. Puis vient la rencontre avec Hugo, accident nécessaire pour un doctrinaire un peu plus romantique déjà que ne le comporte son ancrage au *Globe*.

Mais dans le concert des jeunes lyres distinguées de la Restauration, les *Poésies de Joseph Delorme* détonent un peu, avec leurs raclements à dessein prosaïques. La notice biographique qui accompagne le recueil peint l'auteur apocryphe en jeune homme malingre mourant de la poitrine après une vie terne à souhait. « Werther carabin », dira Guizot. Mais c'est aussi l'émergence d'un autre romantisme, à la fois plus intérieur, plus intellectuel et aussi plus plébéien. Dès avril 1829, l'entreprenant Véron engage ce débutant confirmé, prometteur à plus d'un titre, à la *Revue de Paris* qu'il est en train de lancer.

Sa véritable première manière se dégage alors. Serré et retenu quand il débutait au *Globe*, il trouve peu à peu sa voie. Critique accueillante, fraternelle, qui tient

1. « Une des premières sources du mal, nous l'avons plus d'une fois signalé, ç'a été, à un certain moment, la retraite brusque et en masse de toute la portion la plus distinguée et la plus solide des générations déjà mûries, des chefs de l'école critique, qui ont déserté la littérature pour la politique pratique et les affaires. Leur absence dans la critique littéraire n'a pas peu contribué à rompre toute la tradition, à laisser le champ libre à l'industrialisme et à tous les genres de cupidités et de prétentions » (*PC*, III, 425).

à rompre surtout avec les traditions de rhéteur rugueux et éloquent de La Harpe, cet « empereur de rhétorique », et qui réitère à sa façon la condamnation de la critique des défauts qu'ont faite avant lui A.W. Schlegel et Chateaubriand. Mais aussi critique militante : généreuse et « avant-courrière » avec les semblables et les « camarades », acerbe contre les vieilles lunes du classicisme (Jean-Baptiste Rousseau) et les prôneurs de l'alexandrin et de l'éloquence noble. Pour rabattre leur caquet, il leur rappelle que le style de Racine porte le cachet de sa date et ne peut donc nullement prétendre à passer pour un français universel[1]. Déjà une tendance essentielle se dégage, qui consiste, sans quitter l'actualité littéraire, à se tourner avec délices vers le passé, tous les passés. Face à une classe intellectuelle oublieuse, changeante au fil des modes, ne vivant l'expérience littéraire que sur un seul registre, sûre d'être un commencement absolu, il sera donc celui qui tient toujours à sa disposition des galaxies littéraires différentes, réparties à divers niveaux de l'Histoire. Toute une mémoire à lui tout seul, dans le camp même des « novateurs ». Mais non pas une mémoire immobile : il sera plutôt celui qui pense et qui vit à plusieurs dates, faisant entre elles de constants aller-retour. Petit-bourgeois casanier peut-être, mais avec quelque chose d'un Juif errant de l'histoire littéraire, qui déménage en moyenne tous les quinze jours.

1. Le style de Racine est « marqué au coin d'une individualité distincte, et nous retrace presque partout le profil noble, tendre et mélancolique de l'homme avec la date du temps. D'où il résulte aussi que vouloir ériger ce style en style-modèle, le professer à tout propos et en toute occurrence [...], c'est bien peu le comprendre et l'admirer bien superficiellement » (« Racine », 6 décembre 1829, 17 janvier 1830, *Portraits littéraires*, Pléiade, Gallimard, t. I, p. 758).

C'est dans un autre lieu éditorial, à la *Revue des Deux Mondes* reprise par Buloz en 1831, que Sainte-Beuve va trouver son point d'ancrage et affermir son identité de critique. La revue n'est pas alors la publication conservatrice, un peu collet monté, qu'on connaîtra plus tard, à partir de 1838, soutenue et subventionnée en sous-main par le pouvoir, « amortie » selon le joli mot de l'époque. C'est une revue littéraire œcuménique et exigeante, avec des intérêts internationaux, pluridisciplinaires : ethnologie, linguistique, philosophie, politique. Sa couleur est plutôt centre gauche, « mouvement » comme on dit alors (Quinet, Lerminier, George Sand, Mickiewicz). En critique littéraire, c'est Gustave Planche et surtout Sainte-Beuve qui donnent le ton : le premier préposé aux coups de mains et aux théorisations à l'emporte-pièce, le second aux portraits nuancés et fervents. Mais il assume aussi dans les « revues », « chroniques » ou « albums » du mois, anonymes, sa fonction de boussole et de conscience des courants intellectuels. Les divers collaborateurs se démarquent des grands effets oratoires du drame hugolien et du romantisme purement plasticien qu'incarne à leurs yeux *Notre-Dame de Paris*. Tandis que la *Revue de Paris* cultive le romantisme « artiste », « fashionable », (carton-pâte disent les ennemis), Sainte-Beuve et Buloz défendent le romantisme « intime » ou intérieur : Vigny, Brizeux, Sand, le Musset d'après 1832, Fontaney, Ulric Guttinguer, avec, en guise de grand homme emblème, sorti de l'ombre pour l'occasion à grand battage, le vieux et quasi impotent Senancour.

On connaît bien ce Sainte-Beuve-là, qui, par interaction négative ou contre-influence, se rend d'autant plus nuancé, patient, qu'Hugo se fait colosse et prophète, qui se voue au service des méconnus et des meurtris de la gloire quand l'Autre, le rival, voit partout des dieux et des demi-dieux.

L'implication de Sainte-Beuve dans les recherches politiques de ces années inquiètes de 1830 à 1834 reste en revanche sous-estimée. Bien que lucide sur l'appétit de martyre de Lamennais, qu'il analyse si intelligemment dans le *Cahier vert*, il a fait mieux que d'accueillir avec chaleur les *Paroles d'un Croyant*. C'est lui qui a mis au service de l'abbé dissident ses relations dans la presse et dans la librairie, et qui a négocié les détails pratiques de l'édition. Une partie des lettres échangées alors figurent en note dans la *Correspondance* de Lamennais[1], mais elles manquent dans la précieuse édition de la *Correspondance* de Sainte-Beuve établie par Jean Bonnerot, puisqu'elles n'ont été versées au fonds de la Bibliothèque nationale qu'en 1956[2]. Nous en donnons en note l'essentiel[3], car mieux qu'un long com-

1. Lamennais, *Correspondance*, éd. Le Guillou, t. VI, p. 49-50.
2. Département des Manuscrits, Nouvelles acquisitions françaises, 13229, folios 1 à 15.
3. *[Folio 1].*

« Mon cher Renduel,

J'ai eu une lettre de M. de La Mennais que m'a apporté *(sic)* M. de Kertangui. Il trouve que ce serait de mauvais goût de mettre son nom au titre : il faudrait probablement faire comme pour moi, ne mettre au titre que Paroles d'un Croyant, mais en mettant le nom au dos de la couverture. Si pourtant vous désirez un [illisible] et un article détaillé dans la Revue du 1er, il me faudrait un exemplaire chez moi [...] Vous verrez M.de Kertangui et je pense qu'au point où on en est dans cette affaire, il ne serait pas de l'intérêt de M. de La Mennais lui-même de la retarder.

Tout à vous

Sainte-Beuve »

mentaire, elles sont de nature à rééquilibrer l'illusion rétrospective, qui consiste à projeter le sénateur rassis sur le jeune libéral tourmenté des premières années du règne de Louis-Philippe.

Personne n'avait pu prévoir l'ampleur du choc provoqué par l'alliance de la dénonciation politique, de la prédication sociale et du style prophétique inspiré de Ballanche et de Mickiewicz. Sainte-Beuve et ses « complices » savaient fort bien, en revanche, qu'en aidant l'abbé à trancher entre son indignation et ses promesses d'obéissance, ils prenaient le parti du mouvement. Ces lettres rappellent aussi, s'il en est besoin, que le métier de journaliste, même littéraire, s'exerçait alors dans un espace observé par de multiples censeurs potentiels. Facteur sous-estimé par les lecteurs modernes de Sainte-Beuve, en tout cas par les lecteurs d'après la loi sur la presse de 1881, qui, Proust

---

[Folio 3]

« Mon cher Renduel,

J'ai vu l'abbé de Lamennais. Il ne serait pas (éloigné ? ou choqué ?) pour la publication de faire à compte à demi ou *autrement*, selon qu'il vous l'expliquera si vous voulez le voir. Il sera demain matin à 9 heures rue de Vaugirard 106 ou 108, la maison après la pension des demoiselles. Si vous ne pouvez à 9 h, voyez-le à 1 heure, mais il préférerait 9 h pour être seul. Il consent à l'in-8°.

Tout à vous.

Sainte-Beuve »

[Folio 9]

« Mon cher Renduel,

Si vous êtes revenu, voici un mot de M. de Lamennais qui vous dit ses intentions sur les exemplaires à envoyer. Je vous les recommande bien, ainsi qu'un ou deux à moi aussitôt brochés.

Quant au nom d'imprimeur, si ce n'était pas (tiré ?), Buloz pourrait peut-être vous en trouver un et je pourrai lui en parler [...]. »

compris, ont oublié ce qu'était une édition sous surveillance.

C'est pourquoi, avant de reprendre le fil de l'histoire intellectuelle du critique, nous nous arrêterons un moment sur ses conditions matérielles et sociales d'exercice.

Les métiers d'un critique

Pas de fortune, un père qui meurt avant sa naissance, ni lignée ni dispositions pour aller vers le « Rouge » de l'uniforme, notre Boulonnais exilé à Paris est bon pour le Noir. Curé ? C'est son ami et confident Eustache Barbe qui ira, à sa place, jusqu'à l'ordination. Médecin ? En 1827 encore, il prend une dernière inscription à la Faculté, mais « trouvant plus de facilité à percer du côté des lettres, je m'y portais ». Cependant, à la différence d'un Théophile Gautier, dix ans plus tard, il n'est pas un écrivain aspiré par le journalisme, mais, comme George Sand, un journaliste-journalier aspirant au Livre. Il a vingt ans, et son professeur de rhétorique l'« essaie » au *Globe*, « à quantité de petits articles » comme le fera Latouche pour Aurore Dudevant en 1832. Le premier de ces essais est anonyme, le 10 octobre, celui du 4 novembre est déjà signé. Comme Jules Sandeau et Aurore pour Alphonse Signol et son *Commissionnaire* posthume, il sert à Pierre Leroux de « truchement » (nous dirions de nègre), et pas pour le premier texte venu : pour sa profession de foi saint-simonienne du 18 janvier 1831. Mais déjà, Sainte-Beuve passe des « faits-Paris » (brefs) aux moyens, puis aux longs articles. Il a pris le rythme plus ample des revues ouvertes aux questions culturelles, la *Revue de Paris* et la *Revue des Deux Mondes*.

Voie complémentaire pour une carrière littéraire : les prix académiques. Le *Tableau de la poésie française au XVIe siècle* répondait à une question mise au concours par l'Académie française en août 1826. Mais le jeune écrivain, plus chercheur que stratège, abandonne le prix, ses limites et ses délais pour poursuivre l'étude, qui deviendra série d'articles dans *Le Globe*, puis volume chez Sautelet. Le seuil du livre est passé ; suivront la *Vie, Poésies et Pensées de Joseph Delorme*, publié chez Delangle, qui lui verse quatre cents francs, pour ce petit volume in-16 : format modeste, mais classique pour un galop d'essai dans la fiction, aux côtés de l'in-12 de Vigny ou Hugo. Cinq ans plus tard, *Volupté* est attendu « avec impatience », dit Michelet, et l'auteur reçoit sur-le-champ deux mille francs de droits, ce qui n'est pas rien.

A la différence du *Tableau*, œuvre impersonnelle, ni *Joseph Delorme* ni *Volupté* ne portent le nom de l'auteur. La question de la signature mérite un moment d'attention[1]. L'anonymat n'était pas alors une exception, Walter Scott ne vint au roman signé qu'après une phase transitoire où il se désignait simplement comme « l'auteur de *Waverley* ». Sainte-Beuve signe « E.T. » le prospectus des *Œuvres* de Victor Hugo qu'il rédige pour Gosselin en 1828[2]. Il justifie le besoin de l'anonymat pour le critique, en 1838 « non pas pour en abuser

1. Voir Béatrice Fraenckel, *La Signature*, Gallimard, 1992.
2. Spoelberch de Lovenjoul éclaire ce petit mystère dans son *Sainte-Beuve inconnu*, Plon 1903 : « E.T. » pour Amédée Pichot.

contre les auteurs, mais pour que les auteurs n'abusent pas de lui ». Sa signature, ou les initiales « S.-B. » connues désormais dans les milieux littéraires, figurera en fin de la majorité de ses articles monographiques ; mais il publie sans signer une partie des remarquables « Revues littéraires » de la *Revue des Deux Mondes*, quand l'« autocrate » Buloz ne les garde pas pour lui.

L'anonymat de *Volupté* ne couvrait qu'un secret de polichinelle : la signature du critique devient à la fois marque de fabrique (« j'ai tâché d'être de plus en plus, un bon, et si possible, habile ouvrier[1] »), et pavillon hissé non sans panache par ce petit homme qui, docile aux recommandations maternelles, s'en allait se battre en duel sans quitter son parapluie. Une bravoure de « cigale obligée de chanter dans la gueule du lion » : ainsi disait-il drôlement de lui-même, égratignant Chateaubriand dans le salon de Mme Récamier[2].

Parallèlement, et périodiquement, Sainte-Beuve espère un asile financier et un espace de liberté relative dans l'université. A Besançon en 1828, à Liège en 1832 (mais quitter Adèle Hugo qui s'attendrit ?). A Lyon en 1834 (mais quitter Paris ?), et il laisse la place à Quinet. C'est Lausanne qui lui offrira de 1836 à 1837 un public, une pause. Deux métiers donc, mais il rêve d'argent gratuit, non mérité, d'un héritage, d'un don. Deux métiers, puis trois, puisque, à partir de 1840, la fonction de bibliothécaire de l'Institut le tirera, ainsi que sa mère qu'il fait vivre, de l'angoisse du quotidien : trois mille

1. « Ma biographie », *infra*, p. 94.
2. « Préface de 1849 » à *Chateaubriand et son groupe littéraire*, p. 18.

francs par an (à peu près huit mille francs de 1992 par mois), au moment où la plupart de ses amis de la Restauration sont « plus ou moins ministres »...

Entre-temps, le 1er septembre 1839, il a fait paraître dans la *Revue des Deux Mondes* « De la littérature industrielle » (article souvent cité mais à peu près hors de portée des lecteurs depuis cent cinquante ans). Un règlement de comptes ? Mais aussi un tableau, beaucoup plus nuancé qu'on ne l'a dit, des efforts d'organisation corporatifs et de défense juridique des écrivains. Création de la Société des gens de lettres, dans l'hiver 1838-39, procès intentés par Balzac et la Société contre la reproduction des feuilletons dans la presse sans autorisation de l'auteur et sans profit pour lui. Enfin, vote à la Chambre des Pairs d'une loi sur la propriété littéraire que la Chambre des Députés repoussera finalement en 1841.

Le tableau de Sainte-Beuve est nuancé et averti, mais le ton est polémique. De façon surprenante, il se range du côté des dégoûtés et des ricaneurs à la Jules Janin, hostiles à la « tarification » du travail littéraire.

Ce critique aussi attentif à l'histoire éditoriale qu'aux replis du cœur et à ses poisons, ce lecteur soucieux non seulement de l'exactitude philologique, mais aussi de l'anatomie du livre, de sa mise en page, des trajets de sa « publicité », ce sociologue de la littérature avant la lettre, celui qui, avec Ballanche, rappelait la nécessité pour l'auteur de suivre les enfants de sa plume jusque dans leur semi-émancipation éditoriale[1], le voici qui reculerait effarouché devant l'alliance des lettres et du commerce ?

1. Voir les « Pensées » en appendice au t. V des *Portraits contemporains*.

Si l'on suit les confidences épistolaires à ses amis de Lausanne, les Olivier, on entend que pour lui, ce n'est pas l'heure du recul, loin de là. C'est son moment héroïque, son seul contre tous :

> J'ai en même temps entamé la guerre, depuis longtemps méditée, envers et contre tous, par un article dans la *Revue des Deux Mondes* d'aujourd'hui sur la *littérature industrielle* ; j'y frappe à droite et à gauche, et de plus de la pointe que je puis[1].

Dans ce même automne 1839 où il se dit d'une « santé à épouvanter ses amis à force de couleur et de fleuri, surtout de *bravoure* », il renvoie sèchement à ses comptes l'éditeur Gervais Charpentier, qui veut inclure son travail sur Chénier dans une opération de librairie[2] ; puis il rabroue dignement et vertement Villemain, le ministre de l'Instruction, et premier président de la Société des gens de lettres fondée depuis quelques mois[3].

1. Lettre à Madame Juste Olivier, 1er septembre 1839, *Corr.*, t. III, p. 135.

2. « C'est vous dire que je ne veux plus aucune relation commerciale et d'affaire avec vous. Je ne vous en veux aucunement, je suis tout à fait de sang-froid ; mais quand on l'a pris avec moi sur un certain ton, c'est fini (au moins pour les relations d'affaire) » (*ibid.*, p. 141).

3. « Je crains de ne pouvoir me méprendre à vos remerciemens, non plus que vous-même ne vous êtes mépris à mes louanges : beaucoup sont sincères, quelques-unes sont réservées. C'est vous dire que je crois être resté à votre égard dans les termes d'une indépendance respectueuse, équitable, non plus amicale » (Lettre du 10 sept. 1839, *ibid.*, p. 142).

C'est l'heure du tri. Résultat :

> Pour moi, je meurs de faim presque à la lettre, ou du moins, sauf le dîner, je manque de tout. Depuis mon manifeste contre les industriels, je suis forcé d'être plus fier que jamais et partant plus gueux : voilà ce que c'est que l'honneur[1].

Quatorze ans plus tôt, Stendhal aussi avait fait du vide autour de lui en dénonçant l' « industrialisme » (l'héroïsation du commerçant) dans une brochure mal accueillie par ses alliés politiques libéraux comme par les saint-simoniens du *Producteur*, plus directement visés[2].

Peut-être Sainte-Beuve en a-t-il voulu à ses compagnons des premières luttes pour la modernisation de la littérature de l'avoir laissé à l'écart des commissions ministérielles sur la contrefaçon et la propriété littéraire, constituées en 1836, où ses compétences l'appelaient (mais il venait de refuser la Légion d'honneur). De l'avoir également oublié lors de la constitution de la Société des gens de lettres, autour de Desnoyers qu'il estimait (mais la présence de Balzac a dû jouer comme repoussoir). Ne le ramenons pas pourtant à ce rôle de fée Carabosse des fêtes littéraires. Il y a là un rendez-vous manqué, mais qui oblige à réfléchir sur la part d'imprévisibilité dans cette carrière intellectuelle, qui, même d'un point de vue sociologique et économique, n'est pas tout à fait un « métier comme un autre ».

1. Toujours à Mme Olivier, le 1er octobre 1839, p. 155.
2. *D'un nouveau complot contre les industriels*, 1ère éd. chez Sautelet en nov. 1825, republié dans *Le Globe* du 17 décembre 1825. Texte repris avec un Dossier dans la Nouvelle bibliothèque romantique, Flammarion, 1972.

Il n'est pas rare de trouver la protestation antimercantile d'autant plus vive que l'écrivain est plus englué dans les calculs journaliers d'une production prétarifée, et, comme Sainte-Beuve l'écrit lui-même en 1838, d'autant plus attaché à sa « grotte de cristal » divine qu'il doit besogner au jour le jour dans la « boutique de l'industriel[1] ».

Pensées d'août, sentiers d'automne

L'article sur Bayle que publie *la Revue des Deux Mondes* en 1835 (*infra*, p. 131), portrait de Sainte-Beuve en critique, portrait de quelqu'un qui « ne s'aime pas », mais qui décide de s'accepter, est aussi un document sur ses nouveaux choix de méthode et d'écriture.

Lorsqu'il était au *Globe*, il s'exerçait à l'ellipse, à l'« understatement » des gens bien informés. Plutôt que critique, il était alors recenseur : celui qui rend compte et veut simplement faciliter la lecture à des semblables.

Le *Tableau historique de la poésie du XVIe siècle* (1828), commencé pour un autre public, académique et plus professionnel, allie l'esprit historique du *Globe* à un souci de la « facture », qui doit plus au romantisme « artiste » qu'à la rhétorique traditionnelle. Sainte-Beuve mettra rarement autant de minutie dans l'observation du laboratoire formel de l'écriture. Le rôle du

1. « Revue littéraire » de la *Revue des Deux Mondes*, 1er novembre 1838, t. IV, p. 373.

critique est alors double : un peu historien, beaucoup technicien de la langue.

Lorsqu'il écrit à la *Revue de Paris* à partir de 1829, il parle de sa fonction de critique comme d'une sorte de vocation poétique déplacée. Le modèle est alors Diderot, celui des *Salons* et de la correspondance avec Sophie Volland, « le créateur de la critique émue, empressée et éloquente », le premier écrivain par lequel la critique a « trouvé son âme[1] ». A la fois savant et artiste, le critique ne doit pas se contenter de tenir le registre du temple, de compiler les faits et les dates : il doit entrer et faire entrer dans le sanctuaire.

Si l'on en croit l'article sur Bayle, le « génie critique » s'est refroidi : il n'a plus la ferveur brouillonne de Diderot ; il a la distance, la modestie, l'absence de quant-à-soi de Bayle. Le « génie critique » serait au revers du « génie créateur et poétique », comme d'ailleurs du « génie philosophique avec système ». Le vrai critique ne devrait pas avoir « d'art à soi, de style ». C'est un esprit accueillant et un peu sceptique, inconstant par métier et par nature : « L'infidélité est un trait de ces esprits divers et intelligents ; ils reviennent sur leurs pas, prennent tous les côtés d'une question, ils ne se font pas faute de se réfuter eux-mêmes et de retourner la tablature[2]. » Sainte-Beuve aime cette mobilité. Comme Bayle, il est heureux de « faire des courses sur toutes sortes d'auteurs » et aussi de « cacher son nom et de voir sa pensée faire route

1. *L.*, III, 299. Bientôt c'est à Vauvenargues que sera alloué ce rôle, lui dont Sainte-Beuve ne cesse de citer le mot célèbre : « Il faut avoir de l'âme pour avoir du goût. »

2. *Premiers Lundis*, *Œuvres*, Pléiade, Gallimard, t. I, p. 985.

nouvelle en croisant l'ancienne ». Beau programme pour un inconstant qui a de la suite dans les idées ! Mais celui qui disait de lui-même sur le tard « qu'il était l'homme qui avait été le plus refusé en amour », se devait d'être, par compensation, une sorte de Don Juan littéraire.

Dans les années 1840, où Buloz se laisse « amortir » et voit s'éloigner ses auteurs les plus turbulents (George Sand, qui émigre vers la *Revue indépendante*), Sainte-Beuve semble pourtant en phase avec cette heure refroidie. Distance a été prise avec Hugo d'abord et Balzac, puis avec Chateaubriand et Lamartine, Béranger et Lamennais. Il produit des portraits indulgents, apparemment, de Guizot et du personnel gouvernemental de la « Monarchie des professeurs », mais aussi des matrones et égéries du clan doctrinaire, comme les deux Mme Guizot, Mme de Rémusat, Mme de Broglie, sans compter leur ancêtre à elles toutes, la raide Mme Necker. Dans ses *Portraits de femmes* publiés en volume en 1845, mais commencés dès 1836, il rassemble une galerie de muses maternelles et modérées, antidote des hystéries contemporaines. Il applaudit le retour du classicisme, le succès de Rachel et de la *Lucrèce* de Ponsard. Mais il est un de ceux qui peuvent se vanter d'une fréquentation ancienne du siècle classique. Il s'est immergé depuis 1836 dans Port-Royal : à la fois plongée d'historien dans les archives et exercice spirituel. Aussi peut-il avec raison cingler le conformiste Désiré Nisard de sarcasmes assez proches des politesses vinaigrées de Proust envers les néo-classiques à la Jules Lemaître. Se démarquant nettement du futur directeur de l'Ecole normale (sous la férule duquel il aura à enseigner plus tard), de son « chauvinisme transcendantal » et de ses croisades à la baïonnette en faveur de l'esprit cartésien et français, Sainte-Beuve se définit comme « un classique de la troisième quintessence » (*Cahier brun*, 192). Cet esprit exigeant cherche à renouer des dialogues silencieux avec les âmes mortes, loin des convulsions du cirque littéraire, et non à imposer l'hygiène par le vide géométrique de la pensée.

Très consciemment, Sainte-Beuve change alors de manière et ne cesse de l'annoncer :

> Le temps est venu de refaire ce qui a vieilli, de reprendre ce qui a changé, de montrer décidément la grimace et la ride là où l'on n'aurait voulu voir que le sourire, de juger cette fois sans flatter, sans dénigrer non plus, et après l'expérience décisive d'une seconde phase. Je me suis dit souvent qu'on ne connaissait bien un homme d'autrefois que lorsqu'on possédait au moins deux portraits[1].

Parce qu'il a pris ses distances face au « sacre » romantique de l'écrivain, et qu'il est persuadé que la vérité est binoculaire[2], il reprend à la manière noire ses

1. « Quelques vérités sur la situation en littérature » [1843], *PC*, III, 438. Voir aussi *L*, II, 287 : « Jeune, je mêlais aux Portraits que je faisais des poëtes beaucoup d'affection et de l'enthousiasme, je ne m'en repens pas ; j'y mettais même un peu de connivence. Aujourd'hui je n'y mets rien, je l'avoue, qu'un sincère désir de voir et de montrer les choses et les personnes telles qu'elles sont, telles du moins qu'en ce moment elles paraissent ».

2. « Je me suis dit souvent qu'on ne connaissait bien un homme d'autrefois que lorsqu'on possédait au moins deux portraits. Celui

Portraits des grands contemporains : Lamartine (dès les *Recueillements*), Vigny, Béranger, Lamennais, Montalembert, Villemain, tandis qu'il garde le silence sur Hugo, Balzac et George Sand. Ou bien, il adjoint des notes et des post-scriptum à ses premiers portraits, qui apportent à petites doses le concentré d'acide qu'il s'ingéniait d'abord à distiller sous la louange de façade[1]. Et pendant deux années à cette époque de remise en cause, entre 1843 et 1845, la *Revue Suisse* que dirigent ses amis Olivier, accueille une *Chronique parisienne* où, sous le voile de l'anonyme, il se flatte de dire sans détours les « Quelques vérités sur la situation en littérature » qu'il expose avec plus d'apprêt en 1843 à la *Revue des Deux Mondes*.

Plus Sainte-Beuve s'éloigne du romantisme, plus il s'éloigne aussi de la manière romantique de « construire les grands hommes » en les transformant en statues toutes semblables. Ayant à refaire le portrait

---

de jeunesse, bien qu'il passe plus vite et qu'il cesse en quelques printemps de ressembler, est pourtant très-essentiel. Voyons un peu par nous-mêmes ce qui en est de nos contemporains et comme ils se transforment plus ou moins complétement sous nos yeux. Quand on ne connaît les gens, surtout ceux de sensibilité et d'imagination, qu'à partir d'un certain âge, et durant la seconde moitié de leur vie, on est loin de les connaître du tout comme les avait faits la nature : les doux tournent à l'aigre, les tendres deviennent bourrus... » (« Quelques vérités sur la situation en littérature », suite de la citation, *PC*, III, 438).

1. « Et même dans cette manière, que je nomme ma première, et qui a un faux air de panégyrique, la louange (prenez-y garde) n'est souvent que superficielle, la critique se retrouverait dessous, une critique *à fleur d'eau* : enfoncez un tant soit peu, et déjà vous y touchez » (Préface des *PC*, [1845], I, 5).

de Carrel en mai 1852, il semble hésiter entre deux manières : l'une généreuse et poétique consisterait à le laisser « dans le grandiose de son attitude de gladiateur mourant » :

> Mais il y a un autre point de vue, plus vrai, plus naturel et plus humain, qui, tout en laissant subsister les parties supérieures et de première trempe, permet de voir les défauts, d'entrevoir les motifs, de noter les altérations, et qui, sans rien violer du respect qu'on doit à une noble mémoire, restitue à l'observation morale tous ses droits (*L*, VI, 69-70).

Il sera celui qui connaît « le dessous des cartes », qui recherche les bruits de coulisse et les rumeurs d'alcôve, pour animer ses personnages. Il interroge les témoins, ne se fie qu'à la critique orale[1] et veut débusquer à chaque époque l'informateur caché qui dit le vrai sans l'adorner[2].

« J'éventre des morts pour guérir ma mélancolie »,

1. « J'interroge les témoins : la critique orale n'est pas toujours la critique écrite ; elle est parfois le contraire ; je tâche de les rapprocher ou de les opposer » (*L*, XI, 474).

2. « [...] les auteurs contemporains sont toujours jugés de leur temps et [...] la vérité sur eux est connue et se *dit*, si elle ne s'*écrit* pas.[...] A chaque époque, quelles que soient les réputations régnantes et les vogues qui paraissent tout envahir, il y a toujours dans la diversité des esprits un nombre suffisant de contradicteurs, de critiques qui voient juste ; seulement, ils n'écrivent pas, ou quand ils écrivent, ils écrivent souvent mal, hors de portée et hors de saison.[...] Toutefois le bon sens y est ; dès qu'un certain nombre d'hommes sont en présence, il est toujours quelque part, grâce à la diversité et à la contrariété des natures »(*L*, XII, 222-223).

aurait-il confié à Auguste Barbier[1]. « La critique d'un écrivain sous notre plume court toujours risque de devenir une légère dissection anatomique », prévient-il avant de s'en prendre à Nisard (*PC*, II, 330). Non sans hésitations, « l'imagier des grands hommes[2] » délaisse la palette pour le scalpel :

> Il en est des personnages célèbres comme des choses, la majorité des hommes ne les juge qu'à un certain point de perspective et d'illusion. Est-il bien nécessaire de venir ruiner cette illusion, et de les montrer par le dedans tels qu'ils sont, en leur ouvrant devant tous les entrailles ? Je me le demande, et pourtant je le fais. — Je les ai peints assez souvent au point de vue littéraire et de l'illusion, tels qu'ils voulaient paraître, aujourd'hui je fais de l'autopsie (*L*, XI, 461).

Il bouscule ce faisant les convenances romantiques et Vigny, piqué au vif, esquisse son *Contre Sainte-Beuve* dans le *Journal d'un poète* :

> Il ne faut disséquer que les morts : cette manière de chercher à ouvrir le cerveau d'un vivant est *fausse* et *mauvaise*. Dieu seul et le poète savent comment naît et se forme la pensée. Les hommes ne peuvent ouvrir ce fruit divin et y

1. Celui-ci le note dans ses *Souvenirs personnels* (p. 317).
2. « Je ne suis qu'un imagier des grands hommes » (lettre de Sainte-Beuve à Collombet, 27 sept. 1853).

chercher l'amande. Quand ils veulent le faire, ils la retaillent et la gâtent[1].

L'auteur des *Mémoires d'Outre-Tombe*, plaidant lui aussi pour sa paroisse, voudrait qu'on laisse en place le voile de Noé. Mais Sainte-Beuve s'obstine, et, c'est avec un sentiment de liberté reconquise qu'il entreprend, en 1849, sitôt après la mort de l'idole entre toutes, l'anatomie de Chateaubriand[2]. Et chaque fois que sa détermination faiblit, il se souvient ensuite de cette première audace, tout aussi injuste que nécessaire[3].

Cette année 1849 se trouve être une nouvelle année climatérique. La révolution de 1848 l'a traité en protégé de Louis-Philippe, et il a dû démissionner de son refuge de la Mazarine, pour trouver à Liège un abri universitaire. Puis la montée du prince-président, la redistribution des cartes mondaines et amicales le ramènent au journalisme, avec un rythme plus serré cette fois. Ce seront les *Causeries du lundi*, publiées chaque semaine dans le *Constitutionnel* à partir du 1er octobre 1849, puis au *Moniteur* de 1852 à 1861, et retour au *Constitutionnel* en 1861 avec les *Nouveaux Lundis*.

Au seuil de ce qui sera l'œuvre maîtresse, divers avertissements marquent l'état d'esprit initial.

1. *Journal d'un poëte*, cité dans *P.C.*, II, 79.
2. Mais il est juste d'ajouter qu'il attendra onze ans pour publier son enquête sous forme de livre : *Chateaubriand et son groupe littéraire sous l'Empire* (1860).
3. Voir *L*, XI, 473, à propos de Victor Cousin : « j'ai bien osé écrire la vérité sur l'auteur du *Génie du Christianisme* : pourquoi ne la dirais-je pas sur l'auteur du *Beau*, du *Bien* et du *Vrai* ? »

D'une part, celui qui note alors dans son *Cahier brun* : « En critique, j'ai assez fait l'avocat, faisons maintenant le juge » (p. 86), se sent désormais mûr pour la « critique judicieuse ». Il regarde avec plus de respect du côté de La Harpe[1], de Fontanes, et des critiques de l'Empire, autrefois honnis : Feletz, Dussault, Geoffroy qui avaient du moins le courage de leurs jugements et une haute opinion de leur rôle de directeurs de conscience littéraire et de Mentors[2]. Il parle au nom du goût et se plaint que la critique en France, livrée aux coteries et aux improvisateurs comme Jules Janin, n'ait plus d'appui dans un public de connaisseurs[3]. Il se fait fort de se comporter en gardien du temple, et peste autant contre le désordre social que contre l'absence de direction littéraire. Comblé au début par cet homme fort providentiel qu'est à ses yeux

1. « La Harpe, comme tous les vrais critiques destinés à agir en leur temps, tels que Malherbe, Boileau, Samuel Johnson, a eu le courage de ses jugements, il en a eu l'intrépidité et jusqu'à la témérité imprudente, en face de la cohue des petits auteurs offensés » (*L*, V, 112). Mais il n'en garde pas moins les réticences du critique face au professeur : « Ce n'est pas un critique curieux et studieusement investigateur que La Harpe, c'est un professeur pur, lucide, animé. Il étend, il développe et applique les principes de goût de Voltaire » (*L*, V, 119).

2. Autrefois au contraire il félicitait Magnin de ce qu'il ne savait pas ou ne voulait pas juger : « M. Magnin ne se montre pas trop empressé de dire : *Ceci est bon et ceci est mauvais*. On l'a tant fait, et à la légère, qu'on a été guéri pour longtemps de ce rôle sentencieux » (*PC*, III 402).

3. Il se plaint sans cesse de la difficulté du rôle de critique en l'absence d'un public régulateur (*PC*, III, 328) et des ravages des recensions de complaisance : « On sert ses amis, ses admirations littéraires, à l'occasion par une pointe, comme en tactique bien entendue. Mais les tempéraments, les nuances, la discrétion et la restriction dans les louanges ont disparu. Tout ou rien. »

le futur Napoléon III, il se verrait bien un moment en gendarme de la littérature. Mais nommé professeur au Collège de France, et chahuté en raison de son attachement à l'Empire, il se déclare bientôt libre d'allégeance envers un pouvoir qui ne l'a pas assez soutenu à son gré.

Cette déception ne fera que conforter son autre tendance initiale : une sorte de scepticisme détendu, qui le pousse à accueillir avec un sentiment de soulagement le dépassement de l'esprit de système : entendons surtout la ruine du romantisme et des idéaux humanitaires, marquée symboliquement par l'échec désastreux de Lamartine à l'élection présidentielle (décembre 1848). Une note publiée fin septembre 1849 dans *Le Constitutionnel* tentait de définir ce climat :

> Le temps des systèmes est passé, même en littérature. Il s'agit d'avoir du bon sens, mais de l'avoir sans fadeur, sans ennui, de se mêler à toutes les idées pour les juger, ou du moins pour en causer avec liberté et décence.

Parce qu'il continue de croire que l'emblème du critique c'est un « lorgnon » et non une « férule[1] », il laisse volontiers à Nisard le rôle de rhéteur dogmatique et de chien de garde scolaire. Parce qu'il se méfie de l'érudition myope et enfoncée à vie dans ses objets d'élection, il tient aussi à se différencier des néo-cri-

1. « La critique, pour moi (comme pour M. Joubert), c'est le plaisir de connaître les esprits, non de régenter : un lorgnon, et point de férule » (*Mes Poisons*, p. 130). (Version du *Cahier vert*, p. 145 : « La critique, pour moi, c'est de connaître, et non de régenter ; un lorgnon, et non une férule ».)

tiques universitaires, ses émules pourtant : il lit leurs thèses abondantes et s'en nourrit, mais peste contre leur absence de style. Il préférerait presque l'éloge académique, avec son sens de la perspective et de la mise en forme[1]. Et il se propose de puiser dans les grands écrivains modernes une rhétorique sous forme d'extraits[2], tout en développant des réflexes qui sont déjà ceux de « la critique des créateurs ».

Si Sainte-Beuve recommence à nous dire quelque chose, c'est aussi parce qu'il symbolise et revendique constamment comme étant l'essentiel de sa fonction de critique le *respect du particulier* :

> La vraie critique, telle que je la définis, consiste plus que jamais à étudier chaque être, c'est-à-dire chaque auteur, chaque talent, selon les conditions de sa nature, à en faire une vive et fidèle description, à charge toutefois de le classer ensuite et de le mettre à sa place dans l'ordre de l'Art (*L*, XII, 191).

Attraper la particularité, marquer la différence en respectant les proportions, en indiquant les points de fuite et les zones d'ombre. Etre le portraitiste attentif

1. Il lui arrive souvent de regretter le temps des éloges académiques, et de penser que ses portraits s'en rapprochent : « Bien choisi, pris dans son cadre, touché avec goût et avec bienséance, l'éloge académique, le discours académique a son prix [...] Mais trop souvent, aujourd'hui, on nous envoie à juger des notices sèches, des biographies longues, informes, farcies de dates et de citations. J'estime l'Etude, je la réclame, mais intérieure s'il se peut, et ne s'affichant pas. Aujourd'hui le document prime tout ; il opprime l'agrément et le talent. » (*L*, XIV, 216.)
2. *L*, I, 174 (article sur « M. Joubert », 10 déc. 1849).

des infinies monades littéraires : car chaque écrivain est un nouveau monde et impose à l'explorateur qui part à sa rencontre de se forger de nouveaux outils. Cette discipline ne l'empêche pas de s'obliger, un jour de 1862, comme aiguillonné par l'exemple de Taine, ce jeune rival respecté, à donner l'exposé systématique de sa méthode, en sa version ultime, épicée de métaphores scientistes[1]. Car s'il se méfie des systèmes *a priori*, et s'il laisse à Taine le soin de radicaliser sa propre méthode et de l'adapter au goût positiviste du jour[2], Sainte-Beuve, à sa façon, n'a cessé de maintenir actif tout au long le souci méthodologique. Il est vrai qu'on trouverait chez lui plus d'une maxime ironiquement défiante à l'égard de l'esprit de système en critique littéraire :

> Toute méthode, même la plus naturelle et la plus vraie, n'est qu'une méthode, et elle a des bornes. On rencontre dans l'histoire des opinions humaines une quantité d'accidents où il ne faudrait peut-être apporter que le rire de Voltaire et le branlement de tête de Montaigne. En cherchant partout la loi, ne court-on pas risque quelquefois de la forcer et comme de la faire ? (*PC*, III, 376).

Mais qu'on ne prenne pas trop vite cette condamna-

1. Dans le second article intitulé « Chateaubriand jugé par un ami intime » (1862), dont nous donnons de larges extraits.

2. Mais qu'on n'en profite pourtant pas trop vite pour se gausser des généralisations abusives de ce pur produit de la nouvelle Ecole normale. Dans les premiers essais critiques du jeune Taine journaliste, il y a à la fois l'ombre portée de Sainte-Beuve et l'éclatante affirmation d'un talent original.

tion méritée du positivisme tainien comme un manifeste de scepticisme éclectique et de subjectivisme. Cet apparent douteur croit à la vérité (même fuyante) ; il se méfie de sa propre subjectivité, et se démarque constamment du journalisme d'humeur.

C'est l'époque où il retrouve une sorte de jeunesse apaisée au contact des dîneurs de Magny, ses jeunes confrères, « réalistes » et « positivistes » (Flaubert, Gautier, les Goncourt, Taine). On se moque un peu de l'« oncle Beuve », de ses allures de petit mercier de province, de ses propos égrillards, de ses aventures avec les blanchisseuses, mais on tremble devant ses arrêts, on respecte la justesse de vue du grand critique et aussi le courage politique qui lui vient sur le tard, une fois assis à son banc de sénateur d'Empire. Cet ami de l'ordre retrouve alors ses résistances de jeunesse ; son anticléricalisme se renforce à mesure que le parti ultramontain affirme son emprise à l'Académie, et il défend devant le Sénat la laïcité de l'enseignement. Il a de belles sorties contre tout ce beau monde qui ne se nourrit que de « blanc manger » littéraire[1], préférant en tout la vraisemblance officielle et pompeuse à la vérité vraie[2]. Parce qu'il consacre des articles à Flaubert et à

1. « Nous sommes de bien grossiers personnages, et ce beau monde qui vit de blanc-manger littéraire a bien raison de nous mépriser ; mais enfin, quand nous avons à dire, nous disons autrement, nous appelons les choses par leur nom » (*NL*, I, 213).

2. Il s'en prend à la critique respectueuse des écrivains du parti catholique, Falloux, Mme Swetchine. Dans la biographie qu'il consacre à cette grande dame de parti, Falloux passe sous silence « l'orage de jeunesse » de Mme Swetchine : « ces gens-là masquent et suppriment la nature » (*L*, XI, 477).

Feydeau, — on sait pourtant avec quelles réserves —, il s'attire les foudres du parti de l'ordre[1]. Cela lui vaut d'être racheté *in extremis* par Vallès, qui en ferait presque un « réfractaire[2] ». Cette consécration inattendue marque du moins le chemin parcouru. Elle indique une liberté d'esprit, un sens de la résistance aux injonctions et une infinie capacité de renaître de la part de celui qui se voulut d'abord l'« hôte perpétuel ».

Les méthodes de Sainte-Beuve

> « Le critique n'est jamais chez lui, il va, il voyage ; il prend le ton et l'air des divers milieux : c'est l'hôte perpétuel. »
>
> (*PC*, III, 400)

Qu'il prenne Diderot, Bayle, Vauvenargues, Goethe ou Joubert pour guides, lorsque Sainte-Beuve définit la critique, on sent bien qu'il ne cherche pas seulement une définition intellectuelle. Il y va de sa place dans ce « champ spéculaire », cet univers d'images et d'échos qu'est le « champ intellectuel ». Il y va aussi du sens de sa vie.

L'obligation de perpétuelle métamorphose, y

1. « Je n'ai cessé, en toute occasion, d'être dénoncé par des confrères vigilants comme un critique peu moral, presque un patron d'immoralité » (« A Mr le directeur gérant du *Moniteur* », 20 février 1860).

2. Voir son article de l'*Evénement* (« Monsieur Sainte-Beuve », 12 février 1866) dans *Littérature et Révolution*, recueil de textes de Roger Bellet, E.F.R., 1969. Un échange épistolaire s'ensuit.

compris stylistique, il la découvre pour la première fois en étudiant Ballanche[1] :

> La critique est pour moi une métamorphose ; je tâche de disparaître dans le personnage que je reproduis. Je me fais à lui, même par le style, j'emprunte et je révèle sa diction : sentimental et à plaisir nuageux avec Mme de Krüdner, légèrement abstrait et serré avec M. Vinet, clair et courant à la façon XVIIIe siècle avec Mme de Charrières. C'est là que je vise : ainsi j'observe les mœurs de mon sujet (*Cahier vert*, p. 80).

Le critique est « l'amateur universel[2] », ou encore « l'homme sans particularités » :

> Si je me plais à tout moment à briser le moule auquel je serais tenté de m'asservir, si je me force d'aimer ce que je ne suis pas ou le contraire même de ce que je suis, ce n'est pas désintéressement du moi ; c'est que je me pique peut-être de n'être rien en particulier et que je m'aime mieux

1. « Je m'étais pour le moment, transporté avec lui dans son monde, dans les régions d'idées ou d'opinions qu'il avait traversées, et je m'étais comme transformé en lui. Ça été volontiers de tout temps mon habitude et ma méthode de critique ; je cherchais à m'effacer, à m'oublier ; je n'étais plus chez moi, ou mieux, j'étais cet autre même et l'on aurait pu me prendre pour son second » (*P*, II, 46).

2. « Le parfait critique [...] serait celui qui aurait la faculté d'être tour à tour, ne fût-ce qu'un moment, artiste dans tous les genres, et de nous offrir en lui l'amateur universel » (*Derniers portraits littéraires*, p. 339).

> apparemment sous cette forme brisée, multiple et fuyante que sous une autre (*NL*, V, 122).

Ce nécessaire détachement de soi n'est pas infidélité papillonnante ; il est aussi compréhension patiente, amour sérieux et discret. A l'heure du doute et du jugement, dans le secret du *Cahier brun*, l'amoureux patient et éconduit en appelle de façon émouvante à la reconnaissance de l'avenir :

> Dans ma critique, je tâche d'appliquer mon âme à celle des autres ; je me détache de moi, je les embrasse, je tâche de les revêtir et de les égaler. Ai-je réussi ? ai-je eu l'étoffe ? Par quel côté mon âme n'a-t-elle pas réussi à saisir et à comprendre les âmes délicates ou grandes auxquelles je m'adressais pour les peindre ? Par où ai-je manqué Théocrite, Mme de la Fayette ou le Cardinal de Richelieu ?
>
> Vous, critiques bas et non généreux qui contestez ce que vous n'avez pas et ce que vous ne sentez pas, qui n'abordez ces études vraiment libérales que par le côté sordide de l'intérêt politique, je ne vous prends point pour juge, mais le froid et impartial public d'avenir, qui sera peut-être touché de mon continuel et constant effort, de ma solitaire et je puis dire courageuse carrière ! [1853 ?], (mss., Bibl. de l'Institut, p. 123).

Mais, Sainte-Beuve le revendique dans son article sur Ampère, le critique est également un poète[1], il a

1. Voir le passage qui commence par « C'est une erreur de

droit aux métaphores et aux paysages allégoriques pour tenter de mieux cerner sa vocation. Il sera la rivière, qui serpente calmement autour des grands hommes, ces rocs : ainsi le dit le texte célèbre de *Joseph Delorme*[1], qui aura de périodiques résurgences. Non pas cet impérieux cours d'eau qu'est Guillaume Schlegel, le grand critique « exclusif et majestueux », qui est de ceux qui « entrent et tombent pour ainsi dire dans un sujet comme un fleuve qui descend des montagnes... » (*PC*, III, 403). Mais plutôt le lac, et son « érudition dormante[2] ». Ou encore, comme Magnin,

croire que la poésie ne doive se produire que directement... » (*PC*, III, 362).

1. « L'esprit critique est de sa nature facile, insinuant, mobile et compréhensif. C'est une grande et limpide rivière qui serpente et se déroule autour des œuvres et des monumens de la poésie, comme autour des rochers, des forteresses, des coteaux tapissés de vignobles, et des vallées touffues qui bordent ses rives. Tandis que chacun de ces objets du paysage reste fixe en son lieu et s'inquiète peu des autres, que la tour féodale dédaigne le vallon et que le vallon ignore le coteau, la rivière va de l'un à l'autre, les baigne sans les déchirer, les embrasse d'une eau vive et courante, les *comprend*, les réfléchit [...] ». Cette pensée est ajoutée dans la 2e édition (1830) sous le n° XVII (éd. de Gérald Antoine, p. 245-246). La même image est filée dans l'article sur Mickiewicz du 8 août 1833, dans *le National* : « L'art qui médite, qui édifie, qui vit en lui-même et dans son œuvre, l'art peut se représenter aux yeux par quelque château antique et vénérable que baigne un fleuve, par un monastère sur la rive, par un rocher immobile et majestueux [...] Or, la critique, dont la loi est la mobilité et la succession, circule comme le fleuve à leur base, les entoure, les baigne, les réfléchit dans ses eaux, et transporte avec facilité de l'un à l'autre, le voyageur qui les veut connaître [...] ». Sur cette métaphore centrale, nœud d'un mythe personnel, voir l'article de Claude Pichois, « Sainte-Beuve ou l'eau critique », mentionné dans la bibliographie.

2. *L*, XIII, 243.

« la richesse, la fertilité et le détail infini d'une Hollande (patrie et berceau de cette critique moderne, de celle qui fait les bons journaux) », (*PC*, III, 403). A d'autres le « glaive » impérieux et phallique : il sera le « miroir[1] ». Et tant pis si le miroir n'est pas toujours aussi impersonnel qu'on le croirait[2]. C'est à lui-même à coup sûr que Sainte-Beuve songe en esquissant cette silhouette elliptique : « Tel, dans les portraits qu'il trace, se mire toujours un peu ; sous prétexte de peindre quelqu'un, c'est souvent un profil de lui-même qu'il cherche à saisir » (*PC*, III, 399). Pour ce Narcisse oblique, la critique est une sorte de roman. Elle est de ces miroirs qu'on promène le long d'un chemin et où l'on cherche en biais à attraper son ombre.

La « méthode biographique »

> « Ce n'est pas une biographie que je fais, mais le peu que j'ai dit était indispensable pour entrer dans l'esprit de l'écrivain et pour prendre la mesure de l'homme »
>
> (*L*, II, 471)[3].

1. Voir. *P. litt*, *Œuvres*, Gallimard, t. I, p. 922, pour l'opposition du « glaive de l'invention » (l'*acies* de Victor Cousin) et du « miroir de la réflexion » (Jouffroy). Ailleurs, le glaive est l'image du génie.
2. C'est ce qu'il dit de Charles Magnin : « Il est tout à fait impersonnel, grande qualité pour le genre » (*PC*, III, 399).
3. Voir aussi ce qu'il dit de son portrait de Mme de Staël : « Nous savons tout ce qu'il y a dans une vie diverse, orageuse, d'infractions de détail au dessin général qu'on en recompose à distance ; mais ceci d'abord est moins une biographie qu'une idée, un reflet de peinture morale sur la critique littéraire » (*Portraits de femmes*, p. 86-87).

Cet usage égotiste d'un art tourné vers l'autre, vers tous les autres, explique l'impatience de la curiosité biographique. Tout autant que d'un souci de méthode, l'intérêt pour la biographie provient d'une urgence intérieure. Ce qui est devenu pour nous une exigence un peu désuète, qu'on abandonne volontiers aux notices des manuels ou aux tâcherons de la biographie romancée, est pour lui une véritable quête. Cette « âme seconde » a besoin de vies de substitution. Et sa chance est qu'elle commence ses migrations et fait ses premiers pas, au moment où l'ordre rhétorique s'effondre et ne suffit plus à fonder l'être de la littérature. On ne peut comprendre Sainte-Beuve, si on oublie qu'il participe au mouvement d'ensemble qui, depuis Mme de Staël, conduit au rejet de la critique dogmatique des rhéteurs (celle de Marmontel, de La Harpe et de Geoffroy[1]). Elle mettait entre parenthèses l'homme et ne s'intéressait qu'à l'œuvre, jugée en fonction de son respect des lois de la poétique, telles que le classicisme des Lumières les avaient reformulées. Lorsqu'il exagère la tendance qui était déjà celle du *Globe*, de Villemain surtout, et qu'il déplace l'intérêt vers « l'homme », Sainte-Beuve a le sentiment de se livrer à une sorte de curiosité excitante et illégale. Contemporains que nous sommes de la « mort du sujet », ou du

1. Le mot d'ordre hugolien (et romantique en général) de « guerre à la rhétorique » est parfois celui de Sainte-Beuve. L'étude biographique se présente toujours chez lui comme une anti-rhétorique. Il veut constamment « sortir une bonne fois des petites idées d'une rhétorique par trop littéraire, et retrouver l'« homme sous l'écrivain » (*L*, III, 145). Mais il apprend progressivement à apprécier des critiques-rhéteurs aussi mal vus par l'école romantique que Marmontel ou La Harpe.

moins de ses grands annonciateurs, n'oublions pas que l'intérêt pour la biographie fut d'abord un fruit défendu. Non pas un réflexe scolaire, mais une conquête et une libération. Peu à peu, les textes reprenaient visage humain et la littérature devenait une aventure existentielle.

Mais on ne dit pas assez que tout en souhaitant des biographies « copieuses », et non plus minces et « effilées en épigramme » comme l'étaient celles de Fontenelle, il se méfie beaucoup des réalisations pâteuses que lui proposent les artisans ordinaires de l'atelier biographique, les Walkenaër, les Taschereau et leurs piètres émules. Voyeur inquiet plutôt qu'historiographe, il se refuse aux récits de vie en règle. En parcourant son œuvre, on trouverait aisément à réunir un florilège de propos contre la biographie[1]. En fait, le « portrait » qu'il pratique d'abord est une biographie en courant, qui se réserve des ellipses et des non-dits. Sa relative brièveté, son rythme vif est la condition de son charme. Il ne raconte pas, ou si peu. Une fois lancée la machine biographique par la sacramentelle mention de la date de naissance et par l'évocation de quelques

1. Il se défend par exemple d'aborder les *Mémoires d'Outre-Tombe* par ce côté bien étroit qui consisterait à « y chercher simplement un récit explicatif qui comblerait les lacunes biographiques et aiderait à compléter une psychologie individuelle » (*PC*, I, 21). La méthode biographique est en particulier proscrite pour traiter des femmes, dit-il à propos de Mme Récamier : « Je me garderai bien d'essayer ici de donner d'elle une biographie, vilain mot à l'usage des hommes, et qui sent son étude et sa recherche. Même quand elles n'ont rien à cacher, les femmes ne sauraient que perdre en charme au texte d'un récit continu. Est-ce qu'une vie de femme se raconte ? » (*L*, I, 124).

anecdotes d'enfance[1], très vite le portrait se met à survoler les œuvres, en suivant le fil chronologique, cherchant les grandes articulations du destin et les points de fragilité de sa trame. Ce qu'il guette, c'est « la gerçure indéfinissable », la « ride intime douloureuse ». Non pas tout dire, mais s'arrêter au « grain de la vie ». Méprisant les anecdotes conventionnelles, il veut aller « tout d'abord au centre de l'homme[2] », cherche la « clef », mais ne la formule pas en recettes expéditives, ainsi que Taine le fera, quand il croira détenir ce passe-partout magique qu'il nomme « la faculté maîtresse ». Cette pente l'attire bien sans doute : il cherche à « définir » les esprits, à les attraper d'un bond, croit que le but à atteindre est de parvenir à leur donner un « nom[3] », qui annonce le caractère (au sens de La Bruyère) et qui vaut titre : « L'abbé de Marolles ou le Curieux », « Bonstetten ou le vieillard rajeuni », « Le Marquis de la Fare ou un paresseux », Quinet, ou le « vaticinateur[4] », Bazin, ou le « flâneur ». Ou bien il s'ingénie à trouver une formule ramassée et spirituelle : Chateaubriand sera alors « un épicurien qui a l'imagination catholique » et Goethe « un Fontenelle revêtu de poésie ». Que d'épigrammes de ce genre

1. « On veut tout savoir sur le point de départ des grandes âmes avant-courrières » (*PC*, I, 18, sur Chateaubriand).

2. *L*, VII, 332. De même, face à Frédéric II, Sainte-Beuve se dépouille des « drôleries anecdotiques qui sont le régal des esprits légers », et préfère aller « droit à l'homme et au caractère » (*L*, III, 149).

3. « Le vrai critique, je l'ai souvent pensé, est celui qui nomme les esprits et leur assigne juste leur caractère » (Lettre à Philarète Chasles, reproduite dans ses *Mémoires*, citée par Pierre Moreau, p. 125 et 151).

4. « J'appelle Quinet le vaticinateur » (*L*, XI, 484).

dans ses Cahiers bruns ou verts ! Raccourcis prospectifs et poétiques, et non équations positivistes. La vérité échappe quand on serre trop fort.

Loin de s'en tenir au « moi social » et de négliger le « moi créateur », toute sa prétendue méthode biographique consiste le plus souvent à suivre à travers les œuvres et les documents les aléas métaphysiques de ce méta-héros romanesque qu'est leur auteur. Il y a déjà en lui un Proust qui s'ignore. Pour lui aussi, toute subjectivité, et plus encore celle de ces êtres subtils que sont les écrivains, est une construction romanesque, un palimpseste. Il consacre toutes ses ressources à nous suggérer combien la personne se complique de tous ses reflets et de tous ses personnages. Ses analyses des différentes faces d'un même esprit, ses incursions raffinées dans les mystères des cœurs intermittents, font de lui un maître délicat, et en secret écouté par celui-là même qui apparaît dans l'Histoire comme son détracteur victorieux.

Autant que biographe, il est « critique-peintre[1] ». Il soigne le portrait physique de ses modèles, volontiers traité en antithèse : les épaules rentrées de Morellet, opposées à la poitrine ouverte de Diderot ; la lassitude native des membres inférieurs de Senancour face au puissant corps de satyre de Balzac ; la petite taille de La Harpe, surnommé « Bébé[2] », face à la stature d'ath-

1. « Il n'existe pas proprement de biographie pour un homme de lettres, tant qu'il n'a pas été un homme public : sa biographie n'est guère que la bibliographie complète de ses ouvrages, et c'est ensuite l'affaire du critique-peintre d'y retrouver l'âme, la personne morale » (*L*, XI, 530).

2. « Petit de taille et même exigu, « haut comme Ragotin », disait Voltaire, ses ennemis l'avaient surnommé *Bébé*, en lui appli-

lète de Buffon. « Il est bon de connaître un peu les gens de vue avant d'écouter leur histoire et leur roman » (*L*, II, 194). Nécessité encore plus incontournable pour l'écrivain contemporain :

> La personne de l'écrivain, son organisation tout entière s'engage et s'accuse elle-même jusque dans ses œuvres ; il ne les écrit pas seulement avec sa pure pensée, mais avec son sang et ses muscles. La physiologie et l'hygiène d'un écrivain sont devenues un des chapitres indispensables dans l'analyse qu'on fait de son talent (*L*, II, 448).

Il surveille avec une passion toute nouvelle les archives, pour voir si quelque bribe de journal intime, quelque « mémoire de valet de chambre », ou quelque lettre négligée[1] pourrait « éclairer d'un jour intérieur » les pages de Vauvenargues — ou de tout autre —, et « leur restituer le caractère biographique et personnel qu'elles ont et qui désormais les rendra vivantes » (*L*, XIV, 55).

Connaître un homme (et plus encore une femme...)

---

quant le sobriquet du nain Stanislas [...] Certaine inégalité d'épaule semblait même indiquer une vague intention première de la nature de pousser plus loin l'irrégularité ; mais cette velléité primitive s'était arrêtée à temps » (*L*, V, 107). C'est presque un pastiche de Balzac...

1. Pour rappeler le rôle essentiel que jouent chez lui les mémoires et les lettres, rappelons simplement une célèbre phrase-maxime : « Il n'y a pas de sots Mémoires de valet de chambre pour la postérité... » (*L*, II, 265), et telle jolie formule sur « la Postérité, cette grande curieuse et cette *décacheteuse de lettres* » (*L*, XII, 396).

est une aventure excitante, une expérience qui suppose enquête, espionnage et effraction. Au modèle de Tallemant des Réaux, « collecteur d'anecdotes et d'historiettes » (*PC*, II, 333), il préfère celui de Saint-Simon :

> Il avait reçu de la nature ce don de pénétration et presque d'intuition, ce don de lire dans les esprits et dans les cœurs à travers les physionomies et les visages, et d'y saisir le jeu caché des motifs et des intentions ; il portait, dans cette observation perçante des masques et des acteurs, une verve, une ardeur et une curiosité qui semble par moments insatiable et presque cruelle : l'anatomiste avide n'est pas plus prompt à ouvrir la poitrine encore palpitante, et à y fouiller en tous sens pour y étaler la plaie cachée (*L*, II, 5).

Lui aussi s'attribue volontiers ce goût médical pour l'au-delà des apparences, à la fois enthousiasme scopique et « triste don de la vue pénétrante[1] ». Mais au lieu d'aller brusquement au point sensible, il s'ingénie à dire le vrai tout en gardant les proportions et les bienséances. Faire l'anatomie, mais conserver le charme du pastel[2]. L'effraction du scalpel, mais aussi l'enveloppe-

1. « Par suite d'une maladie singulière de l'esprit et des yeux, j'ai reçu le triste don de cette vue pénétrante : pour moi, tous les hommes sont des caméléons » (*Mes Poisons*, p. 13).

2. « Ce que j'ai voulu en critique, ça été d'y introduire une sorte de *charme*, et en même temps plus de *réalité* qu'on n'en mettait auparavant ; en un mot, de la poésie à la fois et quelque *physiologie*. — La physiologie gagne avec les années » (*Mes Poisons*, p. 122).

ment de la rivière, glissant à travers le paysage de la littérature de tous les temps.

Du côté de l'histoire littéraire

> « Il arrive que se rédige une sorte d'histoire littéraire fardée, qu'il se transmet des apparences de réputations officielles et factices...
>
> *Article sur Du Bartas (15 février 1842).*

> « Relisons ces livres du passé, connaissons-les bien pour éviter les jugements tout faits et nous former le nôtre, pour nous faire une juste idée avant tout des mœurs et des modes d'esprit aux diverses époques. Soyons comme les naturalistes, faisons des collections »
>
> (*L*, XII, 191).

Les nécessités du journalisme ont poussé Sainte-Beuve à un nomadisme critique qui répondait en partie à ses vœux. Rien ne l'excite plus que de déceler à quelque marque peu visible le « cachet » d'une époque révolue. Comme il aime que l'Histoire soit l'espace des différences, il apprécie ces écrivains qui sont « un peu en dehors de leurs époques chronologiques » et dont le point d'attache fait problème : Régnier et Chénier, Huet ou Stendhal, les retardataires et les novateurs. Il se prend à rêver souvent à ce qu'il serait advenu du cours de l'histoire si tel écrivain était mort plus tôt ou avait au contraire survécu au-delà de sa date : si Chateaubriand était mort juste après *René* ? si Vauvenargues avait dépassé le milieu du siècle ? si Barnave ou Sénac de Meilhan avaient survécu à la Révolution ? Devinettes excitantes. Mais aussi constantes rêveries d'un poète de l'histoire littéraire, qui avoue que le temps historique est d'abord pour lui un espace de projection.

Le défaut « des générations nouvelles » est de « vouloir dater de soi seul », d'être « dédaigneux du passé, systématique, et par suite, roide et rude, ou même un peu farouche » (*L*, VI, 266-267). Alors que les Modernes de tout acabit n'en veulent voir que la dernière page, il veut contribuer à garder ouvert le livre du Temps, inviter à le feuilleter en tous sens.

Mais il se plaint à l'inverse de la manie des réhabilitations, quand elle tend à devenir unilatérale[1]. Selon lui le présent et le passé doivent dialoguer constamment[2]. Le vrai critique se situe au carrefour : « antiquaire » et néanmoins « vigie », « sentinelle, toujours en éveil, sur le qui-vive ». Comme Grimm, il doit, dès le premier

1. « C'est qu'on est en train d'exagérer bien des choses en ce moment. L'étude du passé, où de grands talents ont allumé des phares qui ont attiré toutes sortes d'esprits, commence à devenir un entraînement de mode et un piège. Il serait temps que la critique, si elle ose encore être de la critique, y vînt apporter quelques restrictions utiles et rappeler quelques règles salutaires » (*L*, XII, 298).

2. « Nous autres critiques, placés entre la tradition et l'innovation, c'est notre plaisir de rappeler sans cesse le passé à propos du présent, de les comparer, de faire valoir l'œuvre ancienne en même temps que d'accueillir la nouvelle (car je ne parle pas de ceux qui sont toujours prêts à immoler systématiquement l'une à l'autre). Tandis que l'artiste jeune et tout moderne nage à torrent dans le présent, y abonde, s'y abreuve et s'y éblouit, nous vivons de ces rapprochements qui reposent, et nous jouissons des mille idées qu'ils font naître (*L*, XIV, 163).

galop d'essai d'un écrivain, savoir pressentir son avenir[1]. « Il faut que sa montre avance de cinq minutes au moins sur le cadran de l'Hôtel de Ville[2]. »

Ce n'est pas par conservatisme invétéré, c'est par souci de garder à l'esprit toute ses gammes, que Sainte-Beuve écume la littérature de jadis et de naguère. Il a le sentiment d'être un des derniers témoins d'un grand naufrage : tant d'écrivains d'un passé relativement récent qui sont en train de devenir sous ses yeux des mondes disparus [3]. Jusqu'à la gloire de René qui déjà s'enfonce dans l'ombre ! La mission de l'étude historique sera de garder quelque trace de ces êtres d'outre-tombe, mi-âmes, mi-esprits, pour élargir le cercle des vivants[4]. Sainte-Beuve sera donc l'indicateur de ces continents engloutis, celui qui garde présente à la

1. Grimm est « un excellent critique en un mot sur une foule de points, et venant le premier dans ses jugements ; n'oublions pas cette dernière condition. Quand la réputation des auteurs est établie, il est aisé d'en parler convenablement, on n'a qu'à se régler sur l'opinion commune ; mais à leurs débuts, au moment où ils s'essayent et où ils s'ignorent en partie eux-mêmes, et à mesure qu'ils se développent, les juger avec tact, avec précision, ne pas s'exagérer leur portée, prédire leur essor ou deviner leurs limites, leur faire les objections sensées à travers la vogue, c'est là le propre du critique né pour l'être. Grimm était doué de ce talent de jugement et de finesse, qui de près est si utile, et de loin si peu apparent » (*L*, VII, 287).

2. « De la tradition en littérature » (12 avril 1858), *Lundis*, t. XV.

3. L'étude historique est désormais nécessaire pour saisir un Chaulieu, qui est déjà presque un ancien (*L*, I, 453).

4. « A mesure que les âges s'éloignent et que les institutions s'évanouissent, on sent le besoin d'en résumer de loin l'esprit dans quelques figures et dans quelques noms » (*L*, IV, 448).

mémoire la carte complète du monde souterrain, en même temps qu'il déploie dans l'espace « l'immense herbier des littératures comparées[1] ».

Pour nous, le plaisir qu'il donne est proportionnel à l'aggravation de notre amnésie. En le lisant, nous découvrons sans cesse des « côtés » masqués de l'histoire littéraire, — des côtés au sens proustien du terme, justement : des espaces infiniment proches et infiniment lointains, des mondes désirés et enfouis, mais qui peuvent reconquérir droit à l'existence grâce à lui. Son herbier magique a gardé l'impression fidèle de ce qu'était, pour un esprit exercé et attentif, vers le milieu du siècle précédent, le spectacle de la littérature, éclairée selon une grille qui a le mérite de n'être plus la nôtre, et de nous forcer aux comparaisons.

Nous guidant dans ces Herculanum littéraires, il offre, plutôt qu'une enfilade de statues, un labyrinthe de portraits de genre, où les égarés et les méconnus prennent leur revanche sur les favoris de la Gloire, et où la comédie littéraire est mise à nu par un de ses plus fervents observateurs.

1. « Vue à son heure », toute production littéraire, même la plus désuète — telle que l'élégie de Parny —, « mérite d'être conservée comme spécimen dans l'immense herbier des littératures comparées » (*L*, XV, 289).

Un ethnologue devant la comédie littéraire

> « Je ne suis point véritablement passionné ; ma vie n'a été qu'une suite d'ardents caprices. J'ai une passion pourtant, une seule, la passion littéraire »
>
> (*Mes Poisons*, p. 7).

> « Tout est comédie, et toute comédie a eu sa répétition »
>
> (*L*, XI, 510).

Il a beau poser au naturaliste, ce n'est pas seulement avec l'impassibilité de la science que Sainte-Beuve aborde la littérature. La passion se déguise, mais elle est évidente ; l'exigence est si haute qu'elle produit aussi le sarcasme. Les vitupérations inspirées d'un Barbey d'Aurevilly ne conviendraient pas à ses allures de matou. Mais c'est avec une cruauté enjouée et précise qu'il guette les impostures de la tribu littéraire et débusque ses religions avantageuses.

La littérature, cette passion, est aussi un jeu de rôles. « Tu seras le critique, je serai le grand homme. » A chaque moment de l'histoire littéraire, les grands emplois sont à distribuer. Quand Nisard arrive sur la scène, les principaux rôles de critique sont pris : « Le rôle de critique officiel de l'école romantique n'était plus à tenir », « le rôle de feuilletonniste spirituel » était occupé par Janin, celui de critique consciencieux et historien par Ampère, etc. Il ne lui reste plus qu'à « tâcher d'être le critique sensé, général, de cette tradition qu'on avait tant attaquée » (*PC*, III, 335). Pour avoir eu lui-même un certain mal à dénicher sa place sur la « terrasse » de la Restauration finissante, Sainte-Beuve sait combien la littérature est un espace scénique, limité et structuré.

Les comédiens campent sur le sommet du Parnasse. Le seul bonheur de La Harpe, selon Chateaubriand, grand comédien lui-même devant l'outre-tombe, c'est de ne pas avoir « manqué sa mort » ! Chacun choisit le déguisement de son goût : Paul-Louis Courier en « vigneron », Latouche en « paysan », Béranger en « conseiller », Delphine de Girardin en « muse ». Les grands hommes sont de grands roublards : Lamennais, Cousin qui a du « bergamasque », Béranger, qui « ne fait rien que par rapport à son rôle[1] », Chateaubriand, grand premier rôle, Hugo, en jeune chef, Gautier, en « chef de branche ». Partout « masques », « casques », « amour des beaux rôles » (*L*, II, 560), « poses », changeantes selon la tactique du moment :

> Hugo, dans son exil se fait une double attitude : les *Contemplations* et les *Vengeresses*, tantôt le profil de Dante, tantôt, le trois-quart d'Olympio : il fait ce qu'il a fait si souvent : il pose (*Corr.*, t. X, p. 1252).

Quant aux jeunes, ils inventent déjà les procédés scéniques qui seront ceux de toutes les avant-gardes à venir : « faire ses enfances » de façon bruyante et irrespectueuse, prendre en littérature des manières de page

1. *Cahier brun*, [1842], p. 5.

insolent, « un costume brillant et gracieux[1] », comme Alfred de Musset, ou imiter les aboiements du lycanthrope, comme Pétrus Borel.

Innombrable le troupeau des « myrmidons d'aujourd'hui qui se fagotent en grands hommes[2] ». En ces temps de « sacre de l'écrivain », rares sont ceux qui, comme Eugène Sue, se contentent d'obéir à leur « talent inventif d'écrivain et de conteur sans faire le grand homme à tout propos » (*PC*, III, 113). On se fait des fronts de « penseur », on s'installe dans sa propre gloire, comme Vigny qui « adonise son style et idolâtre son œuvre » : « Il exhale tous les matins une petite atmosphère à son usage ; il s'en enveloppe et s'en revêt, il vit, il y habite tout le jour, il s'y glorifie comme dans son nimbe » (*L*, XI, 522). Il faudrait faire une « petite histoire de la fatuité en littérature » (*PC*, II, 427). Tant est impératif le commandement d'avoir un génie irrépressible et de se construire comme tel, que « la profession de poète agréable se perd ». Il reste bien dans ce genre de ces « demi-vocations errantes », mais elles « ne savent plus à quoi se prendre et sont souvent réduites à viser trop haut, à se forcer en pure perte », pour obéir aux canons du jour (*L*, XII, 281).

Où l'on voit que le rôle stéréotypé qu'on adopte n'est pas simplement affaire de publicité et de parade mondaine : il détermine aussi le choix du genre et de

1. « Musset a débuté à l'âge de moins de vingt ans, et dès le début il a voulu marquer avec éclat sa séparation d'avec les autres poètes en renom alors. Pour qu'on ne pût se méprendre, il se donna du premier jour un masque, un costume de fantaisie, une manière ; il se déguisa à l'espagnole et à l'italienne » (*L*, I, 297).

2. L'expression est de Chateaubriand.

l'écriture. Sainte-Beuve sait déjà combien importe et à combien engage le « fantasme de l'écrivain ».

C'est aussi un excellent observateur du devenir-religion de la littérature. Jusqu'à Montaigne qui a « aussi ses dévots, lui qui l'était si peu : il fait secte » (*L*, IV, 77). Culte national : Rabelais est une « légende française » et « la gloire de Bossuet est devenue l'une des religions de la France » (*L*, X, 180). Culte romantique : on devine combien seront nombreux les « pèlerins du génie », lorsque celui-ci se nomme Byron. Le genre de l'« adorateur fétichiste » et du « disciple bedeau » pullule. Chaque sous-grand homme a désormais son Brossette ou son Naigeon (*PL*, I, 877). Depuis Jean-Jacques, grand suborneur du sexe, monte vers l'idole littéraire la clameur amoureuse des admiratrices et leurs lots de billets parfumés : Mme de Latour-Franqueville, Mme de Verdelin, « ces femmes de Jean-Jacques », Bettina, le lutin de Goethe, l'Occitanienne de Chateaubriand. Quand Lamartine passe des *Méditations* à *Jocelyn*, les Elvires épistolaires se transforment en Laurences. (Et jusqu'à Sainte-Beuve qui, sur le tard, aura lui aussi la muse postale qu'il mérite, une jeune et sage Genevoise, qui se méfie de ses avances et qui lui parle de mystique protestante : Adèle Couriard[1]...)

1. La première lettre de cette autre Adèle du lac Léman donne le ton de leur relation et témoigne de l'impact et du pouvoir de séduction du critique. Cette correspondante s'adresse à Sainte-Beuve après avoir lu son article sur les lettres de Mme Latour-Franqueville à Rousseau, ce qui produit un joli effet de miroir (Lettre du 21 septembre 1856, *Corr.*, t. X, p. 292.) Une longue correspondance s'ensuit jusqu'en février 1868 : 55 lettres qui « sont parmi les plus émouvantes de Sainte-Beuve », mais il ne subsiste que deux lettres d'Adèle.

Mais les jeunes gens aussi y vont de leurs adorations plus ou moins muettes : ils collectionnent les bouts de cigare de l'Enfant du siècle.

Ce culte de substitution se mettait déjà en place à l'époque de Voltaire. Qu'on se souvienne de « la colère et de l'indignation factice » au sein de la « coterie voltairienne », lorsque La Harpe, ci-devant bedeau de la paroisse, osa critiquer peu après la mort et l'apothéose du grand homme sa façon de prendre des libertés avec Racine : « Une confrérie de moines, troublée dans l'œuvre de canonisation de son saint, n'eût pas été plus outrée et plus intolérante » (*L*, V, 114). Au temps de Ducis et de Bernardin de Saint-Pierre la religion littéraire est plus bonhomme ; elle prend volontiers des couleurs champêtres : « On inaugure, au milieu de la verdure, des ruisseaux et des fleurs, les bustes d'Homère et de Jean-Jacques Rousseau : Bernardin de Saint-Pierre et Ducis portent les couronnes que de jeunes enfants déposent ensuite sur les deux marbres » (*L*, VI, 381). Une passion plus sourcilleuse et plus exaltée entoure les idoles contemporaines : Chateaubriand, Béranger, Lamennais, Hugo. Dès que la critique marque sa limite et son « holà »(*L*, XI, 451), le bataillon des preux fait bouclier. Un faux grand homme, tel qu'Hégésippe Moreau, a, lui aussi, de fanatiques gardiens du culte, tel Laurent-Pichat. Martyr des lettres, il alimente « la manie de grossir la vie et les mérites des hommes qui sont morts appartenant à une école, à un parti ou à une communion. C'est ainsi que se sont formées les légendes des Saints » (*L*, V, 541).

Sainte-Beuve se raidit contre toutes ces canonisations et se réjouit du scepticisme qui les attend : « Le procédé, en ce siècle de critique et d'examen, est à jour, et nous voyons trop bien, en la plupart des cas, comment se fabrique la merveille pour y croire » (*L*, V, 541). Mais il se déclare impuissant devant les privilèges indus de cette « classe d'auteurs, à qui tout profite, même les défauts : ce sont ceux qui, une fois morts, tournent à la légende, qui deviennent *types* » (*L*, XI, 282). Ce fut la chance posthume de Villon ; et, comme « de nos jours les choses vont vite », c'est déjà celle de Musset :

> On passe immédiatement à l'état de type. On n'attend pas même les cinquante ans d'épreuves et de quarantaine ; on est type à bout portant et dès le lendemain de sa mort ; Alfred de Musset, type ; Henri Heine, type ; Balzac, type ; Eugénie de Guérin, type (*NL*, XIV, 245-246).

Devant le destin posthume de Musset, comme devant les premières atteintes du beylisme, Sainte-Beuve perd un peu de son sang-froid. Il a beau s'être fait à son rôle de critique intègre et sans lustre, il a du mal à gérer « la gloire des autres ». Mais l'envie, probable, alimente une analyse lucide de la transformation du rôle social de la littérature.

L'influence de l'écrivain tout-puissant a des conséquences littéraires : sitôt ouverte une voie neuve, vient le « troupeau des imitateurs » : « Ainsi la seule pièce de Millevoye, *La Chute des feuilles*, a produit toute une postérité de mélancoliques et d'infirmes gémissants [...] *Le Lac* de Lamartine a eu ses cascades à l'infini, et a formé quantité de petits lacs au-dessous, avec des couples d'amants soupirant leurs barcaroles » (*L*, XI, 293). Mais elle a aussi désormais des conséquences sociologiques et politiques. Arrêtée tandis qu'elle s'enfuit avec son amant, une femme adultère débite au juge venu l'interroger des pages de Balzac tout entières (*PC*, III, 94). Nombreuses sont dans la vie privée « les victimes du livre », comme aurait dit Vallès. Mais Sainte-Beuve sait voir aussi en quoi l'histoire elle-même emprunte des formes au livre. « La Conspiration de Cellamare, en 1718, fut une manière de contrefaçon et de commentaire des *Mémoires* de Retz » (*L*, V, 41). De même, « dans les scènes scandaleuses ou grotesques qui ont suivi la Révolution de février », Sainte-Beuve voit « la répétition dans la rue de ce qui s'était joué sur les théâtres » :

> La place publique parodiait au sérieux la scène ; les coulisses des boulevards s'étaient retournées, et l'on avait le paradis en plein vent. « Voilà mon histoire de la Révolution qui passe, » disait un historien, en voyant de sa fenêtre défiler une de ces parodies révolutionnaires. Un autre aurait pu dire également : « Voilà mon drame qui passe » (*L*, I, 38).

Désormais, « c'est l'histoire vivante qui s'est mise à imiter la littérature » :

> S'il devient banal de dire que la littérature est l'expression de la société, il n'est pas moins vrai d'ajouter que la société aussi se fait l'expression volontiers et la traduction de la littérature. Tout

> auteur tant soit peu influent et à la mode crée un monde qui le copie, qui le continue, et qui souvent l'outrepasse. [...] Lord Byron a eu depuis longtemps ce rôle d'influence sur les hommes : combien de nobles imaginations atteintes d'un de ses traits se sont modelées sur lui ! Depuis ç'a été le tour des femmes ; l'émulation les a prises de lutter au sérieux avec les types, à peine apparus d'Indiana ou de Lélia (*PC*, III, 93).

Laissant aux monstres sacrés toute la scène, il sera, lui, le spectateur de la comédie : un spectateur tout à la fois délicat et acerbe. En fait, un artiste déguisé, un poète transcendé en critique, qui mobilise toutes ses ressources d'« amateur universel ».

Formes et modèles

> « Ce qui me choque dans les amis de Sainte-Beuve et Taine, c'est qu'ils ne tiennent pas suffisamment compte de l'art, de l'œuvre en soi, de la composition, du style, bref de ce qui fait le beau ».
>
> *Lettres inédites à Tourgueneff*, Editions du Rocher, 1946.

> « Pour ces poètes déclassés, la critique est comme une lucarne qu'on leur ouvre, et il leur est difficile, quand la chose les intéresse un peu vivement, de ne pas passer la tête à la fenêtre pour dire : *Me voici !* et pour venir chanter à leur tour leur petit couplet et leur chanson »
>
> (« Théophile Gautier », *infra*, p. 371).

> « C'est toujours avec les expressions dérobées au poëte, avec la plume échappée au cygne, que j'écris de lui »
>
> (*PC*, I, 31).

La solitude face au livre, le recul critique, le secret : tout cela fait oublier ce qui reste chez Sainte-Beuve de l'homme de parole. D'abord parce que son siècle garde une familiarité avec la pratique orale des textes « savants » : le genre oratoire, la récitation poétique publique, la lecture des œuvres avant leur édition. Ensuite, parce que Sainte-Beuve, que cet effort épuisait au début[1], a pris goût graduellement à ces prestations orales, jusqu'à laisser le souvenir d'une « voix de bronze » dans ses discours de sénateur frondeur et laïc de 1866 à 1868.

Son écriture critique est habitée par le fantôme ou le modèle d'une intervention parlée. Les modèles plutôt, car ils sont divers, et font intervenir plusieurs interlocuteurs, réels ou imaginaires.

D'abord la nostalgie de la conversation : les « Lundis » sont littéralement et dans leur première parution en volume chez Garnier, des *Causeries du lundi*.

Cette conversation rêvée n'appartient ni au salon, ni à la salle de cours ; c'est plutôt un mixte idéal des deux. Sainte-Beuve n'est pas Brichot, malgré sa timidité ; il a traversé plus d'un cercle, et le monde, y compris le « grand monde » s'est assez ouvert à lui

1. Voir la lettre à la comtesse de Fontanes, du 12 octobre 1838, *Corr.*, t. II, p. 451.

pour qu'il y voie autre chose que l'agrégat informe des exclus du paradis scolaire. La petite Académie de Lausanne lui convient, en 1837, pour « exécuter sous forme de cours et de leçons » son projet de Port-Royal : mais, comme l'Académie de Liège en 1848-1849, c'est un public choisi, un auditoire de pairs, plus un séminaire qu'une salle de cours, et la conférence se prolonge le soir au salon. Ce n'est vraiment qu'à cinquante-trois ans qu'il entame une courte carrière d'enseignant à l'Ecole normale, dans un style qui, aux dires des témoins, ressemblait plus à celui d'une conversation d'égaux.

Tout au long de sa carrière de lecteur-écrivain, on le voit chercher la bonne distance par rapport au texte, et cet effort d'accommodation fleurit en magnifiques images. Mais l'effort est autant auditif que visuel.

Livré à sa « nékuia », comme Michelet, à l'appel des ombres (car même si l'auteur est vivant, il est, en son texte, au tombeau), soucieux de « les accueillir en [soi], de les entendre, de les interpréter », il a le sens de la substance phonétique des textes qu'il « récite », il cherche à identifier leur rythme, leur tempo. Il a d'abord l'oreille latine, et les citations d'Horace, de Virgile, de Martial qu'il prodigue ou retient selon la destination de ses critiques sont là autant pour le son que pour le sens. C'est parce que le *Super flumina Babylonis* des exilés lui a mis si longtemps les larmes aux yeux qu'il saisit si bien la relatinisation du français par Corneille comme une sorte d'irrigation d'une langue trop démusicalisée par les tailles académiques.

Mais il entend aussi des scansions plus modernes. On ne s'étonnera pas de le voir citer avec une compréhension amusée le conseil de Montesquieu, recommandant aux asthmatiques les longues périodes du père Maimbourg : lui-même a une sensibilité redoutable aux défaillances sonores, symptômes d'un probable affaissement de la pensée.

Certes, il n'aimait qu'à moitié sa propre musique, si cisaillée et spasmodique, dans *Joseph Delorme* et dans *Volupté*. « Vous voulez une lyre : je n'ai qu'un rebec[1] ». Mais ce malaise du chant étranger semble avoir affiné sa perception des musiques particulières à chaque galaxie verbale. Sur Vauvenargues par exemple : « Il n'était pas jusqu'à ces consonances en *i* qui ne me touchassent et où je ne visse une harmonie découragée[2] ». Tout de suite après la parution en volume, il loue en connaisseur la « manière » picturale de Flaubert. Mais à la façon du musicien Sainte-Colombe[3], dans l'atelier d'un peintre, il entend le bruit du pinceau. Remettant sur le chevalet la scène où Emma, jeune fille, reconduit Charles sous la pluie, c'est la musique de Flaubert qui chante, autant que la scénographie et la couleur, en général plus remarquées.

De là, ses débuts d'articles. Quand ils ne s'ouvrent pas avec ce que nous appellerions aujourd'hui une hypothèse théorique, ils donnent souvent à entendre cette voix du texte, ses accords fondamentaux, sa mesure préférée, que le critique restitue par des

1. *Mes Poisons*, p. 127.
2. *Volupté*, chapitre XII, Folio, 1986, p.184.
3. Dans le récit de Pascal Quignard, filmé par Alain Corneau, *Tous les matins du monde*.

moyens et des figures variées : extraits, métaphore caractéristique, mimétisme à la limite du pastiche (Proust, là encore est son élève, fidèle jusque dans la révolte), comparaisons avec d'autres types de « ductus », de prosodie et de conduite vocale de la phrase.

Voix du texte ou voix de l'auteur, décidément ? Le critique les met en communication, mais il ne les confond pas pour autant. En 1831, domptant sa curiosité du vivant, il se donnait comme règle de ne pas chercher à connaître un auteur contemporain avant d'en parler : il a procédé ainsi pour *Indiana*, et avec bonheur. Le ramage étourdissant de Balzac, dans la vie, l'exaspère : mais le vacarme passé, le livre ouvert, ce que sa sensibilité phonétique et grammaticale retient dans ses romans, c'est la fréquence du pronom « en » et son pouvoir d'entraînement sensuel. Et à Stendhal, brillant causeur de salon, il reproche cordialement cette constriction ironique qui l'empêche de produire le théâtre romantique qu'il sait si bien définir, et qu'il parviendra à dépasser par l'*allegro vivace* des grands romans : « En ne voulant que des mots courts il tarissait le développement, le jet, toutes qualités qui sont très naturelles aussi à la passion dans les moments où elle s'exhale et se répand au dehors[1]. »

Pourtant, le modèle visuel, plastique, continue de gouverner la majorité de ses titres, (même lorsque ce pavillon couvre une démarche plutôt historique ou quasi médicale) : *Portraits*, *Tableau historique et cri-*

1. « M. de Stendhal. Ses Œuvres complètes », *L*, IX, 318.

tique [1]. Dans ce dernier cas, la toile est loin, l'exposé l'a presque effacée, mais tout de même. Et s'il demande en 1864 à Fromentin « une petite séance de pose : deux mots au moins avec précision pour me fixer sur vos débuts[2] », ce n'est pas seulement parce que le modèle est lui-même un écrivain-peintre. Le critique en peintre, peintre du costume, du débraillé, du nu : sa tâche n'est pas accomplie (terminée, cela n'a pas de sens pour lui...) sans ce parcours, dyptique ou tryptique si possible. Dans les textes repris dans cette édition, datant surtout de sa première période, l'envie mesquine de démasquer et de voir par le trou de la serrure nous paraît bien peu de chose comparée à l'exigence de perspective, et au besoin de la pluralité des cadrages ou du relief dans le tableau.

Cet amateur de « Rayons jaunes » n'a certes pas profusion de couleurs sur sa palette. On dirait quelquefois qu'il longe l'atelier romantique avec des circonspections de rat de bibliothèque : tous les livres sont gris. Au temps où Victor Hugo traînait ses disciples devant les cathédrales, et les éblouissait de lumière et de taches de couleur, empruntées à Delacroix et à Louis Boulanger, il suivait la troupe avec une application tendue de bon élève, espérant tordre le cou en lui à l'« homme de lettres », pour « être artiste » enfin, c'était le mot d'ordre. Peine perdue. Sur la fin de sa carrière, les frères Goncourt, ses jeunes « bichons », estiment

1. « Dans mon livre sur Port-Royal, j'ai moins prétendu faire une histoire qu'un grand portrait : portrait du monastère et de la société de ses messieurs, et au-dedans, quantité de portraits particuliers et de médaillons », lettre à M. R. Chantelauze, 23 fév. 1866.

2. *Corr.*, t. XVI, p. 410.

qu'il reste essentiellement un homme d'écritoire, qui vient maladroitement grappiller dans leurs intuitions de dessin et de palette, en les « mettant » sur Gavarni. Mais il leur rend volontiers les armes en fait de peinture : « Je me sens peu juge en matière d'art, n'ayant pas eu dans ma vie assez d'occasions de regarder et de comparer » (*NL*, X, 404).

Devant la génération triomphante des jeunes coloristes de l'« école de l'art », peintres ou écrivains, Joseph Delorme se fait plus grisâtre que nature. Il préfère déverser en secret ses « couleurs concentrées à l'état de poison » : « un fond de palette très noir et très chargé[1] », (*Mes Poisons*, p. 4). Il se rétracte devant « les articles de Th. Gautier sur la peinture » qui « sentent toute la cuisine, et pour ainsi dire, tout le graillon de l'art » (*Mes Poisons*, p. 36) ; se moque du style pictural à la mode en poésie : « La forme et le style poétiques sont [...] tombés, en quelque sorte, dans le domaine public ; il coule devant chaque seuil comme un ruisseau de couleurs, il suffit de tremper ». Il préfère les nuances, le pastel, les brumes des lakistes, les couleurs plus fades et comme lactées de Marceline Desbordes-Valmore, avant qu'elle ne charge sa palette et ne « tombe dans la vignette scintillante » :

> En lisant les poètes dont les écrits ont eu de la vogue dans ces dernières années, Mme Valmore s'en est affectée et teinte peut-être à son insu ; la

1. Mais la fin du texte rend une autre nuance : « C'est un fond de palette très noir et très chargé, c'est le fond de l'écritoire, un meuble du dedans. — Ce cahier renferme mes couleurs concentrées et souvent à l'état de poison ; je n'ai qu'à délayer un peu, et j'ai les couleurs qui font vivre » (*Mes Poisons*, p. 4).

> blonde et grise fauvette a été prise au miroir. [...] Moi, j'aurais mieux aimé Mme Valmore fidèle à sa précédente manière, [...] avec l'absence du rythme, comme un ruisseau qui court sans trop savoir, avec l'insouciance et le hasard des teintes, un sentiment borné à peu d'images, et sous le gris de lin de sa parure (*PC*, II, 111-112).

Tendance constante chez lui : à ceux qui empâtent ou taillent à vif, il préfère les peintres d'âmes et de ciels, Léopold Robert auquel il consacre un article, et leurs émules littéraires : Ramond, « le peintre des Pyrénées[1] », sans oublier Vauvenargues ou Joubert[2]. Aux saccades de la couleur, il oppose les effusions nuancées de la lumière. Mais il sait apprécier aussi ceux qui, comme Diderot, cet éclaireur en matière de peinture, jouent sur les deux tableaux : « Diderot a innové dans la langue, et y a fait entrer des couleurs de la palette et de l'arc-en-ciel : il voit déjà la nature à travers l'atelier et par la lunette du peintre » (*L*, III, 311). Sur le tard, tout en maugréant, il comprend presque les vivacités de « petits maîtres » des frères Goncourt, leur prose qui « rivalise avec la palette ». Trop de « miroitement » et de « cliquetis » dans leur style capricant : « On dirait par moments qu'ils sont deux à écrire, tant leur phrase

1. C'est « un Claude Lorrain ou un Carle Dujardin des montagnes », qui « excelle à rendre cette couleur presque indescriptible des hauts lieux, ces rayons d'un soleil sans nuages, mais sans ardeur » (*L*, X, 476-482).

2. « Il était de ces esprits méditatifs et difficiles qui sont distraits sans cesse de leur œuvre par des perspectives immenses et les lointains du beau céleste dont ils voudraient mettre partout quelque image ou quelque rayon » (*L*, I, 175).

est piquée, excitée, et a des redoublements de galop ». Mais « ils vont au vif dans leurs tableaux ». Tout en se plaignant qu'« on s'est trop tenu sans doute à ce qui se voit, à ce qui se touche, à ce qui brille, palpite et végète sous le soleil », il apprécie alors jusqu'à Banville, et tous « les maîtres plus réfléchis, qui ont donné l'exemple multiplié des formes, des rythmes, des images, de la couleur et du relief » (*L*, XIV, 73). Il finit même par se réconcilier avec son irrespectueux et rutilant « neveu », Théophile Gautier, d'une manière presque grandiose. Dans l'article panoramique qu'il lui consacre en 1864, il admire avec un brin d'envie, mais avec générosité aussi, la nouveauté de sa critique d'art, toute d'improvisations et d'éclats : « La manière dont il l'a exercée et comprise constitue l'une des innovations et l'un des talents spéciaux de Théophile Gautier » (cf. *infra*, p. 366). Poète et artiste avant tout, bien que « critique d'office » comme lui, « poète condamné à la corvée à perpétuité », Gautier critique d'art « a fait toucher et palper la lumière ». Personne ne sait rendre comme lui l' « explosion de fleurs » d'un laurier-rose, « bouquet d'un feu d'artifice végétal », et sa fraîcheur splendide, « presque bruyante ». Ayant à reprendre après lui le portrait de Léopold Robert, il s'alloue un rôle plus effacé : « Après la médaille ou le camée, c'est donc une de ces analyses que j'essaye » (*L*, X, 409).

Il n'oublie pas que son propre talent est ailleurs : dans les ciels brouillés, dans les dégradés de teintes, dans les portraits littéraires presque effacés et surtout psychologiques à la manière du XVIIIe siècle. Mais aussi dans les jeux d'ombres et d'éclairage, qui font ressortir les contours et qui mettent en relief ses bustes.

Ce qui nous suggère que ce besoin d'épaisseur et d'espace, ce jeu du costume et du corps sont peut-être des réflexes de sculpteur autant que de peintre.

Comme Mérimée, comme le Musset de *Lorenzaccio*, Sainte-Beuve est hanté par la statue. Pour l'abattre ? Certainement : et c'est le mouvement de destruction, l'arrachage des masques, le bris du plâtre ou du marbre qui le caractérisent à première vue (*PC*, II, 275). Il dénonce avec alacrité le concert de récriminations qui, avec Victor Hugo pour chef de chœur, a accueilli un irrespectueux biographe de Mirabeau : son crime n'est pas si grand d'avoir osé remettre quelques verrues sur le visage de cette idole de pierre (*PC*, II, 286). Comme lui, Sainte-Beuve préfère étudier Camille Desmoulins en tant qu'homme et écrivain, « et non plus le saluer au passage comme une statue » (*L*, III, 99). Il en veut à Goethe et à Byron, héros érigés, dont le génie prête aux apothéoses fantastiques. Il en veut surtout à Napoléon, qui « a provoqué ces constructions sans nombre, et la plupart de ces statues et idoles de bronze dont on a peuplé sur son modèle les avenues de l'histoire ». « Lassé [...] des statues de tout métal debout sur leurs socles démesurés », il se plaint de « cet abus extrême qu'on fait aujourd'hui des grands hommes et de tous ces demi-dieux despotiques qu'on inaugure en marbre ou en bronze sur le corps saignant de l'humanité » (*PC*, II, 275).

Mais la statue le retient autant qu'elle le pousse à l'agression. Dire qu'elle est le retour du père dont il fut l'enfant posthume serait à la fois trop et pas assez, mais c'est probablement un des aliments de la flamme critique qui l'anime, et le moteur personnel de cette alternance entre idolâtrie et détraction (les termes sont de lui) caractéristiques de ce qu'il appelle le « pétillement critique ».

Jeune, il écoute Béranger qui l'invite aux respect des idoles : « Une fois que les hommes, les grands hommes vivants, étaient faits types et statues, il fallait bien se garder de les briser, de les rabaisser pour le plaisir de les trouver plus ressemblants dans le détail : car, même en ne ressemblant pas exactement à la personne réelle, ces statues consacrées et meilleures deviennent une noble image de plus offerte à l'admiration des hommes[1] ». Plus tard, volontiers iconoclaste, son scalpel garde pourtant quelque chose d'un ciseau. Le buste surgit et prend forme à coups de légères effractions. Le spectre inquiet de la lumière donne peu à peu du relief au médaillon.

Ce qui lui parle dans le volume sculptural, c'est la pluridimensionnalité, le « copieux », l'épaisseur, mais aussi la saisie du caractéristique, la compression du temps dans l'espace. Le statuaire, écrit-il à propos de Corneille, est « aussi à sa façon un magnifique biographe », qui fixe sous la lumière de la première gloire, la métamorphose de l'ordinaire en génial, la transmutation du fer existentiel en diamant artistique, comparable à celle de la chair en pierre. Il ne « restera » plus ensuite qu'à réintroduire l'histoire, en dupliquant cette forme fondamentale, ce geste et cette structure, sur un fond d'événements qui l'animent, en une série de « bas-reliefs » (« Pierre Corneille »).

1. *Premiers Lundis*, *Œuvres*, Gallimard, t. I, p. 545.

Parce qu'il soupçonne, déshabille, enlève les masques d'or, le critique au scalpel a laissé l'image d'un profanateur de tombeau. Mais il est aussi, en un mouvement moins trivial et dans un sens plus métaphysique, un statuaire et un embaumeur tel que l'évoque Michel Serres : « Le temps collectif s'involuait dans les momies et les statues couchées, levées, montées, cachées à travers les nécropoles ». « Ainsi le statuaire plie et implique la terre glaise comme mille voiles ou manteaux, enferme et enfonce la forme, par un travail pareil dans la densité dure et noire et l'y fonde [...] Les objets sont de gigantesques statues gigognes du temps[1] ».

Sainte-Beuve cherche le geste à la fois stylistique et vital de Corneille, le pas de Stendhal, hussard romantique, alors qu'il n'évoque qu'en toute fin d'article et comme en post-scriptum la « forme première » (existentielle) et le physique périssable d'Henri Beyle. De tout écrivain qu'il a tant soit peu hanté, il aimerait pouvoir dire comme de Feletz, son confrère à la Mazarine : « Il avait dans la manière de finir, dans le jet de la phrase, certain geste de tête que nous lui avons bien connu » (*L*, I, 388). Il veut fixer le mot caractéristique de Mme de Staël (« vie »), de M. de Guibert (« gloire »), de Senancour (« permanence »), de Joseph de Maistre (« à brûle-pourpoint »). « Chaque écrivain a son mot de prédilection[2] », et le critique-sculpteur fait le gué, pour pouvoir le mettre au socle de la statue. Mais, de manière plus élaborée, il cherche aussi à défi-

1. *Statues*, François Bourin, 1987, p.145 et p. 331.
2. *PC*, I, 162-163 et *infra*, p. 275-276.

nir la découpe rythmique des divers styles, et comme leur hiéroglyphe, mi-sculptural, mi-musical : l'impitoyable galop saccadé de Saint-Simon, qui fait de la langue « comme un cheval qui a fini sa course », les circonvolutions épigraphiques de Lefèvre-Deumier, les turbulences linguistiques des *Mémoires d'Outre-Tombe*, qui sentent Byzance et le Bas-Empire, « le style prompt, piquant, pétillant, servi à la minute » de Janin, qui « fait l'effet d'un sorbet mousseux et frais qu'on prendrait l'été sous la treille ». Il veut définir le « cachet » de Condorcet, cherche la « devise » de Diderot (« Plutôt s'user que se rouiller ») ou de Mme de Beaumont, ce chêne en forme de roseau : « Un souffle m'agite et rien ne m'ébranle ». Il arrête la forme d'« arbre élagué » de Senancour, le « don d'ascension » de Musset, l'accablement angélique de Marceline Desbordes-Valmore, qui lui écrit : « Vous m'avez bouleversée de mon propre malheur[1] ». Ce faisant, et quand il réussit, il travaille comme Proust à la fois en musicien, en peintre et en sculpteur. Comme lecteur, il laisse s'établir et se confirmer en lui les rapports du thème et de la variation, de la note fondamentale et de ses harmoniques. Comme écrivain, il rend visible une structure, et il y replie du Temps.

1. Dans la correspondance reproduite par Spoelberch de Lovenjoul, dans *Sainte-Beuve inconnu*, Plon, p. 203 (1842).

I

BIOGRAPHIE

*Ma biographie**

J'ai fait beaucoup de biographies et je n'en ai fait aucune sans y mettre le soin qu'elle mérite, c'est-à-dire sans interroger et m'informer. Je n'ai pas toujours été heureux en retour, et parmi ceux qui ont bien voulu s'occuper de moi, il en est fort peu qui y aient mis les soins indispensables et dont le premier était de s'enquérir de l'exactitude des faits. M. de Loménie, bienveillant, n'est pas de tout point exact. Vapereau, peu bien-

Manuscrit inachevé publié par Jules Troubat au t. XIII des *Nouveaux Lundis*, 1870.

* Au t. XIII des *Nouveaux Lundis*, ce texte est précédé de la note suivante de Jules Troubat, le dernier secrétaire de Sainte-Beuve et son exécuteur testamentaire : « Nous ne pouvons mieux faire que de mettre en tête de ce volume, au lendemain de la mort de M. Sainte-Beuve, le fragment suivant, trouvé dans ses papiers. C'est un brouillon, écrit ou dicté à la hâte et qui est resté à l'état de premier jet. Nous n'y changerons rien. Les points de repère qu'il contient, jusqu'à la date où s'arrête cette courte esquisse seront peut-être utiles, dans l'avenir, à l'exactitude d'une Biographie plus étendue. Et tout d'abord, nous avons pensé à l'offrir (telle que M. Sainte-Beuve l'a laissée) à celui qui doit très prochainement prononcer son éloge à l'Académie française, à M. Jules Janin. » Dans ce texte, nous avons laissé subsister les notes complémentaires de Jules Troubat. Elles enchaînent sans prévenir sur les notes de Sainte-Beuve, mais se distinguent néanmoins aisément des siennes en ce qu'elles parlent de lui à la troisième personne. *[N.d.E.]*

veillant, n'est pas même exact dans sa brièveté*. Je ne parle pas de ceux qui n'ont été que de misérables libellistes, inventant et calomniant. Les faits de ma vie littéraire sont bien simples. Je suis né à Boulogne-sur-Mer le 23 décembre 1804. Mon père était de Moreuil en Picardie, mais il était venu jeune à Boulogne, comme employé des aides avant la Révolution, et il s'y était fixé. Les annales boulonnaises ont tenu compte des services administratifs qu'il y rendit. Il y avait en dernier lieu organisé l'octroi, et il était contrôleur principal des droits réunis lorsqu'il mourut. Il était marié à peine, quoique âgé déjà de cinquante-deux ans. Mais il avait dû attendre pour épouser ma mère, qu'il aimait depuis longtemps et qui était sans fortune, d'avoir lui-même une position suffisante**. Ma mère était de Bou-

* En revanche j'ai eu à me louer de bonne heure de M. Xavier Eyma, plus tard de M. Georges Bell... M. Sainte-Beuve rappelle ici les articles de M. Xavier Eyma dans le journal *l'Époque*, et une Notice sur lui de M. Georges Bell, écrite avec scrupule et utile à consulter, qui fait partie du *Panthéon des Illustrations françaises au XIXe siècle*, publié sous la direction de M. Victor Frona, Paris, Lemercier, rue de Seine, 57.

** La remarque que je vois faire à un biographe m'oblige à dire un mot sur le nom même de mon père. Il s'appelait *de* Sainte-Beuve et signait ainsi avant la Révolution. C'est même sous ce nom qu'a été dressé son acte de décès (en 1804). Pour moi, né après la mort de mon père, j'ai trouvé ma mère s'appelant *Mme Sainte-Beuve* tout court. Il ne tenait qu'à moi de reprendre le *de*, puisque c'était mon nom ; mais n'étant pas noble, je n'ai pas voulu me donner l'air de l'être. M. Sainte-Beuve n'a jamais cherché à remonter plus haut dans sa généalogie ; il ne se croyait pas noble, et s'il a voulu, il y a quelques années, s'assurer de la particule paternelle, qui a été omise devant son nom sur son propre acte de naissance à lui-même, deux mois et demi après la mort de son père, s'il a écrit en 1865 à M. le maire de Moreuil qui a bien voulu lui communiquer très obligeamment le document nécessaire, avec les extraits de naissance de ses oncles et tantes, c'est qu'il avait

logne même et s'appelait Augustine Coilliot, d'une vieille famille bourgeoise de la basse ville, bien connue. Elle était enceinte de moi et mariée depuis moins d'un an, lorsque mon père mourut subitement d'une esquinancie*. Ma mère sans fortune, et une sœur de mon père, qui se réunit à elle, m'élevèrent. Je fis mes études à la pension de M. Blériot, à Boulogne même. J'avais terminé le cours entier des études, y compris ma rhétorique, à treize ans et demi. Mais je sentais bien tout ce qui me manquait, et je décidai ma mère à m'envoyer à Paris, quoique ce fût un grand sacrifice pour elle en raison de son peu de fortune.

Je vins à Paris pour la première fois en septembre

---

besoin de faire constater le vrai nom de son père pour la régularisation d'un acte notarié (il s'agissait, s'il m'en souvient bien, car il est bon de préciser pour faire taire les malveillants de plus d'une espèce, d'une rente perpétuelle provenant de sa mère à Boulogne-sur-Mer). — Sur l'acte de mariage de ses parents, qui est daté du 30 ventôse an XII de la République (21 mars 1804, — *déjà Napoléon perçait sous Bonaparte*), M. de Sainte-Beuve père est bien positivement appelé *citoyen Charles-François de Sainte-Beuve*, ce qui expliquerait à la rigueur que le *de* peut faire partie du nom sans impliquer nécessairement la qualité nobiliaire. — Mais M. Sainte-Beuve, quand il faisait relever ces différents actes, songeait aussi dès ce moment-là à répondre à la question que son livre de *Port-Royal* lui a value maintes fois, s'il était parent du docteur Jacques de Sainte-Beuve. Il s'est expliqué là-dessus d'une manière nette et catégorique en note, au tome IV, page 564, de la dernière édition de cet ouvrage. J'y renvoie le lecteur qui en voudrait savoir plus sur sa noblesse et sa parenté avec le docteur de Sorbonne. — Il était temps de rentrer dans la littérature. M. Sainte-Beuve m'a donné souvent cette leçon de goût à l'adresse de ceux à qui il voyait écrire *De* un tel, tout court, sans le faire précéder du mot *Monsieur* : « On dit : *M. de* un tel, disait-il ; ou bien on ne met ni *Monsieur* ni la particule... Entendez donc quand ils parlent : mon ami *de* un tel ; on dirait qu'ils ont peur que ce *de* ne se perde... »

* Il mourut le 4 octobre 1804.

1818, et depuis ce temps, sauf de rares absences, je n'ai cessé de l'habiter. Je fus mis en pension chez M. Landry, rue de la Cerisaie ; M. Landry, ancien professeur de Louis-le-Grand, mathématicien et philosophe, était un esprit libre. Il est question de lui dans l'*Histoire de Sainte-Barbe*, par Quicherat. Je dînais à sa table, et j'y vis tout d'abord ses amis particuliers, l'académicien Picard entre autres. On me traitait comme un grand garçon, comme un petit homme. Je suivais avec la pension les classes du collège Charlemagne ; quoique ayant fait ma rhétorique en province, j'entrai en troisième sous M. Gaillard, excellent professeur et traducteur du *De Oratore* de Cicéron. M. Caÿx professait l'histoire, qu'on venait d'instituer tout nouvellement dans les collèges. J'étais habituellement premier ou second, tout au plus troisième dans les compositions hebdomadaires. J'eus à la fin de l'année le premier prix d'histoire au concours. Je restai élève du collège Charlemagne jusqu'à la première année de rhétorique inclusivement. Nous avions comme professeur dans cette première année M. Dubois, depuis rédacteur et fondateur du *Globe*, mais qui n'acheva pas l'année, ayant été destitué. Sur ces entrefaites la pension Landry changea de quartier et alla s'installer rue Blanche ; je la suivis et je fis ma seconde année de rhétorique au collège Bourbon, sous MM. Pierrot et Planche. J'eus au concours le premier prix de vers latins des vétérans. Mais j'étais déjà émancipé. En faisant ma philosophie sous M. Damiron, je n'y croyais guère. Jouissant à ma pension d'une grande liberté, parce que je n'en abusais pas, j'allais tous les soirs à l'Athénée rue de Valois au Palais-Royal, de 7 à 10 heures, suivre des cours de physiologie, de chimie, d'histoire naturelle de MM. Magendie, Robiquet, de Blainville, entendre des lectures littéraires, etc. J'y fus présenté à M. de Tracy. J'avais un goût décidé pour l'étude de la médecine. Ma mère vint alors demeurer à Paris, et, logé chez elle, je suivais les cours de l'École*. En 1824, *le Globe* se

* Je ne puis résister à reproduire ici un souvenir de *famille* (et véritablement de famille, car cette pension Landry en était une pour ses écoliers). C'est une lettre de M. Landry à Mme Sainte-Beuve, que M. Sainte-Beuve retrouva un jour en ma présence et qu'il me fit lire. Elle nous émut profondément tous les deux par les souvenirs qu'elle remua en lui et les sensations évoquées qu'elle fit naître en moi. La voici. M. Sainte-Beuve a écrit dessus de sa main : « Lettre de M. Landry, mon maître de pension, à ma mère, au moment où j'allais quitter la maison après ma philosophie pour faire mes études de médecine. S.-B. » : « (Paris, 19 juin 1823.) Madame, je n'ai point écrit en réponse à votre lettre du dernier trimestre. J'ai chargé votre cher enfant de le faire pour moi, et j'ai cru que vous n'en seriez point inquiète. — Votre lettre du 12 courant, où vous voulez bien m'exprimer les mêmes sentiments, est trop obligeante pour différer plus longtemps de vous écrire. — J'ai reçu l'effet... que vous m'avez adressé. Avec une exactitude comme la vôtre, ce qui restera... ne sera pas difficile à régler. — Vous avez la bonté de m'écrire que jamais vous n'oublierez notre maison, Soyez persuadée que nous n'oublierons jamais la bonne mère et le bon fils qu'elle nous a confié. Votre enfant n'est pas un de ces élèves dont on puisse perdre le souvenir. — Nous avons appris avec grand plaisir que vous venez vous établir à Paris auprès de ce cher fils ; et vous espérez, dites-vous, que l'occasion se présentera de venir jusqu'à nous. Il y aura bien des heureux par ce moyen, et la chose ne se passera point en simples souvenirs. Le bon ami et la maman ne pourront nous faire de plus grand plaisir : et le plus souvent sera le mieux. — Nous avons reçu le petit panier ; ce qu'il contenait était excellent, je vous assure ; nous avons bu à votre santé. — La famille tout entière se joint à moi pour vous remercier, et votre respectable sœur en particulier, de toutes vos amitiés. Cette sœur quitte-t-elle Boulogne aussi ? Dans ce cas les deux sœurs ne se sépareraient pas pour faire les voyages à la rue Blanche. — J'ai l'honneur de vous présenter mes très humbles hommages, Landry. »

fonda. J'en fus aussitôt informé par mes anciens maîtres avec qui j'avais conservé des relations, et j'allai voir M. Dubois, qui m'y appliqua aussitôt et m'y essaya à quantité de petits articles. Ils sont signés *S.-B.*, et il est facile à tout biographe d'y suivre mes tâtonnements et mes commencements. À un certain jour, M. Dubois me dit : « Maintenant vous savez écrire, et vous pouvez aller seul. » Mes premiers articles un peu remarquables furent sur les premiers volumes de l'*Histoire de la Révolution*, de M. Thiers et sur le *Tableau* de la même époque par M. Mignet. C'est vers ce temps aussi que, M. Dubois m'ayant chargé de rendre compte des volumes d'*Odes et Ballades* de Victor Hugo, je fis dans les premiers jours de 1827* deux articles qui furent remarqués de Goethe**. Je ne connaissais pas du tout Victor Hugo. Sans le savoir nous demeurions l'un près de l'autre rue de Vaugirard, lui au nº 90, et moi au 94. Il vint pour me remercier des articles, sans me trouver. Le lendemain ou le surlendemain, j'allai chez lui et le trouvai déjeunant. Cette petite scène et mon entrée a été peinte assez au vif dans *Victor Hugo, raconté par un témoin de sa vie*. Mais il n'est pas exact de dire que je sois venu lui offrir de mettre *le Globe* à sa disposition. Dès ma jeunesse, j'ai toujours compris la critique autrement : modeste, mais digne. Je ne me suis jamais offert, j'ai attendu qu'on vînt à moi. À dater de ce jour, commença mon initiation à l'école romantique des poètes. J'y était assez antipathique jusque-là à cause du royalisme et de la mysticité que je ne partageais pas.

* Nºˢ des 2 et 9 janvier.

** Voir *Conversations de Goethe, recueillies par Eckermann*, traduites par M. Émile Délerot, t. I, p. 262.

J'avais même fait dans *le Globe** un article sévère sur le *Cinq-Mars* de M. de Vigny, dont le côté historique si faux m'avait choqué. C'est en cette même année 1827 que je laissai l'étude de la médecine. J'avais été élève externe à l'hôpital Saint-Louis ; j'y avais une chambre et y faisais exactement mon service**. Trouvant plus de facilité à percer du côté des Lettres, je m'y portai. Je donnai au *Globe*, dans le courant de 1827, les articles sur la *Poésie française au XVIe siècle* qui furent publiés en volume l'année suivante (1828) ; et j'y ajoutai un second volume composé d'un choix de Ronsard. En 1829, je donnai *Joseph Delorme*. C'est vers ce temps que M. Véron fonda la *Revue de Paris*. Je fis dans le premier numéro le premier article intitulé *Boileau****, et je continuai cette série de biographies critiques et littéraires dans les numéros suivants. Je faisais en même temps les Poésies et Élégies intérieures qui parurent en mars 1830 sous le titre de *Consolations*. Il est inutile d'ajouter pour ceux qui lisent que j'étais dans l'intervalle devenu l'ami de la plupart des poètes appartenant au groupe romantique. J'avais connu Lamartine d'abord par lettres, puis personnellement et tout de suite fort intimement dans un voyage qu'il fit à Paris. Quelques biographes veulent bien ajouter que c'est

* N° du 8 juillet 1826. M. Sainte-Beuve a recueilli tout récemment cet article en appendice dans le IIe volume, donné de son vivant, de la nouvelle et dernière édition des *Portraits contemporains*.

** M. Sainte-Beuve racontait au jeune docteur Grenier, devenu son client au Sénat, qu'il avait eu l'honneur d'être *roupiou* sous Dupuytren, et même qu'il avait porté le tablier un matin à l'Hôtel-Dieu pour remplacer un interne absent.

*** Avril 1829. Cet article ouvre aujourd'hui la série des *Portraits littéraires*.

alors que je fus *présenté* à Alfred de Musset. Ces messieurs n'ont aucune idée des dates. Musset avait alors à peine dix-huit ans. Je le rencontrai un soir chez Hugo, car les familles se connaissaient ; mais on ignorait chez Hugo que Musset fît des vers. C'est le lendemain matin, après cette soirée, que Musset vint frapper à ma porte. Il me dit en entrant : « Vous avez hier récité des vers ; eh bien, j'en fais et je viens vous les lire. » Il m'en récita de charmants, un peu dans le goût d'André Chénier. Je m'empressai de faire part à Hugo de cette heureuse recrue poétique. On lui demanda désormais des vers à lui-même, et c'est alors que nous lui vîmes faire ses charmantes pièces de *l'Andalouse* et du Départ pour la chasse *(le Lever)*.

Hugo demeurait alors rue Notre-Dame-des-Champs, n° 11, et moi, j'étais son proche voisin encore, je demeurais même rue, au n° 19. On se voyait deux fois le jour.

La Révolution de juillet 1830 arriva. J'étais absent pendant les trois journées, et en Normandie, à Honfleur, chez mon ami Ulric Guttinguer. Je raccourus en toute hâte. Je trouvai déjà le désaccord entre nos amis du *Globe*. Les uns étaient devenus gouvernementaux et conservateurs subitement effrayés. Les autres ne demandaient qu'à marcher. J'étais de ces derniers. Je restai donc au Journal avec Pierre Leroux, Lerminier, Desloges, etc. Leroux n'était alors rien moins qu'un écrivain. Il avait besoin d'un truchement pour la plupart de ses idées, et je lui en servais. J'y servais aussi mes amis littéraires. L'article du *Globe* sur Hugo, cité dans le livre de *Hugo raconté par un témoin de sa vie*, et qui est des premiers jours d'août 1830, est de moi. Je revendiquais le poète au nom du régime qui s'inaugurait, au nom de la France nouvelle. Je le déroyalisais.

Les bureaux du *Globe* étaient rue Monsigny dans la même maison qu'habitait le groupe saint-simonien. De là des relations fréquentes. Lorsque Pierre Leroux, forcé par la question financière, vendit le journal aux saint-simoniens, je ne le quittai point pour cela. J'y mis encore quelques articles. Mes relations, que je n'ai jamais désavouées, avec les saint-simoniens*, restèrent toujours libres et sans engagement aucun. Quand on dit que j'ai *assisté* aux prédications de la rue Taitbout, qu'entend-on par là ? Si l'on veut dire que j'y ai assisté comme Lerminier, en habit bleu de ciel et sur l'estrade, c'est une bêtise. Je suis allé là comme on va partout quand on est jeune, à tout spectacle qui intéresse, et voilà tout. — Je suis comme celui qui disait : « J'ai pu m'approcher du lard, mais je ne me suis pas pris à la ratière. »

On a écrit que j'étais allé en Belgique avec Pierre Leroux pour prêcher le saint-simonisme : c'est faux.

On a cherché aussi à me raccrocher aux écrivains de *l'Avenir* et comme si je les avais cherchés. Je dois dire,

* Émile Barrault, qui a précédé de si peu M. Sainte-Beuve dans la tombe, était naguère encore un de ses bons et très bons amis. Il venait voir souvent M. Sainte-Beuve dans les derniers mois, dînait quelquefois avec lui, et l'on aimait toujours à entendre cette parole éloquente et convaincue. C'était la voix vibrante, même en causant, d'un apôtre : on l'écoutait avec respect, quand même on ne partageait pas sa croyance. Ancien représentant du peuple à l'Assemblée Législative, sous la seconde République, on l'eût pris plutôt pour un conventionnel, non point à sa parole qui était toute de fraternité et de paix, de persuasion et de douceur, mais à sa physionomie fine et rasée, dont le type, accentué de plus en plus avec l'âge, était bien celui d'un représentant du XVIIIe siècle ; et il avait conservé les cheveux longs d'un prêtre ou d'un artiste.

quoique cela puisse sembler disproportionné aujourd'hui, que c'est l'abbé de La Mennais qui le premier demanda à Hugo de faire ma connaissance. Je connus là, dans ce monde de l'*Avenir*, l'abbé Gerbet, l'abbé Lacordaire, non célèbre encore, mais déjà brillant de talent, et M. de Montalembert. Des relations, il y en eut donc de moi à eux et d'agréables ; mais quant à aucune connexion directe ou ombre de collaboration, il n'y en a pas eu.

C'est en 1831 que Carrel, me sachant libre du côté du *Globe*, me fit proposer par Magnin d'écrire au *National*. J'y entrai et y restai jusqu'en 1834, y ayant rendu quelques services qui ne furent pas toujours très bien reconnus. Le libraire, honnête homme, Paulin, savait cela mieux que personne, et il m'en a toujours su gré jusqu'à la fin.

En cette même année 1831, un biographe veut bien dire que M. Buloz *m'attacha* à la *Revue des Deux Mondes*. Il y a bien de l'anachronisme dans ce mot. M. Buloz, homme de grand sens et d'une valeur qu'il a montrée depuis, débutait alors fort péniblement ; il essayait de faire une *Revue* qui l'emportât sur la *Revue de Paris*. Il avait le mérite dès lors de concevoir l'idée de cette Revue élevée et forte qu'il a réalisée depuis. Il vint nous demander à tous, qui étions déjà plus ou moins en vue, de lui prêter concours, et c'est ainsi que j'entrai à la *Revue des Deux Mondes*, où je devins l'un des plus actifs bientôt et des plus utiles coopérateurs.

Je composais, en ce temps-là, le livre de *Volupté* qui parut en 1834 et qui eut le genre de succès que je pouvais désirer.

En 1837 je publiai les *Pensées d'Août*, recueil de

Poésies. Depuis 1830, les choses de ce côté avaient bien changé. Je n'appartenais plus au groupe étroit des poètes. Je m'étais sensiblement éloigné de Hugo, et ses partisans ardents et nouveaux n'étaient plus, la plupart, de mes amis : ils étaient plutôt le contraire. J'avais pris position de critique dans la *Revue des Deux Mondes*. J'y avais, je crois, déjà critiqué Balzac, ou ne l'avais pas loué suffisamment pour quelqu'un de ses romans, et, dans un de ces accès d'amour-propre qui lui étaient ordinaires, il s'était écrié : « Je lui passerai ma plume au travers du corps. » Je n'attribue pas exclusivement à ces diverses raisons le succès moindre des *Pensées d'Août* ; mais à coup sûr elles furent pour quelque chose dans l'accueil tout à fait hostile et sauvage qu'on fit à un Recueil qui se recommandait par des tentatives d'art, incomplètes sans doute, mais neuves et sincères.

C'est à la fin de cette année 1837 que, méditant depuis bien du temps déjà un livre sur *Port-Royal*, j'allai en Suisse, à Lausanne, l'exécuter sous forme de cours et de leçons, dans l'*Académie* ou petite université du canton. J'y connus des hommes fort distingués, dont M. Vinet était le premier. Je revins à Paris dans l'été de 1838, n'ayant plus à donner aux leçons que la forme du livre et à fortifier mon travail par une révision exacte et une dernière main-d'œuvre. J'y mis toute réflexion et tout loisir ; les cinq volumes qui en résultèrent ne furent pas moins de vingt années à paraître*.

* En cet endroit M. Sainte-Beuve a laissé à l'état de projet l'indication suivante tracée en quelques mots au crayon : « Ici le passage sur ce que dit M. Saint-René Taillandier dans la *Revue des Deux Mondes* (du 15 janvier 1864), et réfutation. » Il s'agissait d'une assertion erronée au sujet des relations de M. Vinet et de

En 1840, sous le ministère de MM. Thiers, Rémusat et Cousin, on pensa à me faire ce qu'on appelait une position. Il faut songer, en effet, qu'âgé alors de 36 ans, n'ayant aucune fortune que ce que me procurait ma plume, ayant débuté en 1824 de compagnie avec des écrivains distingués, parvenus presque tous à des postes élevés et plus ou moins ministres, je n'étais rien, vivais au quatrième sous un nom supposé, dans deux chambres d'étudiant (deux chambres, c'était mon luxe), cour du Commerce. M. Buloz, je dois le dire, fut des premiers à remarquer le désaccord un peu criant. J'en souffrais peu pour mon compte. Pourtant je me laissai faire. M. Cousin me nomma conservateur à la bibliothèque Mazarine. Je dois dire qu'il m'est arrivé quelquefois de me repentir d'avoir contracté envers lui ce genre d'obligation. Je ne suis pas de ceux qui méconnaissent en rien les hautes qualités d'esprit, l'élévation de talent et le quasi-génie de M. Cousin. J'ai éprouvé de sa part, à des époques différentes, diverses sortes de procédés, et, à une certaine époque, les meilleurs, les plus cordiaux et les plus empressés. Mais d'autres fois, et lorsque je me suis trouvé en travers ou tout à côté de la passion dominante de M. Cousin, qui est de faire du bruit et de *dominer* en littérature comme en tout, il m'a donné du coude (comme on dit), et n'a pas observé envers moi les égards qu'il aurait

---

M. Sainte-Beuve à Lausanne. Cette réfutation, bienveillante du reste, M. Sainte-Beuve l'a écrite depuis ailleurs, dans le premier appendice du tome Ier de *Port-Royal* (édition de 1866) ; le chapitre a pour titre : *L'Académie de Lausanne en 1857.*

eus sans doute pour tout autre avec qui il se fût permis moins de sans-gêne. M. Cousin n'aime pas la concurrence. Je me suis trouvé, vis-à-vis de lui, sans le vouloir, et par le simple fait de priorité, un concurrent et un voisin pour certains sujets. Au lieu de m'accorder ce qui eût été si simple et de si bon goût à un homme de sa supériorité, une mention franche et équitable, il a trouvé plus simple de passer sous silence et de considérer comme non avenu ce qui le gênait. J'appliquerai au procédé qu'il tint à mon égard, notamment à l'occasion de *Port-Royal*, ce que dit Montluc à propos d'une injustice qu'il essuya : « Il sied mal de dérober l'honneur d'autrui ; il n'y a rien qui décourage tant un bon cœur. » Un jour que je me plaignais verbalement à M. Cousin, il me fit cette singulière et caractéristique réponse : « Mon cher ami, je crois être aussi délicat qu'un autre dans le fond ; mais j'avoue que je suis grossier dans la forme. » Après un tel aveu, il n'y avait plus rien à dire. J'ai dû attendre, pour reprendre et recouvrer ma liberté de parole et d'écrit envers M. Cousin, d'être délivré du lien qui pouvait sembler une obligation, et d'avoir quitté la Mazarine. Il m'est resté de cette affaire un sentiment pénible à tout cœur délicat, et plus de crainte que jamais de recevoir rien qui ressemblât à un service de la part de ceux qui ne sont pas dignes en tout de vous le rendre et de vous tenir obligés pour la vie.

En 1844 je fus nommé à l'Académie française pour remplacer Casimir Delavigne. Je fus reçu par Victor Hugo ; cette circonstance piquante ajouta à l'intérêt de la séance.

La révolution de février 1848 ne me déconcerta

point, quoi qu'on en ait dit, et me trouva plus curieux qu'irrité. Il n'y a que M. Veuillot et ceux qui se soucient aussi peu de la vérité pour dire que j'y ai eu des peurs bleues ou rouges. J'assistai en observateur attentif à tout ce qui se passa dans Paris pendant les six premiers mois*. Ce n'est qu'alors que, par nécessité de

* M. Sainte-Beuve m'a souvent raconté que, pendant l'insurrection de Juin, il se promenait dans Paris son parapluie à la main (c'est la seule arme qui ne l'ait jamais quitté, même quand il s'était battu et bien battu autrefois en duel au pistolet avec M. Dubois), et s'approchait autant que possible du théâtre de l'insurrection pour avoir des nouvelles. Et s'il eût pris parti, je ne crois pas que c'eût été en ce moment-là pour ceux qui avaient laissé s'engager l'insurrection. En pensant à la tranquillité de la Chambre qui siégeait pendant que l'on s'égorgeait dans Paris, il rappelait l'effroyable mot de Sylla au Sénat romain. On entend un grand bruit au-dehors ; le Sénat s'émeut ; on veut connaître la cause de ce tumulte : « Ce n'est rien, dit Sylla ; ce sont vingt mille citoyens qu'on égorge au Champ-de-Mars. » — Tous les amis de M. Sainte-Beuve lui ont entendu raconter l'épisode suivant des absurdes et à jamais odieuses journées, où l'on ne savait plus pourquoi on tirait des coups de fusil dans la rue. M. Sainte-Beuve se trouvait en compagnie du vieux M. de Feletz, administrateur de la bibliothèque Mazarine, dans son appartement à l'Institut même, avec quelques personnes. Le quartier avait été jusque-là tranquille et à l'abri. Tout d'un coup une fusillade est dirigée contre la façade même du palais Mazarin ; les vitres volent en éclats ; on n'a que le temps de rouler le fauteuil de M. de Feletz entre deux fenêtres, puis l'on n'entend plus rien. M. Sainte-Beuve descend, va voir ce que c'est ; il trouve une compagnie de gardes nationaux de Versailles, qui venaient d'arriver, campés sur la place ; c'étaient eux qui avaient tiré sur l'Institut. On cherche à savoir pourquoi. Ils avaient vu un homme sur les toits qui avançait prudemment la tête, et qui avait l'air d'être armé d'un fusil. Ils en avaient conclu que l'Institut était occupé par les insurgés. Or il était arrivé que la personne qui était ainsi montée sur les toits était un membre de l'Institut, logé dans le palais, M. H..., qui ayant vu venir des soldats se ranger sur la place avait voulu aussi savoir ce qui se passait, et avait choisi ce poste d'observation, s'y croyant parfaitement en sûreté et espérant bien de là juger de la situation. C'était lui que les gardes nationaux

vivre et en ayant trouvé l'occasion, j'allai en octobre 1848 professer à l'université de Liège, où je fus pendant une année en qualité de professeur ordinaire. Tout cela est expliqué dans la Préface de mon *Chateaubriand*. Revenu à Paris en septembre 1849, j'entrai presque aussitôt au *Constitutionnel* sur l'invitation de M. Véron, et j'y commençai la série de mes *Lundis*, que j'y continuai sans interruption pendant trois ans jusqu'à la fin de 1852. C'est alors seulement que je passai au *Moniteur*, où je suis resté plusieurs années.

Nommé par M. Fortoul en 1854 professeur de Poésie latine au Collège de France, en remplacement de M. Tissot, je n'y pus faire que deux leçons, ayant été empêché par une sorte d'émeute, née des passions et préventions politiques. Cette affaire mériterait un petit récit à part que je compte bien faire un jour.

Nommé, en dédommagement, maître de conférences à l'École normale par M. Rouland, en 1857, j'y ai professé pendant quatre années.

En septembre 1861 je suis rentré au *Constitutionnel*, et depuis ce temps j'y poursuis la série de mes *Nouveaux Lundis*.

Des critiques qui ne me connaissent pas et qui sont prompts à juger des autres par eux-mêmes m'ont prêté, durant cette dernière partie de ma vie si active, bien des

---

avaient aperçu et qu'ils avaient pris pour un insurgé les guettant. Horace Vernet, commandant de la garde nationale de Versailles, qui se trouvait justement à peu de distance, était accouru au bruit de la fusillade, et invectiva ses *soldats de la belle manière*. Ah ! les... *bêtes* ne manquèrent pas. Mais M. H.... avait eu tort cependant d'être trop curieux.

sentiments, des amours ou des haines, qu'un homme aussi occupé que je le suis et changeant si souvent d'études et de sujets n'a vraiment pas le temps d'avoir ni d'entretenir. Voué et adonné à mon métier de critique, j'ai tâché d'être de plus en plus un bon et, s'il se peut, habile ouvrier.

Nous compléterons le document qu'on vient de lire par la publication des deux lettres suivantes que M. Sainte-Beuve écrivit à M. Alphonse Le Roy, professeur à l'université de Liège. Nous n'en supprimerons pas les répétitions qui concordent avec certains faits indiqués déjà dans le Fragment biographique qui précède. Ils se retrouvent ici avec des détails nouveaux, relatifs même aux dates de naissance, aux renseignements de famille, d'éducation, etc. Nous avons ainsi deux fois un Sainte-Beuve raconté par lui-même, et qui ne pouvait rien omettre, dans aucun des deux récits, de ce que l'on demande d'abord à une Biographie, même courte. M. Sainte-Beuve n'a pas laissé de Mémoires, il n'avait pas le temps d'en faire, mais les traits répandus à profusion dans ses Écrits, et qui touchent à sa physionomie de près, formeraient un Recueil qui deviendrait aisément un volume de Mémoires. Il n'en restera pas moins dans l'Histoire littéraire une lacune que lui seul, qui aimait tant l'exactitude, aurait pu combler, et l'on n'ose y toucher après lui, même quand on l'a bien connu, parce que la palette intime de l'écrivain, celle qui rendrait le mieux le ton et les nuances de ses sentiments et de son caractère, a été brisée. Il n'y avait que lui pour parler de lui-même. C'est encore à sa Correspondance que nous emprunterons le plus, quand nous voudrons faire une autobiographie. — M. Alphonse Le Roy avait été chargé par le Conseil académique de l'université de Liège, qui venait de célébrer son cinquantième anniversaire (le 3 novembre 1867), de composer une histoire même de cette université, un Liber memorialis, *destiné à toutes les grandes bibliothèques publiques du monde savant en Europe et en Amérique ; une Notice sur tous les professeurs qui y avaient enseigné depuis l'année de sa fondation (1817) devait y trouver place, et non seulement une Notice biographique, mais bibliographique, M. Alph. Le Roy fit l'honneur à M. Sainte-Beuve de s'adresser à lui-même pour ce qui le concernait, et lui posa diverses questions auxquelles M. Sainte-Beuve répondit d'abord par cette première lettre :*

Ce 23 juin 1868.

Cher Monsieur,

Permettez en commençant cette familiarité à un quasi-collègue. Les questions que vous me faites l'honneur de m'adresser et qui me reportent à mes souvenirs de Liège ne peuvent que me flatter infiniment. Je voudrais être en mesure d'y répondre d'une manière tout à fait satisfaisante.

Au point de vue de l'exactitude bibliographique et du complet, je ne sais aucune notice qui puisse remplir votre objet. J'ai eu souvent à me louer d'articles très bienveillants, et, autant que je pouvais me permettre d'en juger, fort bien faits, mais tous conçus à un point de vue purement littéraire et contenant des jugements plus que des faits. J'ai quelquefois moi-même contribué à donner quelques notes, mais, je dois le dire, tout cela était fort sec et pas très complet. Un travail bibliographique sur mon compte est donc chose toute nouvelle, et je n'oserais vous promettre de l'exécuter moi-même convenablement, surtout dans l'état de santé où je suis depuis plus d'une année.

Si vous le voulez bien cependant, je vous enverrai une notice qui sera au moins exacte dans les parties qu'elle contiendra. J'estimerai à très grand honneur de voir mon nom sur la liste de ceux qui appartiennent à une université si libérale et que j'ai trouvée à mon égard, en des temps difficiles, si bienveillante et si hospitalière.

Veuillez agréer, cher monsieur, l'hommage de mes sentiments affectueux,

SAINTE-BEUVE

Voici cette Notice que M. Sainte-Beuve écrivit sur lui-même dans une seconde lettre à M. Le Roy :

Ce 28 juin 1868.

Cher Monsieur,

Je commence à m'acquitter et je me mets sans plus différer à vous donner le canevas le plus exact de ma biographie et de ma bibliographie.

Charles-Augustin Sainte-Beuve est né le 2 nivôse an XIII (23 décembre 1804) à Boulogne-sur-Mer. Son père, contrôleur principal des droits réunis de l'arrondissement, directeur de l'octroi de Boulogne, s'était marié et était mort en cette même année 1804, avant la naissance de son fils. Sa mère, fille d'un marin de Boulogne et d'une Anglaise, éleva le jeune enfant de concert avec une belle-sœur, une sœur de son père.

Quant à la question de savoir si Charles-Augustin avait quelque degré de parenté avec le docteur Jacques de Sainte-Beuve du XVIIe siècle, ce point a été touché dans la dernière édition de *Port-Royal*, donnée en 1867 (au tome IV, page 564). M. Sainte-Beuve n'a rien de certain sur cette parenté. Il n'en sait absolument rien.

Né dans l'honnête bourgeoisie, mais dans la plus modeste des conditions, Charles-Augustin fit ses études dans sa ville natale et y acheva même toutes ses classes, y compris la rhétorique, dans la pension laïque de M. Blériot, sous un bon humaniste, natif de Montdidier, appelé M. Cloüet*. Ayant achevé cette rhéto-

* Je retrouve des livres classiques qui ont servi à M. Sainte-Beuve pour faire ses études, et qui portent la signature de M. Cloüet : un *Horace* entre autres (édition de Rouen, expurgée — cela va sans dire — à l'usage des classes, et publiée par un jésuite, *Josephus Juvencius, S. J.*, 1736). M. Cloüet a écrit sur la garde de ce petit livre des pensées littéraires de lui sur « le plus parfait des poètes latins après Virgile », suivies de vers de Gresset et de Voltaire à l'éloge d'Horace. Ces deux pages de la main du professeur sont datées de « vendredi 31 8bre 1817 ». Le jeune élève a mis deux fois sa signature au-dessous de celle de son maître : « Sainte-Beuve, 1er mai 1818 » ; c'était l'année de son départ pour Paris ; — « Sainte-Beuve, 19 janvier 1822 » ; il était bien près de quitter définitivement l'école et le collège cette année-là. — Un autre *Horace* de 1760, en deux volumes et traduit en français, ayant également appartenu à M. Cloüet, porte quelques lignes de la plus jeune écriture de M. Sainte-Beuve, concernant la vie du poète latin. — Je lis encore, sur un petit exemplaire des *Commentaires de César*, qui lui venait aussi de son maître, ce court jugement de collège, daté, signé et paraphé : « César, grand capitaine et grand littérateur, d'un génie aussi élevé que d'un courage ardent, a laissé des Commentaires célèbres par la pureté du style, par la sagesse de la narration, par la justesse des idées. — Boulogne, 23 juin 1818.

rique à treize ans et demi, il aspirait à venir à Paris recommencer en partie et fortifier ses études ; il y décida sa mère, toute dévouée à l'avenir de son fils. Venu à Paris en septembre 1818, entré à l'institution de M. Landry, rue de la Cerisaie au Marais, il suivit les classes du collège Charlemagne à partir de la troisième. Dès la première année, au concours général de 1819, il obtint le premier prix d'histoire (l'histoire était une faculté tout nouvellement instituée dans les collèges)*.

En 1821, l'institution de M. Landry ayant changé de

Sainte-Beuve. » — M. Sainte-Beuve a écrit depuis, dans ces dernières années (mais pour lui seul), un début d'article plus long, plus vif et plus complet sur *César*, qu'il a gardé en portefeuille.

* Et naturellement on lui donna pour livre de prix l'*Histoire romaine* de Rollin, qui n'est jamais sortie de sa bibliothèque, et qui y est encore à la même place. L'année suivante, il eut un prix de semestre, consistant en une jolie édition latine de Tive-Live, à laquelle M. Sainte-Beuve a attaché ce souvenir particulier, en tête du premier volume : « 1820. Année de la naissance de M. le duc de Bordeaux. La ville de Paris décerna un prix cette année-là. Je l'obtins surtout pour avoir fait une pièce de *vers latins* sur le sujet qui nous avait été proposé de la *mort du duc de Berry.* Ma pièce commençait ainsi :

Ite mei fletus, et vos cum fletibus ite
Carmina, inæquali carmina capia pede.
Occidit heu ! Biturix. . . . . . . etc. »

Inæquali carmina capia pede ; — à l'imitation de l'antique, l'écolier indiquait en quels vers (hexamètre et pentamètre) il avait écrit sa composition. — Il y eut encore, paraît-il, à Charlemagne, un nouveau prix de semestre, offert l'année d'après par la ville de Paris, et cette fois à l'occasion du baptême de M. le duc de Bordeaux. M. Sainte-Beuve obtint le premier prix d'excellence en rhétorique de première année (30 avril 1821). L'ouvrage qu'on lui donna et qui a conservé sur la garde l'inscription du collège avait son à-propos en ce moment-là : c'est la brochure toute de circonstance de Chateaubriand, *Mémoires, Lettres et Pièces authen-*

quartier et s'étant transportée rue Blanche (Chaussée-d'Antin), le jeune Sainte-Beuve suivit les classes du collège Bourbon, où il fit sa rhétorique et sa philosophie ainsi que des mathématiques. Il obtint au concours général de 1822 le premier prix de vers latins parmi les vétérans. Il se livra ensuite à des études de sciences et

---

tiques touchant la vie et la mort du duc de Berry (1820). — La Restauration n'abreuvait pas moins les *chers élèves* de l'université de son culte que le régime impérial précédent ne l'avait fait, mais elle pesait cependant moins sur eux ; on n'était plus sous une main de fer. — Je trouve aussi une *Histoire du roi Henri le Grand* par Hardouin de Péréfixe, parmi les prix de M. Sainte-Beuve en 1821. — Et enfin un beau et magnifique *Virgile* (celui de Burmann, Amsterdam, 1746, en 4 volumes), qui fut son premier prix de vers latins au concours général de 1822, comme vétéran de rhétorique au collège Bourbon. Avec Virgile, nous rentrons dans l'un des goûts de prédilection de toute sa vie et qui avaient commencé au collège : Homère, Virgile, Racine, Lamartine. — Lamartine ! — Le poète élégiaque et attendri en Sainte-Beuve aima toujours à se redire ces beaux vers, qui avaient fait battre son cœur aux premières années d'adolescence. — « Ah ! quand les *Méditations* parurent, disait-il, j'étais encore en classe (1820) ; j'avais seize ans : on nous laissait assez libres, à la pension Landry, de lire tout ce que nous voulions : nous n'étions pas, comme les écoliers d'aujourd'hui, obligés de nous cacher pour connaître ce qui se publiait au-dehors de beau et de grand ; il y avait un esprit plus large, un souffle plus généreux et plus libéral (sans prétention à vouloir le paraître) dans la façon de ce temps-là de comprendre l'enseignement. Nous lisions les nouveaux livres tout haut en récréation : on ne se figure plus aujourd'hui, on ne peut plus se figurer quel enthousiasme, quel transport ce fut pour les premiers vers de Lamartine parmi ceux de notre âge ; nous tous qui voulions faire des vers, nous fûmes touchés ; nous ressentions là le contre-coup d'une révélation ; un soleil nouveau nous arrivait et nous réchauffait déjà de ses rayons... » — Et me transportant moi-même, aujourd'hui, de ces souvenirs d'un passé qui me revient par bribes des conversations de M. Sainte-Beuve, à l'autre extrémité de sa vie, à ses derniers mois, lorsque M. de Lamartine est mort (le 28 février 1869), M. Sainte-Beuve, qui allait le suivre de si près, ne

de médecine, et il continua ces dernières jusqu'en 1827, c'est-à-dire pendant près de quatre ans. Il fit, pendant une année, le service d'externe à l'hôpital Saint-Louis, et en général il profita beaucoup de tout l'enseignement médical, anatomique et physiologique, à cette date.

Cependant, dès l'année 1824, à l'automne, s'était fondé un nouveau journal, *le Globe*, dirigé par d'anciens et encore très jeunes professeurs de l'université, que le triomphe de la faction religieuse avait éloignés de l'enseignement. Le rédacteur en chef notamment, M. Dubois, avait été professeur de rhétorique de M. Sainte-Beuve, ce qui facilita au jeune étudiant en médecine son entrée au *Globe* pour l'insertion d'ar-

---

crut pouvoir mieux honorer la mémoire du grand poète qu'en relisant un soir, à table, après le dîner, d'une voix et d'un accent inspirés par le sujet même et dont la douceur et le charme pénétraient ceux qui l'entouraient, ces belles strophes, la plus belle musique de deuil qu'on ait écrite en poésie, et qui ont pour titre *le Passé* :

Arrêtons-nous sur la colline
À l'heure où partageant les jours, etc.

Je ne puis oublier la voix de M. Sainte-Beuve redisant presque de souvenir la strophe entière :

Reconnais-tu ce beau rivage ?
Cette mer aux flots argentés,
Qui ne fait que bercer l'image
Des bords dans son sein répétés ?
Un nom chéri vole sur l'onde !...
Mais pas une voix qui réponde,
Que le flot grondant sur l'écueil.
Malheureux ! quel nom tu prononces !
Ne vois-tu pas parmi ces ronces
Ce nom gravé sur un cercueil ?...

On eût cru que M. Sainte-Beuve se redisait à lui-même le chant funèbre de plus d'une illusion, à la fin de sa vie.

ticles littéraires : ces premiers articles littéraires qu'il y donna depuis 1824 et dans les années suivantes n'ont point encore été recueillis. Ils portaient en général sur des ouvrages historiques, sur des mémoires relatifs à la Révolution française, sur des ouvrages aussi de poésie et de pure littérature.

L'Académie française ayant proposé pour sujet de prix le *Tableau littéraire du XVIᵉ siècle*, M. Sainte-Beuve, sur le conseil de M. Daunou, l'ancien conventionnel et l'illustre érudit (lequel était de Boulogne-sur-Mer), se mit à étudier le sujet, et, renonçant à concourir pour l'Académie, il se prit à vouloir approfondir le côté purement poétique du *Tableau*. Cela le conduisit à insérer dans *le Globe*, en 1827, une série d'articles qui furent recueillis en 1828 sous ce titre : *Tableau historique et critique de la Poésie française et du Théâtre français au XVIᵉ siècle* (Paris, in-8°). L'ouvrage avait deux volumes ; mais le second contenait simplement les *Œuvres choisies de Pierre de Ronsard, avec notices, notes et commentaires*. Cette réhabilitation de Ronsard et en général de la Poésie du XVIᵉ siècle excita dans le temps une vive polémique et classa d'emblée M. Sainte-Beuve parmi les novateurs.

Et, en effet, dès le 2 janvier 1827, un article de lui inséré dans *le Globe* et qui fut remarqué de Goethe (ainsi que nous l'apprend Eckermann) avait mis M. Sainte-Beuve en relation avec Victor Hugo, et cette relation devint bientôt une intimité. Elle dura pendant plusieurs années et hâta le développement poétique de M. Sainte-Beuve ou même y donna jour. En 1829 M. Sainte-Beuve publiait, sans y mettre son nom, le petit volume in-16, intitulé *Vie, Poésies et Pensées de*

Joseph Delorme. Ce Joseph Delorme, sans être *lui* tout à fait quant aux circonstances biographiques, était assez fidèlement son image au moral. Ce petit volume classa M. Sainte-Beuve parmi les poètes novateurs, comme son *Tableau de la Poésie française* l'avait classé parmi les critiques.

L'année suivante, au mois de mars 1830, il publiait le recueil de Poésies intitulé : *les Consolations*, lequel eut un succès moins contesté que celui de *Joseph Delorme*.

Dès le mois d'avril 1829, dans la *Revue de Paris*, fondée par le docteur Véron, M. Sainte-Beuve insérait des articles plus étendus que ceux qu'il pouvait donner dans *le Globe*, des articles sur Boileau, La Fontaine, Racine, Jean-Baptiste Rousseau, Mathurin Régnier et André Chénier, par lesquels il inaugurait le genre de Portraits littéraires qu'il a développé depuis.

La Révolution de juillet 1830 ne laissa pas d'apporter quelque trouble dans les travaux littéraires des jeunes écrivains et dans les préoccupations des poètes romantiques de cette époque. M. Sainte-Beuve, pendant les premiers mois qui suivirent cette Révolution, collabora plus activement au *Globe* par des articles non signés ; et l'année suivante, il se rattachait même au journal *le National*, dirigé par Armand Carrel. Mais ses incursions dans la politique furent courtes, et il se tint ou revint le plus possible dans sa ligne littéraire. La *Revue des Deux Mondes*, dirigée par M. Buloz dès 1831, lui fournit un cadre commode à ses études critiques. Il y débuta par un article sur Georges Farcy, jeune professeur de philosophie tué pendant les journées de Juillet. Ces articles critiques de M. Sainte-

Beuve, tant ceux de la *Revue de Paris* que de la *Revue des Deux Mondes*, furent recueillis en cinq volumes in-8° qui parurent successivement, de 1832 à 1839, sous le titre de *Critiques et Portraits littéraires*. Mais depuis, ces articles, continuellement accrus et augmentés, furent autrement distribués et recueillis dans le format in-12, sous les titres de *Portraits de femmes, — Portraits littéraires, — Portraits contemporains, — Derniers Portraits*. — Cette collection, qui, prise dans son ensemble, ne forme pas moins de sept volumes, a été bien des fois réimprimée avec de légères variantes depuis 1844 jusqu'à ces dernières années. Il serait superflu d'en énumérer les diverses éditions ou tirages.

Mais, en 1834, M. Sainte-Beuve publiait un roman en deux volumes in-8° qui avait titre *Volupté*. Cet ouvrage, à l'heure qu'il est, a eu jusqu'à cinq éditions, toutes réelles, chacune des quatre dernières formant un volume in-12*.

En 1837 M. Sainte-Beuve publia un volume de Poésies (in-18) : *Pensées d'Août*. Ce dernier recueil, joint à celui des *Consolations* et de *Joseph Delorme*, a contribué à former le volume intitulé *Poésies complètes de Sainte-Beuve*, in-12, lequel, imprimé en 1840, a eu depuis plusieurs éditions. Une édition dernière, qui a paru chez le libraire Michel Lévy en 1863, forme deux

* Il vient d'être réimprimé en 1869, avec de nombreux et très intéressants Appendices. M. Sainte-Beuve y a réuni des appréciations critiques de *Volupté*, contenues dans des lettres de Chateaubriand, Mme Sand, M. Michelet, M. Villemain, etc. ; une surtout qui, sous forme de lettre, est la critique la plus complète et peut-être la plus remarquable qu'on ait écrite sur le roman de *Volupté*, due à la plume du marquis Aynard de La Tour du Pin (mort depuis colonel).

volumes et est préférable pour le complet à toutes les autres.

Dans l'automne de 1837, M. Sainte-Beuve, voyageant en Suisse, fut invité à donner un cours d'une année comme professeur extraordinaire à l'Académie de Lausanne sur le sujet de *Port-Royal*, dont il s'occupait depuis quelques années déjà. Il fit ce cours en 81 leçons dans l'année scolaire 1837-1838, et il bâtit ainsi l'ouvrage qui parut successivement en cinq volumes in-8°, depuis 1840 jusqu'en 1859. L'intervalle qu'il y eut entre la publication de plusieurs des volumes s'explique par les travaux ou les événements qui traversèrent la vie littéraire de M. Sainte-Beuve. Cet ouvrage de *Port-Royal* (3e édition) a été publié en six volumes (format in-12) en 1867 ; et cette dernière édition, très augmentée, est nécessaire pour qui veut connaître non seulement *Port-Royal*, mais beaucoup de circonstances de la vie morale et littéraire de M. Sainte-Beuve.

La Révolution de février 1848 dérangea l'existence de M. Sainte-Beuve. Il était depuis 1840 l'un des conservateurs de la Bibliothèque Mazarine. Nommé en 1844 membre de l'Académie française à la place de Casimir Delavigne, il y avait été reçu le 17 février 1845 par M. Victor Hugo, qui était alors directeur ou président. — L'instabilité qui, après la Révolution de février 1848, semblait devoir présider pour longtemps aux destinées de la France, détermina M. Sainte-Beuve à prêter l'oreille à l'appel qu'on faisait d'un professeur de littérature française pour l'Université de Liège. M. Charles Rogier, ministre de l'Intérieur, qu'il connaissait depuis très longtemps, le décida à accepter, et il arriva à Liège en octobre 1848. Les difficultés étaient grandes, plus même que ne l'avait soupçonné M. Sainte-Beuve. Il eut le bonheur de trouver dans M. Borgnet, recteur, un homme équitable et juste, et dans le public et dans la jeunesse une disposition à l'écouter avant de le juger. Il faisait trois cours par semaine : lundi, mercredi et vendredi. Le cours du lundi, qui était à la fois pour les élèves et pour le public et qui se tenait dans la grande salle académique, roulait sur Chateaubriand et son époque. Le cours du mercredi et du vendredi, destiné aux seuls élèves, embrassait l'ensemble de la littérature française. Vers le temps de Pâques et pendant les derniers mois, M. Sainte-Beuve eut encore à faire des conférences de rhétorique et de style pour les sept ou huit élèves qui se préparaient à l'enseignement. Les souvenirs que M. Sainte-Beuve a gardés de cette année d'étude et d'Université lui sont demeurés précieux. Il n'a tenu qu'à peu de chose qu'il ne fixât à Liège sa destinée et qu'il n'y plantât sa tente, au moins pour quelques années, ainsi que l'eût désiré le ministre de l'Intérieur, M. Charles Rogier. Il n'a pu payer à la Belgique son tribut public de reconnaissance qu'un peu tard, lorsqu'il publia, en 1861, les deux volumes intitulés : *Chateaubriand et son groupe littéraire sous l'Empire*. Sa vie de Liège et les travaux qu'il y prépara se trouvent indiqués et résumés dans ces volumes.

Non marié, mais ayant sa mère plus qu'octogénaire*,

* Mme Sainte-Beuve est morte à Paris, dans sa maison de la rue Mont-Parnasse, où est mort aussi son fils, le 17 novembre 1850, à cinq heures de l'après-midi. Elle avait quatre-vingt-six ans. Son fils lui ressemblait beaucoup, dit-on ; quelqu'un qui avait bien

M. Sainte-Beuve revint à Paris en septembre 1849, sous la présidence du prince Louis-Napoléon. Le docteur Véron lui proposa immédiatement de commencer dans le journal *le Constitutionnel* qu'il dirigeait une série d'articles littéraires paraissant tous les lundis. Ces articles réussirent et donnèrent le signal d'une reprise de la littérature. M. Sainte-Beuve les continua trois ans au *Constitutionnel*, puis ensuite dans *le Moniteur*, devenu journal de l'Empire. La collection de ces articles en volumes se fit à partir de 1851, sous le titre de *Causeries du Lundi*, et elle se continua pendant les années suivantes au point de former en définitive quinze volumes in-18°*.

---

connu Mme Sainte-Beuve, et qui a le droit d'avoir un avis sur ces matières de santé, répétait souvent à M. Sainte-Beuve qu'il vivrait jusqu'à l'âge de sa mère. C'est à quoi du moins il paraissait destiné, pour qui le voyait tous les jours de bien près. Poitrine large et forte, constitution qu'on eût dite des plus robustes, épaules carrées (il avait une grosse veine bleue sur la poitrine à droite, près du sein, qui frappait tout d'abord le regard), la voix toujours ferme et haute sans fatigue, l'appétit solide même durant ses souffrances, sans répugnance pour aucun mets, pas de délicatesse maladive, un organisme des plus sains, de lésion nulle part, sauf celle produite par la maladie dont il est mort, et qui n'était peut-être pas incurable.

* La Table générale analytique qui se trouvait à la fin du XIe volume a été supprimée comme ne remplissant plus son objet par suite des éditions nouvelles de l'ouvrage, à chacune desquelles M. Sainte-Beuve ajoutait quelque chose dans ses articles ; enfin les trois volumes qui ont porté de onze à quinze le chiffre de la collection des *Causeries* nécessitaient une nouvelle table, qui n'a point encore été faite. M. Sainte-Beuve l'a remplacée dans le XIe volume par une centaine de pages des plus piquantes, intitulées *Notes et Pensées*, dans lesquelles, comme il disait, « il a vidé tous ses cahiers ». Ce sont des jugements et éclaircissements sur ses Contemporains, des pages de Mémoires. — M. Paul Chéron,

Mais, dans l'intervalle, M. Sainte-Beuve fut nommé professeur de Poésie latine au Collège de France en 1854, en remplacement de M. Tissot : il fit son discours d'ouverture le 9 mars 1855. Cette leçon d'ouverture, qui fut suivie d'une seconde, fut troublée par des manifestations tenant à la politique, et le cours en resta là. M. Sainte-Beuve fit ce qu'il devait, et il ne désire point aujourd'hui, sur ce chapitre délicat, avoir à s'expliquer davantage. L'injustice dont il croit avoir été un moment l'objet a été trop amplement réparée et compensée depuis par des témoignages publics de sympathie et d'indulgence.

Il tint à honneur toutefois de publier la première partie du cours qu'il devait professer. De là le volume intitulé : *Étude sur Virgile*, un volume in-18 (1857). Le nom de M. Sainte-Beuve a continué de figurer en qualité de professeur titulaire sur les affiches du Collège de France, mais il a depuis longtemps renoncé à tous ses droits.

---

auteur de la première Table, a composé par cartes la Bibliographie de M. Sainte-Beuve encore inédite. Nous devons signaler, parmi ce que M. Sainte-Beuve a omis d'indiquer, les quatre articles sur *Proudhon*, de la *Revue contemporaine* (octobre, novembre et décembre 1865), qui seront prochainement réunis en volumes. — Nous avons eu à publier, depuis la mort de M. Sainte-Beuve, un dernier et nouvel article sur *Mme Tastu*, qui lui avait été demandé par les éditeurs des *Causeries*, MM. Garnier, pour l'un des deux volumes extraits de ce Recueil, *Galerie de Femmes célèbres*. — M. Sainte-Beuve s'est fait éditeur, en 1868, à l'*Académie des Bibliophiles*, d'une *Préface aux Annales de Tacite par Senac de Meilhan*, suivie d'une *Lettre du prince de Ligne à M. de Meilhan*. Il y a mis des notes assez vives et un Avertissement. Cette publication doit compter en dernier lieu dans sa Bibliographie. — Son dernier article, et qu'il n'a pas achevé, a été sur les Mémoires de M. le comte d'Alton-Shée, son cousin. Ce sont onze feuillets posthumes, qui trouveront place à la fin des *Nouveaux Lundis*. Un journal (*la Cloche*, du 15 février 1870) en a déjà eu la primeur.

Le ministre de l'instruction publique, M. Rouland, nomma M. Sainte-Beuve maître de conférences à l'École normale supérieure, afin d'utiliser ses services. M. Sainte-Beuve a rempli ces fonctions très exactement à l'École normale pendant trois ou quatre ans (1858-1861).

C'est alors que sa plume de critique et de journaliste fut réclamée de nouveau par le journal *le Constitutionnel*, et il y reprit ses articles littéraires du *Lundi* à dater du 16 septembre 1861. Il remplit de nouveau toute une carrière, et la série de ces articles, recueillis à partir de 1863 sous le titre de *Nouveaux Lundis*, ne forme pas aujourd'hui (1868) moins de dix volumes qui auront même une suite.

La fatigue ne laissait pas de se faire sentir. L'Empereur voulut bien conférer en avril 1865* à M. Sainte-Beuve la dignité de sénateur. — M. Sainte-Beuve est, depuis le 11 août 1859, commandeur de la Légion d'honneur**.

Sa santé altérée, et d'une manière qui paraît devoir être définitive, lui avait peu permis d'intervenir dans les discussions du Sénat, lorsque des circonstances qui intéressaient vivement ses convictions l'y ont en quelque sorte obligé. Le rôle qu'il y a pris et qui a fait de lui comme le défenseur déclaré de la libre pensée a été moins le résultat d'une volonté réfléchie que d'un mouvement irrésistible.

Il me semble que c'est assez pour une fois et que je suis rassasié d'en prendre. — Tout à vous, mon cher Monsieur.

SAINTE-BEUVE

* Le décret est signé du 28.

** Le 31 janvier 1867, le Bureau du *Journal des savants* élut M. Sainte-Beuve en remplacement de M. Cousin.

France

[Sur Bories et les sergents de La Rochelle]

C'est mardi que doit avoir lieu, en place de Grève, la cérémonie funèbre en l'honneur de Bories et de ses compagnons d'échafaud. Le gouvernement, à ce qu'on assure, est fort effrayé de ces démonstrations publiques, et les journaux du parti rétrograde et stationnaire ne négligent rien pour augmenter ces frayeurs, pour réprimer ces élans de piété patriotique. Que le gouvernement soit un peu fâché de voir se faire sans lui une solennité qu'il aurait dû être le premier à consacrer, c'est une conduite toute simple de sa part, conséquente à celle qu'il a tenue jusqu'ici, et qui n'a pas lieu de nous étonner. Mais que des journaux, qui se piquent d'accepter et de vouloir le régime nouveau, combattent ouvertement, par des raisonnements empruntés à *l'ordre légal*, cette expression publique de pieux souvenirs ; qu'ils viennent nous montrer dans Bories et ses compagnons des hommes pleins de courage sans doute, mais contraires aux lois ; qu'ils nous rappellent avec patelinage que ce fut un jury et non un tribunal révolu-

Article du *Globe* du 20 septembre 1830.

tionnaire, non une cour prévôtale, qui fit tomber ces têtes ; — comme si ce jury n'avait pas été désigné par le préfet, contrôlé par le président du tribunal et présidé par un agent du pouvoir ; — que, par une induction odieuse, jésuitique et impie, ils ne voient dans Bories et ses compagnons que des ennemis de cette Restauration dont MM. de Polignac, de Peyronnet et autres étaient aussi les ennemis à leur manière, et qu'ils assimilent sans pudeur les victimes de 1822 aux traîtres de 1830, il y a là une révélation profonde sur la manière dont un certain parti juge ce qui s'est passé en juillet, et un précieux éclaircissement sur les arrière-pensées qu'il nourrit. Comme, selon ce parti, l'ordre actuel n'est que la continuation de la Restauration sous un autre roi, ceux qui furent à leurs risques et périls contre la Restauration et qui, la jugeant de bonne heure incorrigible et funeste, conspirèrent pour en délivrer la France, ceux-là peuvent bien être tolérés aujourd'hui, et on consent apparemment à ne pas trop les inquiéter sur le passé ; mais il ne faut pas qu'ils se vantent trop haut de leur résistance d'autrefois, de leurs efforts périlleux ; il ne faut pas surtout qu'ils songent à nous donner comme des victimes publiques leurs compagnons morts sous la hache pour avoir voulu hâter des jours meilleurs. — Et puis, voyez-vous, qu'est-ce que ces pertes obscures dont on prétend faire tant de bruit ? De jeunes sergents d'infanterie méritent-ils tant d'éclat ? *N'y a-t-il pas eu durant le cours de nos orages divers de plus grands morts ?* Ne convient-il pas, si l'on exige à toute force des solennités, de s'attacher à de plus nobles noms ? — Comme s'il y avait de plus nobles noms que ceux de ces braves jeunes hommes à consacrer dans la mémoire nationale ! comme si l'obscurité même qui les couvre encore n'était pas un soupçon d'ingratitude dont la nation a besoin de se laver ! comme si ces conspirateurs de 1822 n'étaient pas de la même race de citoyens qui prirent le fusil et dépavèrent les rues au 27 juillet, tandis que certains partisans rigoureux de *l'ordre légal* s'empressaient lâchement de souscrire aux ordonnances ! comme s'il n'y avait pas un héroïsme incomparable dans ces hommes, dont les uns, bannis, se sont laissé flétrir comme des agents provocateurs pour ne pas aggraver la position de leurs amis accusés ; et dont les autres, voyant leur tête en jeu, ont assumé sur eux seuls la responsabilité fatale pour sauver les moins compromis ! généreux, dévoués, se chargeant eux-mêmes, s'accusant de tout : Bories le premier, Bories, jeune martyr au front calme, au cœur résigné, plein de vertu et de génie, confondant ses juges, consolant et relevant ses compagnons ; les soutenant sur la charrette du supplice contre l'horreur d'une mort méconnue ; les faisant monter avant lui sur l'échafaud pour les affermir jusqu'au bout de son regard et de sa voix ; Bories, figure mélancolique et sans tache, luttant contre l'oubli ; nom sublime à inscrire dans la mémoire publique à côté des Roland, des Vergniaud, des Oudet, des Hoche et des Manuel !

est dans la mémoire nationale comme la l'obscurité même qui les couvre encore n'était pas un soupçon d'ingratitude dont la nation a besoin de se laver ! comme si les conspirateurs de 1822 n'étaient pas de la même race de citoyens qui prirent le fusil et devinrent les héros au 27 juillet ; tandis que certains partisans rigoureux de l'*ordre légal* s'empressaient de se soumettre aux ordonnances ! Comme s'il n'y avait pas un héroïsme incomparable dans ces hommes, dont les uns, trahis, se sont laissé flétrir comme des agents provocateurs pour ne pas aggraver la position de leurs amis accusés ; et dont les autres, voyant leur tête en jeu, ont assumé sur eux seuls la responsabilité morale pour sauver les moins compromis ; généreux, dévoués, se chargeant eux-mêmes, s'accusant de tout : Bories le premier, Bories, jeune martyr au front calme, au cœur résigné, plein de vertu et de génie, confondant les juges, consolant et relevant ses compagnons, les soutenant sur la charrette du supplice contre l'horreur d'une mort inconnue ; les faisant monter avant lui sur l'échafaud pour les affermir jusqu'au bout par son regard et de sa voix ! Bories, figure mélancolique et sans tache, luttant contre l'oubli ; nom sublime à inscrire dans la mémoire publique à côté des Roland, des Vergniaud, des Guadet, des Hoche et des Marceau !

II

SUR LA CRITIQUE

Pierre Corneille

En fait de critique et d'histoire littéraire, il n'est point, ce me semble, de lecture plus récréante, plus délectable, et à la fois plus féconde en enseignements de toute espèce, que les biographies bien faites des grands hommes : non pas ces biographies minces et sèches, ces notices exiguës et précieuses, où l'écrivain a la pensée de briller, et dont chaque paragraphe est effilé en épigramme ; mais de larges, copieuses, et parfois même diffuses histoires de l'homme et de ses œuvres : entrer en son auteur, s'y installer, le produire sous ses aspects divers ; le faire vivre, se mouvoir et parler, comme il a dû faire ; le suivre en son intérieur et dans ses mœurs domestiques aussi avant que l'on peut ; le rattacher par tous les côtés à cette terre, à cette existence réelle, à ces habitudes de chaque jour, dont les grands hommes ne dépendent pas moins que nous autres, fond véritable sur lequel ils ont pied, d'où ils

« *Histoire de la vie et des ouvrages de Pierre Corneille* de Jules Taschereau », *Le Globe*, 12 août 1829 et 12 septembre 1829, *Portraits littéraires*, t. I, p. 29-50, sous le titre « Pierre Corneille » (notre extrait, *Œuvres*, Pléiade, Gallimard, t. I, p. 677-681).

partent pour s'élever quelque temps, et où ils retombent sans cesse.

Les Allemands et les Anglais, avec leur caractère complexe d'analyse et de poésie, s'entendent et se plaisent fort à ces excellents livres. Walter Scott déclare, pour son compte, qu'il ne sait point de plus intéressant ouvrage en toute la littérature anglaise que l'histoire du docteur Johnson par Boswell. En France, nous commençons aussi à estimer et à réclamer ces sortes d'études. De nos jours, les grands hommes dans les lettres, quand bien même, par leurs mémoires ou leurs confessions poétiques, ils seraient moins empressés d'aller au-devant des révélations personnelles, pourraient encore mourir, fort certains de ne point manquer après eux de démonstrateurs, d'analystes et de biographes. Il n'en a pas été toujours ainsi ; et lorsque nous venons à nous enquérir de la vie, surtout de l'enfance et des débuts de nos grands écrivains et poëtes du dix-septième siècle, c'est à grand'peine que nous découvrons quelques traditions peu authentiques, quelques anecdotes douteuses, dispersées dans les *Ana*. La littérature et la poésie d'alors étaient peu personnelles ; les auteurs n'entretenaient guère le public de leurs propres sentiments ni de leurs propres affaires ; les biographes s'étaient imaginé, je ne sais pourquoi, que l'histoire d'un écrivain était tout entière dans ses écrits, et leur critique superficielle ne poussait pas jusqu'à l'homme au fond du poëte. D'ailleurs, comme en ce temps les réputations étaient lentes à se faire, et qu'on n'arrivait que tard à la célébrité, ce n'était que bien plus tard encore, et dans la vieillesse du grand homme, que quelque admirateur empressé de son génie, un Brossette, un Monchesnay, s'avisait de penser à sa biographie ; ou encore cet historien était quelque parent pieux et dévoué, mais trop jeune pour avoir bien connu la jeunesse de son auteur, comme Fontenelle pour Corneille, et Louis Racine pour son père. De là, dans l'histoire de Corneille par son neveu, dans celle de Racine par son fils, mille ignorances, mille inexactitudes qui sautent aux yeux, et en particulier une légèreté courante sur les premières années littéraires, qui sont pourtant les plus décisives.

Lorsqu'on ne commence à connaître un grand homme que dans le plus fort de sa gloire, on ne s'imagine pas qu'il ait jamais pu s'en passer, et la chose nous paraît si simple, que souvent on ne s'inquiète pas le moins du monde de s'expliquer comment cela est advenu ; de même que, lorsqu'on le connaît dès l'abord et avant son éclat, on ne soupçonne pas d'ordinaire ce qu'il devra être un jour : on vit auprès de lui sans songer à le regarder, et l'on néglige sur son compte ce qu'il importerait le plus d'en savoir. Les grands hommes eux-mêmes contribuent souvent à fortifier cette double illusion par leur façon d'agir : jeunes, inconnus, obscurs, ils s'effacent, se taisent, éludent l'attention et n'affectent aucun rang, parce qu'ils n'en veulent qu'un, et que, pour y mettre la main, le temps n'est pas mûr encore ; plus tard, salués de tous et glorieux, ils rejettent dans l'ombre leurs commencements, d'ordinaire rudes et amers ; ils ne racontent pas volontiers leur propre formation, pas plus que le Nil n'étale ses sources. Or, cependant, le point essentiel dans une vie de grand écrivain, de grand poëte, est celui-ci : saisir, embrasser et analyser tout l'homme au moment où, par un concours plus ou moins lent ou facile, son génie, son éducation et les circonstances se sont accordés de telle sorte, qu'il ait enfanté son premier chef-d'œuvre. Si vous comprenez le poëte à ce moment critique, si vous dénouez ce nœud auquel tout en lui se liera désormais, si vous trouvez, pour ainsi dire, la clef de cet anneau mystérieux, moitié de fer, moitié de diamant, qui rattache sa seconde existence, radieuse, éblouissante et solennelle, à son existence première, obscure, refoulée, solitaire, et dont plus d'une fois il voudrait dévorer la mémoire, alors on peut dire de vous que vous possédez à fond et que vous savez votre poëte ; vous avez franchi avec lui les régions ténébreuses, comme Dante avec Virgile ; vous êtes digne de l'accompagner sans fatigue et comme de plain-pied à travers ses autres merveilles.

De *René* au dernier ouvrage de M. de Chateaubriand, des premières *Méditations* à tout ce que pourra créer jamais M. de Lamartine, d'*Andromaque* à *Athalie*, du *Cid* à *Nicomède*, l'initiation est facile : on tient à la main le fil conducteur, il ne s'agit plus que de le dérouler. C'est un beau moment pour le critique comme pour le poëte que celui où l'un et l'autre peuvent, chacun dans un juste sens, s'écrier avec cet ancien : *Je l'ai trouvé !* Le poëte trouve la région où son génie peut vivre et se déployer désormais ; le critique trouve l'instinct et la loi de ce génie. Si le statuaire, qui est aussi à sa façon un magnifique biographe, et qui fixe en marbre aux yeux l'idée du poëte, pouvait toujours choisir l'instant où le poëte se ressemble le plus à lui-même, nul doute qu'il ne le saisît au jour et à l'heure où le premier rayon de gloire vient illuminer ce front puissant et sombre. À cette époque unique dans la vie, le génie, qui, depuis quelque temps adulte et viril, habitait avec inquiétude, avec tristesse, en sa conscience, et qui avait peine à s'empêcher d'éclater, est tout d'un coup tiré de lui-même au bruit des acclamations, et s'épanouit à l'aurore d'un triomphe. Avec les années, il deviendra peut-être plus calme, plus reposé, plus mûr ; mais aussi il perdra en naïveté d'expression, et se fera un voile qu'on devra percer pour arriver à lui : la fraîcheur du sentiment intime se sera effacée de son front ; l'âme prendra garde de s'y trahir : une contenance plus étudiée ou du moins plus machinale aura remplacé la première attitude si libre et si vive. Or, ce que le statuaire ferait s'il le pouvait, le critique biographe, qui a sous la main toute la vie et tous les instants de son auteur, doit à plus forte raison le faire ; il doit réaliser par son analyse sagace et pénétrante ce que l'artiste figurerait divinement sous forme de symbole. La statue une fois debout, le type une fois découvert et exprimé, il n'aura plus qu'à le reproduire avec de légères modifications dans les développements successifs de la vie du poëte, comme en une série de bas-reliefs. Je ne sais si toute cette théorie, mi-partie poétique et mi-partie critique, est fort claire ; mais je la crois vraie, et tant que les biographes des grands poëtes ne l'auront pas présente à l'esprit, ils feront des livres utiles, exacts, estimables sans doute, mais non des œuvres de haute critique et d'art ; ils rassembleront des anecdotes, détermineront les dates, exposeront des querelles littéraires : ce sera l'affaire du lecteur d'en faire jaillir le sens et d'y souffler la vie ; ils seront des chroniqueurs, non des statuaires ; ils tiendront les registres du temple, et ne seront pas les prêtres du dieu.

Cela posé, nous nous garderons d'en faire une sévère application à l'ouvrage plein de recherches et de faits que vient de publier M. Taschereau sur Pierre Corneille. Dans cette histoire, aussi bien que dans celle de Molière, M. Taschereau a eu pour but de recueillir et de lier tout ce qui nous est resté de traditions sur la vie de ces illustres auteurs, de fixer la chronologie de leurs pièces, et de raconter les débats dont elles furent l'occasion et le sujet. Il renonce assez volontiers à la prétention littéraire de juger les œuvres, de caractériser le talent, et s'en tient d'ordinaire là-dessus aux conclusions que le temps et le goût ont consacrées. Quand les faits sont clairsemés ou manquent, ce qui arrive quelquefois, il ne s'efforce point d'y suppléer par les suppositions circonspectes et les inductions légitimes d'une critique sagement conjecturale ; mais il passe outre, et s'empresse d'arriver à des faits nouveaux : de là chez lui des intervalles et des lacunes que l'esprit du lecteur est involontairement provoqué à combler. Les vies complètes, poétiques, pittoresques, *vivantes* en un mot, de Corneille et de Molière, restent à faire ; mais à M. Taschereau appartient l'honneur solide d'en avoir, avec une scrupuleuse érudition, amassé, préparé, numéroté en quelque sorte les matériaux longtemps épars. Pour nous, dans le petit nombre d'idées que nous essaierons d'avancer sur Corneille, nous confessons devoir beaucoup au travail de son biographe ; c'est bien souvent la lecture de son livre qui nous les a suggérées.

Diderot

J'ai toujours aimé les correspondances, les conversations, les pensées, tous les détails du caractère, des mœurs, de la biographie, en un mot, des grands écrivains ; surtout quand cette biographie comparée n'existe pas déjà rédigée par un autre, et qu'on a pour son propre compte à la construire, à la composer. On s'enferme pendant une quinzaine de jours avec les écrits d'un mort célèbre, poëte ou philosophe ; on l'étudie, on le retourne, on l'interroge à loisir ; on le fait poser devant soi ; c'est presque comme si l'on passait quinze jours à la campagne à faire le portrait ou le buste de Byron, de Scott, de Goethe ; seulement on est plus à l'aise avec son modèle, et le tête-à-tête, en même temps qu'il exige un peu plus d'attention, comporte beaucoup plus de familiarité. Chaque trait s'ajoute à son tour, et prend place de lui-même dans cette physionomie qu'on essaye de reproduire ; c'est

Revue de Paris, 26 juin 1831, t. 27, p. 222-239, *Portraits littéraires*, t. I, p. 239-264, *Œuvres*, Gallimard, t. I, p. 867-888 (extrait, p. 867).

comme chaque étoile qui apparaît successivement sous le regard et vient luire à son point dans la trame d'une belle nuit. Au type vague, abstrait, général, qu'une première vue avait embrassé, se mêle et s'incorpore par degrés une réalité individuelle, précise, de plus en plus accentuée et vivement scintillante ; on sent naître, on voit venir la ressemblance ; et le jour, le moment où l'on a saisi le tic familier, le sourire révélateur, la gerçure indéfinissable, la ride intime et douloureuse qui se cache en vain sous les cheveux déjà clair-semés, — à ce moment l'analyse disparaît dans la création, le portrait parle et vit, on a trouvé l'homme. Il y a plaisir en tout temps à ces sortes d'études secrètes, et il y aura toujours place pour les productions qu'un sentiment vif et pur en saura tirer.

Victor Hugo

« Les Feuilles d'automne »

Il est pour la critique de vrais triomphes ; c'est quand les poëtes qu'elle a de bonne heure compris et célébrés, pour lesquels, se jetant dans la cohue, elle n'a pas craint d'encourir d'abord risées et injures, grandissent, se surpassent eux-mêmes, et tiennent au delà des promesses magnifiques qu'elle, critique avant-courrière, osait jeter au public en leur nom. Car, loin de nous de penser que le devoir et l'office de la critique consistent uniquement à venir après les grands artistes, à suivre leurs traces lumineuses, à recueillir, à ranger, à inventorier leur héritage, à orner leur monument de tout ce qui peut le faire valoir et l'éclairer ! Cette critique-là sans doute a droit à nos respects ; elle est grave, savante, définitive ; elle explique, elle pénètre, elle fixe et consacre des admirations confuses, des beautés en partie voilées, des conceptions difficiles à atteindre, et aussi la lettre des textes quand il y a lieu.

Revue des Deux Mondes, 15 décembre 1831, p. 647-658 ; *Portraits contemporains* (3 vol.), t. I, p. 272-283 et (5 vol.), t. I, p. 416-430 (extrait p. 416-421).

Aristarque pour les poëmes homériques, Tieck pour Shakspeare, ont été, dans l'Antiquité et de nos jours, des modèles de cette sagacité érudite appliquée de longue main aux chefs-d'œuvre de la poésie : *vestigia semper adora !* Mais outre cette critique réfléchie et lente des Warton, des Ginguené, des Fauriel, qui s'assied dans une silencieuse bibliothèque, en présence de quelques bustes à demi obscurs, il en est une autre plus alerte, plus mêlée au bruit du jour et à la question vivante, plus armée en quelque sorte à la légère et donnant le signal aux esprits contemporains. Celle-ci n'a pas la décision du temps pour se diriger dans ses choix ; c'est elle-même qui choisit, qui devine, qui improvise ; parmi les candidats en foule et le tumulte de la lice, elle doit nommer ses héros, ses poëtes ; elle doit s'attacher à eux de préférence, les entourer de son amour et de ses conseils, leur jeter hardiment les mots de gloire et de génie dont les assistants se scandalisent, faire honte à la médiocrité qui les coudoie, crier *place* autour d'eux comme le héraut d'armes, marcher devant leur char comme l'écuyer :

Nous tiendrons, pour lutter dans l'arène lyrique,
Toi la lance, moi les coursiers.

Quand la critique n'aiderait pas à ce triomphe du poëte contemporain, il s'accomplirait également, je n'en doute pas, mais avec plus de lenteur et dans de plus rudes traverses. Il est donc bon pour le génie, il est méritoire pour la critique qu'elle ne tarde pas trop à le discerner entre ses rivaux et à le prédire à tous, dès qu'elle l'a reconnu. Il ne manque jamais de critiques circonspects qui sont gens, en vérité, à proclamer hautement un génie visible depuis dix ans ; ils tirent gravement leur montre et vous annoncent que le jour va paraître, quand il est déjà onze heures du matin. Il faut leur en savoir gré, car on en pourrait trouver qui s'obstinent à nier le soleil, parce qu'ils ne l'ont pas prévu ; mais pourtant si le poëte, qui a besoin de la gloire, ou du moins d'être confirmé dans sa certitude de l'obtenir, s'en remettait à ces agiles intelligences dont l'approbation marche comme l'antique châtiment, *pede pœna claudo*, il y aurait lieu pour lui de défaillir, de se désespérer en chemin, de jeter bas le fardeau avant la première borne, comme ont fait Gilbert, Chatterton et Keats. Lors même que la critique, douée de l'enthousiasme vigilant, n'aurait d'autre effet que d'adoucir, de parer quelques-unes de ces cruelles blessures que porte au génie encore méconnu l'envie malicieuse ou la gauche pédanterie ; lorsqu'elle ne ferait qu'opposer son antidote au venin des Zoïles, ou détourner sur elle une portion de la lourde artillerie des respectables *reviewers*, c'en serait assez pour qu'elle n'eût pas perdu sa peine, et qu'elle eût hâté efficacement, selon son rôle auxiliaire, l'enfantement et la production de l'œuvre. Après cela, il y aurait du ridicule à cette bonne critique de se trop exagérer sa part dans le triomphe de ses plus chers poëtes ; elle doit se bien garder de prendre les airs de la nourrice des anciennes tragédies. Diderot nous parle d'un éditeur de Montaigne, si modeste et si vaniteux à la fois, le pauvre homme, qu'il ne pouvait s'empêcher de rougir quand on prononçait devant lui le nom de l'auteur des *Essais*. La critique ne doit pas ressembler à cet éditeur. Bien qu'il y ait eu peut-être quelque mérite à elle de donner le signal et de sonner la charge dans la mêlée, il ne convient pas qu'elle en parle comme ce bedeau si fier du beau sermon *qu'il avait sonné*. La critique, en effet, cette espèce de critique surtout, ne crée rien, ne produit rien qui lui soit propre ; elle convie au festin, elle force d'entrer. Le jour où tout le monde contemple et goûte ce qu'elle a divulgué la première, elle n'existe plus, elle s'anéantit. Chargée de faire la leçon au public, elle est exactement dans le cas de ces bons précepteurs dont parle Fontenelle, *qui travaillent à se rendre inutiles*, ce que le prote hollandais ne comprenait pas.

Toutefois, pour être juste, il reste encore à la critique, après le triomphe incontesté, universel, du génie auquel elle s'est vouée de bonne heure, et dont elle voit s'échapper de ses mains le glorieux monopole, il lui reste une tâche estimable, un souci attentif et religieux : c'est d'embrasser toutes les parties de ce poétique développement, d'en marquer la liaison avec les phases qui précèdent, de remettre dans un vrai jour l'ensemble de l'œuvre progressive, dont les admirateurs plus récents voient trop en saillie les derniers jets. Mais elle doit elle-même se défier d'une tendance excessive à retrouver tout l'homme dans ses productions du début, à le ramener sans cesse, des régions élargies où il plane, dans le cercle ancien où elle l'a connu d'abord, et qu'elle préfère en secret peut-être, comme un domaine plus privé ; elle a à se défendre de ce sentiment d'une naturelle et amoureuse jalousie qui revendique un peu forcément pour les essais de l'artiste, antérieurs et moins appréciés, les honneurs nouveaux dans lesquels des admirateurs nombreux interviennent. Et, d'autre part, comme ces admirateurs plus tardifs, honteux tout bas de s'être fait tant prier, et n'en voulant pas convenir, acceptent le grand écrivain dans ses dernières œuvres au détriment des premières qu'ils ont peu lues et mal jugées, comme ils sont fort empressés de le féliciter d'avoir fait un pas vers eux, public, tandis que c'est le public qui, sans y songer, a fait deux ou trois grands pas vers lui, il est du ressort d'une critique équitable de contredire ces points de vue inconsidérés et de ne pas laisser s'accréditer de faux jugements. Les grands poëtes contemporains, ainsi que les grands politiques et les grands capitaines, se laissent malaisément suivre, juger et admirer par les mêmes hommes dans toute l'étendue de leur carrière. Si un seul conquérant use plusieurs générations de braves, une vie de grand poëte use aussi, en quelque sorte, plusieurs générations d'admirateurs ; il se fait presque toujours de lustre en lustre comme un renouvellement autour de sa gloire. Heureux qui, l'ayant découverte et pressentie avant la foule, y sait demeurer intérieur et fidèle, la voit croître, s'épanouir et mûrir, jouit de son ombrage avec tous, admire ses inépuisables fruits, comme aux saisons où bien peu les recueillaient, et compte avec un orgueil toujours aimant les automnes et les printemps dont elle se couronne !...

Adam Mickiewicz

« Le Livre des pèlerins polonais »

La condition de la critique, en ce qu'elle a de journalier, de toujours mobile et nouveau, la fait ressembler un peu, je l'éprouve parfois, à un homme qui voyagerait sans cesse à travers des pays, villes et bourgades où il ne ferait que passer à la hâte, sans jamais se poser ; à une sorte de Bohémien vagabond et presque de Juif errant, en proie à des diversités de spectacles et à des contrastes continuels. Aujourd'hui, c'est un coin politique et historique ; demain, une poésie ou une rêverie mélancolique ; après-demain, quelque roman sanguinaire ou licencieux, puis tout d'un coup une chaste et grave et religieuse production ; il faut que la pauvre critique aille toujours à travers cela, il faut qu'elle s'en tire, qu'elle s'en teigne tour à tour, qu'elle voie assez de chaque objet pour en jaser pertinemment et d'un ton approprié. L'acteur qui change chaque soir de costume, de visage et de rôle, doit éprouver quelque chose de semblable. Et qu'on ne dise pas que, si la critique avait

Le National, 3 juillet 1833 ; *Portraits contemporains*, 5 vol., fragment, t. II, p. 512-514 (notre extrait).

un point de vue central, si elle jugeait en vertu d'un principe et d'une vérité absolus, elle s'épargnerait en grande partie la fatigue de ce mouvement, de ce déplacement forcé, et que, du haut de la colline où elle serait assise, pareille à un roi d'épopée ou au juge Minos, elle dénombrerait à l'aise et prononcerait avec une véritable unité ses oracles. Il n'est à ma connaissance, par ce temps-ci, aucun point de vue assez central pour qu'on puisse embrasser, en s'y posant, l'infinie variété qui se déroule dans la plaine. D'estimables journaux et recueils, qui, comme *le Semeur* ou la *Revue européenne*, échappent, autant qu'ils le peuvent, à l'empirisme de la critique, n'y parviennent qu'en restreignant souvent par là même, beaucoup plus qu'il ne faudrait, le champ pratique de leur observation. En ce qui concerne la littérature de ce temps, est-ce donc un si grand mal, dira-t-on, que de s'arranger d'avance pour en négliger et en ignorer une bonne partie ? Je n'oserais affirmer le contraire, et pourtant, du moment qu'on en veut juger en toute connaissance de cause, comme c'est la prétention de la critique, voilà l'interminable voyage qui recommence. J'ai lu quelque part une belle comparaison à ce sujet, qui a de plus le mérite d'une extrême justesse. L'art qui médite, qui édifie, qui vit en lui-même et dans son œuvre, l'art peut se représenter aux yeux par quelque château antique et vénérable que baigne un fleuve, par un monastère sur la rive, par un rocher immobile et majestueux ; mais, de chacun de ces rochers ou de ces châteaux, la vue, bien qu'immense, ne va pas à tous les autres points, et beaucoup de ces nobles monuments, de ces merveilleux paysages, s'ignorent en quelque sorte les uns les autres ; or la critique, dont la loi est la mobilité et la succession, circule comme le fleuve à leur base, les entoure, les baigne, les réfléchit dans ses eaux, et transporte avec facilité, de l'un à l'autre, le voyageur qui les veut connaître. La comparaison jusqu'ici est fort belle, mais elle n'est juste encore que si l'on suppose la critique, dans toute sa profondeur et sa continuité, s'appliquant aux grands monuments des âges anciens. De plus, en poursuivant l'image, en supposant le fleuve détourné, brisé, fatigué à travers les canaux, les usines, saigné à droite et à gauche, comme le Rhin dans les sables et la vase hollandaise, on retrouve la critique telle exactement que la font les besoins de chaque jour, dans sa marche sans cesse coupée et reprise. Tout cela est bien long pour dire qu'ayant parlé l'autre fois de quelque ouvrage assez peu grave nous avons à donner aujourd'hui un mot sur une œuvre de patriotisme et de piété, et pour demander pardon d'être la même plume qui passe d'un Casanova au livre des *Pèlerins polonais*...

Du génie critique et de Bayle

Ce génie, dans son idéal complet (et Bayle réalise cet idéal plus qu'aucun autre écrivain), est au revers du génie créateur et poétique, du génie philosophique avec système ; il prend tout en considération, fait tout valoir, et se laisse d'abord aller, sauf à revenir bientôt. Tout esprit qui a en soi une part d'art ou de système n'admet volontiers que ce qui est analogue à son point de vue, à sa prédilection. Le génie critique n'a rien de trop digne, ni de prude, ni de préoccupé, aucun *quant à soi*. Il ne reste pas dans son centre ou à peu de distance ; il ne se retranche pas dans sa cour, ni dans sa citadelle, ni dans son académie ; il ne craint pas de se mésallier ; il va partout, le long des rues, s'informant, accostant ; la curiosité l'allèche, et il ne s'épargne pas les régals qui se présentent. Il est, jusqu'à un certain point, tout à tous, comme l'Apôtre, et en ce sens il y a toujours de l'optimisme dans le critique véritablement doué. Mais

Revue des Deux Mondes, 1er décembre 1835, *Portraits littéraires*, t. I, p. 364-387, *Œuvres*, Gallimard, t. I, p. 978-999 (extraits, p. 984-985 et p. 989-990).

gare aux retours ! que Jurieu se méfie* ! L'infidélité est un trait de ces esprits divers et intelligents ; ils reviennent sur leurs pas, ils prennent tous les côtés d'une question, ils ne se font pas faute de se réfuter eux-mêmes et de retourner la tablature. Combien de fois Bayle n'a-t-il pas changé de rôle, se déguisant tantôt en nouveau converti, tantôt en vieux catholique romain, heureux de cacher son nom et de voir sa pensée faire route nouvelle en croisant l'ancienne ! Un seul personnage ne pouvait suffire à la célérité et aux revirements toujours justes de son esprit mobile, empressé, accueillant. Quelque vastes que soient les espaces et le champ défini, il ne peut promettre de s'y renfermer, ni s'empêcher, comme il le dit admirablement, de *faire des courses sur toutes sortes d'auteurs*. Le voilà peint d'un mot.

[...]

Une des conditions du génie critique dans la plénitude où Bayle nous le représente, c'est de n'avoir pas d'*art* à soi, de *style* ; hâtons-nous d'expliquer notre pensée. Quand on a un style à soi, comme Montaigne, par exemple, qui certes est un grand esprit critique, on est plus soucieux de la pensée qu'on exprime et de la manière aiguisée dont on l'exprime, que de la pensée de l'auteur qu'on explique, qu'on développe, qu'on critique ; on a une préoccupation bien légitime de sa propre œuvre, qui se fait à travers l'œuvre de l'autre, et quelquefois à ses dépens. Cette distraction limite le

* Bayle a-t-il été l'amant de Mme Jurieu, comme l'on dit les malins, et comme on le peut lire p. 334, t. Ier des *Nouveaux Mémoires d'Histoire, de Critique et de Littérature*, par l'abbé d'Artigny ? Grande question sur laquelle les avis sont partagés. (Voir les mêmes *Mémoires*, t. VII, p. 47.)

génie critique. Si Bayle l'avait eue, il aurait fait durant toute sa vie un ou deux ouvrages dans le goût des *Essais*, et n'eût pas écrit ses *Nouvelles de la République des Lettres*, et toute sa critique usuelle, pratique, incessante. De plus, quand on a un *art* à soi, une poésie, comme Voltaire, par exemple, qui certes est aussi un grand esprit critique, le plus grand, à coup sûr, depuis Bayle, on a un goût décidé, qui, quelque souple qu'il soit, atteint vite ses restrictions. On a son œuvre propre derrière soi à l'horizon ; on ne perd jamais de vue ce clocher-là. On en fait involontairement le centre de ses mesures. Voltaire avait de plus son fanatisme philosophique, sa passion, qui faussait sa critique. Le bon Bayle n'avait rien de semblable. De passion aucune : l'équilibre même ; une parfaite idée de la profonde bizarrerie du cœur et de l'esprit humain, et que tout est possible, et que rien n'est sûr. De style, il en avait sans s'en douter, sans y viser, sans se tourmenter à la lutte comme Courier, La Bruyère ou Montaigne lui-même ; il en avait suffisamment, malgré ses longueurs et ses parenthèses, grâce à ses expressions charmantes et de source. Il n'avait besoin de se relire que pour la clarté et la netteté du sens : heureux critique ! Enfin il n'avait pas d'*art, de poésie*, par-devers lui. L'excellent Bayle n'a, je crois, jamais fait un vers français en sa jeunesse, de même qu'il n'a jamais rêvé aux champs, ce qui n'était guère de son temps encore, ou qu'il n'a jamais été amoureux, passionnément amoureux d'une femme, ce qui est davantage de tous les temps. Tout son art est critique, et consiste, pour les ouvrages où il se déguise, à dispenser mille petites circonstances, à assortir mille petites adresses afin de mieux divertir le lecteur et de lui colorer la fiction : il prévient lui-même son frère de ces artifices ingénieux, à propos de la *Lettre des Comètes*.

Je veux énumérer encore d'autres manques de talents, ou de passions, ou de dons supérieurs, qui ont fait de Bayle le plus accompli critique qui se soit rencontré dans son genre, rien n'étant venu à la traverse pour limiter ou troubler le rare développement de sa faculté principale, de sa passion unique. Quant à la religion d'abord, il faut bien avouer qu'il est difficile, pour ne pas dire impossible, d'être religieux avec ferveur et zèle en cultivant chez soi cette faculté critique et discursive, relâchée et accommodante. Le métier de critique est comme un voyage perpétuel avec toutes sortes de personnes et en toutes sortes de pays, par curiosité. Or, comme on sait,

> *Rarement à courir le monde*
> *On devient plus homme de bien ;*

rarement du moins, on devient plus croyant, plus occupé du but invisible.

[Préface des « Critiques et portraits littéraires », tome II]

Depuis que les morceaux, recueillis dans le premier volume de cet ouvrage, ont paru en 1832, l'auteur s'est trouvé insensiblement engagé à en composer dans le même genre un plus grand nombre qu'il n'avait projeté d'abord, et il n'a pas tardé à concevoir la réunion de ces divers Portraits ou articles critiques comme pouvant former une galerie un peu irrégulière, assez complète toutefois, et propre à donner une idée animée de la poésie et de la littérature contemporaine. S'il se permet donc aujourd'hui de réimprimer ces morceaux en les recueillant, c'est qu'il les a conçus au moment où il les écrivait comme devant former une espèce de tout, et comme ayant peut-être à gagner à ce rapprochement. Sans s'exagérer la valeur de ces études, presque toutes dirigées sur des contemporains, genre de critique qu'on est assez porté dans le monde littéraire, un peu sérieux, à ne pas compter, il a semblé que quelques

Critiques et portraits littéraires, t. II, 1836 (B. d. F., 4 juin) ; *Premiers Lundis*, t. II, p. 297 ; *Portraits littéraires*, Gallimard, Bibl. de la Pléiade, t. I, p. 649-653 (notre texte *in extenso*).

avantages compensaient les gênes nombreuses et les inconvénients du genre.

Quand on étudie quelque grand écrivain ou poëte mort, La Bruyère, Racine, Molière, par exemple, on est bien plus à l'aise, je le sens, pour dire sa pensée, pour asseoir son jugement sur l'œuvre ; mais le rapport de l'œuvre à la personne même, au caractère, aux circonstances particulières, est-il aussi facile à saisir ? Et quand on croit l'avoir bien aperçu et qu'on l'exprime avec assurance, pour ne point avoir à craindre de rencontrer des observateurs informés de plus près, est-on plus certain d'avoir pénétré par conjecture jusqu'à l'intime vérité ? Avec ses contemporains au contraire, quelque mobile et inachevée que soit l'œuvre, quelque contraignantes que soient les convenances, si l'on a saisi la clef, une des clefs de leur talent, de leur génie, on la peut toujours laisser voir, même quand il ne serait pas séant de s'écrier tout haut : *la voilà*. En parlant des morts, on est plus *véridique* par rapport à soi, je le veux bien ; on dit tout ce qu'on sait ; mais on sait moins, et ainsi l'on est souvent peut-être moins *vrai* par rapport à l'objet, que lorsque, sachant plus, on ne dit qu'avec le sous-entendu des amitiés et des convenances.

L'écrivain est toujours assez facile à juger, mais l'homme ne l'est pas également. Quelle différence d'exactitude et de vérité nous sentons dans nos jugements successifs sur un même individu, si nous l'avons vu en personne ou si nous n'en avons qu'entendu parler, si nous le connaissons pour l'avoir rencontré ou pour avoir vécu avec lui ! Après des années d'intimité, nous découvrons encore quelque chose. Oh ! qu'un homme est difficile à connaître, même quand cet homme n'est pas nous-même, et qu'il est tout simplement un autre ! Dès qu'on cherche l'homme dans l'écrivain, le lien du moral au talent, on ne saurait étudier de trop près, de trop bonne heure, tandis et à mesure que l'objet vit.

« Mais à quoi bon s'occuper tant des détails, des minuties de l'individu ? L'œuvre reste, si elle doit rester ; rien de grand ne se perd dans la mémoire des hommes. » On m'a souvent opposé ce genre de raisons sévères, et ce que je viens de dire y répond en partie. L'observation morale, mêlée à l'appréciation littéraire, n'est pas tenue de suivre, d'une marche inflexible, la chaussée romaine de l'histoire. Je remarquerai ensuite qu'historiquement parlant, ce qu'on appelle *la mémoire des hommes* tient souvent en littérature au rôle attentif et consciencieux de quelque écrivain contemporain dont le témoignage est consulté.

Tout en croyant d'ailleurs autant que personne au génie et aux œuvres dominantes, tout en m'inclinant devant les monuments que consacre la gloire, je ne suis pas de ceux qui ne s'inquiètent que du grand ; et les hommes, les œuvres secondaires m'intéressent singulièrement en bien des circonstances. C'est pour moi véritablement affaire d'équité. Il est (qu'on veuille y songer) un niveau de réputation au-dessous duquel on ôte tout ce qu'on peut aux hommes de talent ou même de génie en louanges et en gloire. Toutes les fois qu'on peut les passer sous silence on le fait ; on les pille sans mot dire ; on ne met pas son amour-propre à les citer à tout propos, à les louer à tort et à travers, comme cela a lieu à l'égard de ceux qui ont passé le niveau. Oh ! pour ceux-ci, à l'instant on leur accorde tout et plus encore s'il se peut ; c'est un point d'honneur et une émulation de les célébrer, c'est une idolâtrie. Ainsi se concilient les deux penchants des hommes en masse : idolâtrie et détraction. La bonne critique a pour devoir de ne pas se régler d'après ces préjugés et ces constructions factices. Et c'est envers des contemporains connus de près qu'on peut s'acquitter avec le plus de certitude de cette justice de détail, qui n'est qu'un fond plus vrai donné au tableau littéraire d'un temps.

Si, sur plusieurs de ces points secondaires, l'auteur avait réussi à fonder quelques jugements nouveaux, à préparer quelques-uns des éléments qui s'introduiront un jour dans l'histoire littéraire de notre époque, il aurait atteint l'objet de sa plus chère ambition. Il a souvent regretté, en lisant les livres de critique et de biographie des deux siècles précédents, la disette et l'insuffisance de secours semblables. Perrault, Baillet, Niceron, Goujet, Vigneul-Marville, Brossette, etc., sont encore lus avec profit malgré leur manque absolu de sentiment littéraire. Fontenelle, d'Alembert, De Boze, Fréret, Vicq-d'Azyr et Condorcet ont davantage approché dans leurs *Éloges* du but tel que je l'entends. J'ai souvent envié aux Anglais quelques-unes des belles biographies de Johnson, celle de Parnell par Goldsmith, aux Allemands celle de Hœlty par Voss ; je ne parle pas des autres ouvrages en ce genre plus considérables. Mais dans ces charmants écrits de moyenne mesure, les renseignements critiques, précieux et fins, sont mis en œuvre avec intérêt et art.

Cet art, dont j'aurais voulu animer et revêtir quelques-uns des Portraits ici rassemblés, me sera peut-être une excuse et m'a du moins été un dédommagement pour les inconvénients d'un genre qui touche à tant de sensibilités vivantes ; car l'art vit en partie des difficultés même et des délicatesses de son sujet. Quelques Portraits flatteurs, où il entre de l'art, et qu'on peut sauver de ce grand naufrage de tous les jours, sont une compensation à bien des ennuis habituels dans le métier de critique. La bienveillance donne le ton général à la plupart des morceaux, et à cet égard je me suis dit quelquefois que c'était une transformation de l'Éloge académique que je tentais. Mais cette bienveillance, si l'on veut prendre la peine d'en peser l'expression et d'en démêler la pensée, ne semblera pas aussi complaisante qu'on le croirait à un premier coup d'œil, et elle ne va jamais, je l'ose dire, jusqu'à fausser et altérer la vérité. Au milieu de tant de mesures glissantes que nous avions à garder, et de la séduction de l'art même, qui n'est pas le moindre écueil, le vrai est resté notre souci principal.

Bien qu'écrits dans le but d'être rassemblés, ces morceaux qui ont paru successivement, gardent trace, en plus d'un endroit, de circonstances et de dispositions qui se sont modifiées et ils offrent ainsi de légers désaccords. En tâchant de les compléter et de les perfectionner dans le détail, nous n'avons pas cherché à faire disparaître ces marques, pour ainsi dire, originelles. Une fois entrés dans cette voie de corrections, nous ôtions aux morceaux leur caractère. Si l'exactitude de la réimpression nous a coûté quelquefois, c'est quand il nous a semblé que nous avions été injuste à l'égard de quelques personnes, et passionné en quelques opinions. Sans qu'au fond nos jugements du passé et nos prévisions de l'avenir se soient détournés ni déconcertés, l'expérience plus vraie que nous avons faite des choses, dans le sens même de nos convictions, nous a rendu plus tolérant pour tous.

Un sixième volume suivra plus tard les cinq qui se trouvent publiés aujourd'hui, et suffira, nous le croyons, à compléter l'ouvrage. Nous y réunirons quelques noms de poëtes et de romanciers, qui ont été omis jusqu'ici : un Discours final pourra résumer la situation générale de la littérature et conduire nos principaux contemporains jusqu'à la date même de cette dernière publication. Après quoi, coupant court à une tâche sans cesse recommençante et qui n'a aucune raison naturelle de finir, nous prendrons, s'il se peut, congé du présent pour quelque Étude moins mobile, pour quelque œuvre plus recueillie.

Quelques vérités sur la situation en littérature

Cette *Revue* a publié, de la plupart des poëtes et romanciers du temps, des portraits qui, eu égard au peintre comme aux modèles, ne peuvent être considérés en général que comme des portraits de jeunesse : *Juvenis juvenem pinxit*. Le temps est venu de refaire ce qui a vieilli, de reprendre ce qui a changé, de montrer décidément la grimace et la ride là où l'on n'aurait voulu voir que le sourire, de juger cette fois sans flatter, sans dénigrer non plus, et après l'expérience décisive d'une seconde phase. Je me suis dit souvent qu'on ne connaissait bien un homme d'autrefois que lorsqu'on en possédait au moins deux portraits. Celui de jeunesse, bien qu'il passe plus vite et qu'il cesse en quelques printemps de ressembler, est pourtant très-essentiel. Voyons un peu par nous-mêmes ce qui en est de nos contemporains et comme ils se transforment plus ou moins complètement sous nos yeux. Quand on

Revue des Deux Mondes, 1er juillet 1843, *Portraits contemporains* (3 vol.), t. II, p. 327-346 et (5 vol.), t. III, p. 415-441 (extrait p. 438-441).

ne connaît les gens, surtout ceux de sensibilité et d'imagination, qu'à partir d'un certain âge, et durant la seconde moitié de leur vie, on est loin de les connaître du tout comme les avait faits la nature : les doux tournent à l'aigre, les tendres deviennent bourrus ; on n'y comprendrait plus rien si l'on n'avait pas le premier souvenir. Le portrait y supplée. Quel curieux, quel aimable portrait de Dante jeune on a retrouvé, il y a environ deux ans, à Florence ! C'est pur, doux, uni, presque souriant ; le dédain y perce, y percera bientôt, mais voilé d'abord sous la grâce sévère :

Tu dell'ira maestro e del sorriso
Divo Alighier

avait dit Manzoni*. Quand on ne connaissait Dante que par son vieux masque chagrin, on avait peine à y reconnaître ce maître du sourire. J'ai vu à Ferney un portrait de Voltaire, qui avait alors à peu près quarante ans, mais dont l'œil velouté et encore tendre montrait tout ce qu'il avait dû avoir de charmant, tout ce qui allait disparaître et s'aiguiser, faute de mieux, dans le petit regard malicieux du vieillard. Les portraits de jeunesse, pour les écrivains, ont donc avec raison leur moment, leur charme unique et leur éclair même de vérité : ne nous en repentons pas, mais osons passer franchement aux seconds.

La première règle à se poser, dans cette série recommençante, serait de se garder de cette sorte de sévérité qui naît moins du fond des choses que du contraste et du désaccord entre les espérances exagé-

* Dans le petit poëme d'*Urania*.

rées et le résultat obtenu. Il faudrait souvent s'oublier soi-même et sa part d'illusions d'autrefois ; ne pas en vouloir aux autres d'avoir, en mainte occasion, déçu nos rêves, desquels, après tout, ils ne répondaient pas ; tâcher de les considérer, non plus avec un rayon de soleil dans le regard, non pas tout à fait avec le sourcil trop gris d'un Johnson ; ne jamais substituer l'humeur au coloris ; voir enfin, s'il est possible, les œuvres et les hommes sous le jour où nous les offre ce moment présent, déjà prolongé. La carrière des écrivains dont la naissance date environ de celle du siècle, se prête tout à fait à ce second point de vue. L'espèce de halte qui dure depuis plusieurs années met naturellement un intervalle, une distance commode, entre les premiers groupes et ce que l'avenir réserve. L'époque a l'air de se trancher par son milieu ; on peut embrasser la marche de la première moitié avec quelque certitude. À cet âge qu'accuse le chiffre moyen du cadran commun, artistes et poëtes, on est entré généralement dans la manière définitive. Le temps des essais, des escarmouches brillantes est dès longtemps passé ; on a déjà dû livrer sa grande bataille. Combien en est-il qui l'aient gagnée ? combien même qui aient osé et pu se recueillir assez pour la livrer sérieusement ? Ce sont des questions qui ne sauraient se décider avec quelque fruit et avec tout leur piquant, qu'en reprenant un à un les noms les plus autorisés de nos jours. Ce projet d'une série nouvelle des *Poëtes et romanciers (seconde phase)* est une veine féconde : nous-même ou d'autres, plus tard, la perceront.

1er juillet 1843.

(On a essayé dans cette réimpression, moyennant les notes et post-scriptum ajoutés en plus d'un cas au premier portrait, de donner un aperçu de ce que deviendrait le second.)

Chateaubriand jugé par un ami intime en 1803

Je sais que nul n'a droit de dire : « Je connais les hommes », ni même : « Je connais un homme » ; aussi, tant que cet homme est là vivant, on ne saurait trop multiplier et renouveler les occasions de l'observer, car on est seulement en voie de le connaître. Mais, quand il n'est plus, il faut bien s'arrêter, sous peine d'erreur, dans cette observation dont l'objet se dérobe, et alors on fait comme pour un procès : on rassemble toutes les preuves, toutes les dépositions, et on règle, au moins dans ses articles principaux, un jugement, un *Arrêt*.

Et il me prend, à cette occasion, l'idée d'exposer une fois pour toutes quelques-uns des principes, quelques-unes des habitudes de méthode qui me dirigent dans cette étude, déjà si ancienne, que je fais des personnages littéraires. J'ai souvent entendu reprocher à la critique moderne, à la mienne en particulier, de n'avoir point de théorie, d'être tout historique, tout individuelle. Ceux qui me traitent avec le plus de faveur ont

Le Constitutionnel, 21 et 22 juillet 1862 ; *Nouveaux Lundis*, t. III, p. 1-33 (extrait p. 13-33).

bien voulu dire que j'étais un assez bon juge, mais qui n'avait pas de Code. J'ai une méthode pourtant, et quoiqu'elle n'ait point préexisté et ne se soit point produite d'abord à l'état de théorie, elle s'est formée chez moi de la pratique même, et une longue suite d'applications n'a fait que la confirmer à mes yeux.

Eh bien ! c'est cette méthode ou plutôt cette pratique qui m'a été de bonne heure comme naturelle et que j'ai instinctivement trouvée dès mes premiers essais de critique, que je n'ai cessé de suivre et de varier selon les sujets durant des années ; dont je n'ai jamais songé, d'ailleurs, à faire un secret ni une découverte ; qui se rapporte sans doute par quelques points à la méthode de M. Taine, mais qui en diffère à d'autres égards ; qui a été constamment méconnue dans mes écrits par des contradicteurs qui me traitaient comme le plus sceptique et le plus indécis des critiques et en simple amuseur ; que jamais ni les Génin ni les Rigault, ni aucun de ceux qui me faisaient l'honneur de me sacrifier à M. Villemain et aux autres maîtres antérieurs n'ont daigné soupçonner, c'est cet ensemble d'observations et de directions positives que je vais tâcher d'indiquer brièvement. Il vient un moment dans la vie où il faut éviter autant que possible aux autres l'embarras de tâtonner à notre sujet, et où c'est l'heure où jamais de se développer tout entier.

Il est donc convenu que, pour aujourd'hui, on m'accorde d'entrer dans quelques détails touchant la marche et la méthode que j'ai cru la meilleure à suivre dans l'examen des livres et des talents.

La littérature, la production littéraire, n'est point

pour moi distincte ou du moins séparable du reste de l'homme et de l'organisation ; je puis goûter une œuvre, mais il m'est difficile de la juger indépendamment de la connaissance de l'homme même ; et je dirais volontiers : *tel arbre, tel fruit*. L'étude littéraire me mène ainsi tout naturellement à l'étude morale.

Avec les Anciens, on n'a pas les moyens suffisants d'observation. Revenir à l'homme, l'œuvre à la main, est impossible dans la plupart des cas avec les véritables Anciens, avec ceux dont nous n'avons la statue qu'à demi brisée. On est donc réduit à commenter l'œuvre, à l'admirer, à rêver l'auteur et le poète à travers. On peut refaire ainsi des figures de poètes ou de philosophes, des bustes de Platon, de Sophocle ou de Virgile, avec un sentiment d'idéal élevé ; c'est tout ce que permet l'état des connaissances incomplètes, la disette des sources et le manque de moyens d'information et de retour. Un grand fleuve, et non guéable dans la plupart des cas, nous sépare des grands hommes de l'Antiquité. Saluons-les d'un rivage à l'autre.

Avec les Modernes, c'est tout différent ; et la critique, qui règle sa méthode sur les moyens, a ici d'autres devoirs. Connaître et bien connaître un homme de plus, surtout si cet homme est un individu marquant et célèbre, c'est une grande chose et qui ne saurait être à dédaigner.

L'observation morale des caractères en est encore au détail, aux éléments, à la description des individus et tout au plus de quelques espèces : Théophraste et La Bruyère ne vont pas au delà. Un jour viendra, que je crois avoir entrevu dans le cours de mes observations, un jour où la science sera constituée, où les grandes familles d'esprits et leurs principales divisions seront déterminées et connues. Alors le principal caractère d'un esprit étant donné, on pourra en déduire plusieurs autres*. Pour l'homme, sans doute, on ne pourra jamais faire exactement comme pour les animaux ou pour les plantes ; l'homme moral est plus complexe ; il a ce qu'on nomme *liberté* et qui, dans tous les cas, suppose une grande mobilité de combinaisons possibles**. Quoi qu'il en soit, on arrivera avec le temps, j'imagine, à constituer plus largement la science du moraliste ; elle en est aujourd'hui au point où la botanique en était avant Jussieu, et l'anatomie comparée avant Cuvier, à l'état, pour ainsi dire, anecdotique. Nous faisons pour notre compte de simples monographies, nous amassons des observations de détail ; mais j'entrevois des liens, des rapports, et un esprit plus étendu, plus lumineux, et resté fin dans le détail, pourra découvrir un jour les grandes divisions naturelles qui répondent aux familles d'esprits.

Mais même, quand la science des esprits serait organisée comme on peut de loin le concevoir, elle serait toujours si délicate et si mobile qu'elle n'existerait que pour ceux qui ont une vocation naturelle et un talent d'observer : ce serait toujours un *art* qui demanderait un artiste habile, comme la médecine exige le tact médical dans celui qui l'exerce, comme la philosophie devrait exiger le tact philosophique chez ceux qui se

* « Il y a dans les caractères une certaine nécessité, certains rapports qui font que tel trait principal entraîne tels traits secondaires. » GOETHE (Conversations d'Eckermann).

** « On trouve de tout dans ce monde, et la variété des combinaisons est inépuisable. » GRIMM *(Correspondance littéraire).*

prétendent philosophes, comme la poésie ne veut être touchée que par un poète.

Je suppose donc quelqu'un qui ait ce genre de talent et de facilité pour entendre les groupes, les familles littéraires (puisqu'il s'agit dans ce moment de littérature) ; qui les distingue presque à première vue ; qui en saisisse l'esprit et la vie ; dont ce soit véritablement la vocation ; quelqu'un de propre à être un bon naturaliste dans ce champ si vaste des esprits.

S'agit-il d'étudier un homme supérieur ou simplement distingué par ses productions, un écrivain dont on a lu les ouvrages et qui vaille la peine d'un examen approfondi ? comment s'y prendre, si l'on veut ne rien omettre d'important et d'essentiel à son sujet, si l'on veut sortir des jugements de l'ancienne rhétorique, être le moins dupe possible des phrases, des mots, des beaux sentiments convenus, et atteindre au vrai comme dans une étude naturelle ?

Il est très utile d'abord de commencer par le commencement, et, quand on en a les moyens, de prendre l'écrivain supérieur ou distingué dans son pays natal, dans sa race. Si l'on connaissait bien la race physiologiquement, les ascendants et ancêtres, on aurait un grand jour sur la qualité secrète et essentielle des esprits ; mais le plus souvent cette racine profonde reste obscure et se dérobe. Dans les cas où elle ne se dérobe pas tout entière, on gagne beaucoup à l'observer.

On reconnaît, on retrouve à coup sûr l'homme supérieur, au moins en partie, dans ses parents, dans sa mère surtout, cette parente la plus directe et la plus certaine ; dans ses sœurs aussi, dans ses frères, dans ses enfants mêmes. Il s'y rencontre des linéaments essentiels qui sont souvent masqués, pour être trop condensés ou trop joints ensemble, dans le grand individu ; le fond se retrouve, chez les autres de son sang, plus à nu et à l'état simple : la nature toute seule a fait les frais de l'analyse. Cela est très délicat et demanderait à être éclairci par des noms propres, par quantité de faits particuliers ; j'en indiquerai quelques-uns.

Prenez les sœurs par exemple. Ce Chateaubriand dont nous parlions avait une sœur qui avait *de l'imagination*, disait-il lui-même, *sur un fonds de bêtise*, ce qui devait approcher de l'extravagance pure ; — une autre, au contraire, divine (Lucile, l'*Amélie* de *René*), qui avait la sensibilité exquise, une sorte d'imagination tendre, mélancolique, sans rien de ce qui la corrigeait ou la distrayait chez lui : elle mourut folle et se tua. Les éléments qu'il unissait et associait, au moins dans son talent, et qui gardaient une sorte d'équilibre, étaient distinctement et disproportionnément répartis entre elles.

Je n'ai point connu les sœurs de M. de Lamartine, mais je me suis toujours souvenu d'un mot échappé à M. Royer-Collard qui les avait connues, et qui parlait d'elles dans leur première jeunesse comme de quelque chose de charmant et de mélodieux, comme d'un nid de rossignols. La sœur de Balzac, Mme Surville, dont la ressemblance physique avec son frère saute aux yeux, est faite en même temps pour donner à ceux qui, comme moi, ont le tort peut-être de n'admirer qu'incomplètement le célèbre romancier, une idée plus avantageuse qui les éclaire, les rassure et les ramène. La sœur de Beaumarchais, Julie, que M. de Loménie nous a fait connaître, représente bien son frère par son tour de gaieté et de raillerie, son humeur libre et piquante, son irrésistible esprit de saillie ; elle le poussait jusqu'à l'extrême limite de la décence, quand elle n'allait pas au delà ; cette aimable et gaillarde fille mourut presque la chanson à la bouche : c'était bien la sœur de Figaro, le même jet et la même sève*.

De même pour les frères. Despréaux le satirique avait un frère aîné, satirique également, mais un peu plat, un peu vulgaire ; un autre frère chanoine, très gai, plein de riposte ; riche en belle humeur, mais un peu grotesque, un peu trop chargé et trop enluminé ; la nature avait combiné en Despréaux les traits de l'un et de l'autre, mais avec finesse, avec distinction, et avait aspergé le tout d'un sel digne d'Horace. À ceux pourtant qui voudraient douter de la fertilité et du naturel du fonds chez Despréaux, qui voudraient nier sa verve de source et ne voir en lui que la culture, il n'est pas inutile d'avoir à montrer les alentours évidents et le voisinage de la race.

Mme de Sévigné, je l'ai dit plus d'une fois, semble s'être dédoublée dans ses deux enfants ; le chevalier léger, étourdi, ayant la grâce, et Mme de Grignan, intelligente, mais un peu froide, ayant pris pour elle la raison. Leur mère avait tout ; on ne lui conteste par la grâce, mais à ceux qui voudraient lui refuser le sérieux et la raison, il n'est pas mal d'avoir à montrer Mme de Grignan, c'est-à-dire la raison toute seule sur le grand pied et dans toute sa pompe. Avec ce qu'on trouve dans les écrits, cela aide et cela guide.

* *Beaumarchais et son Temps*, par M. de Loménie. (Voir au tome Ier, p. 36-52.)

Et n'est-ce pas ainsi, de nos jours, que certaines filles de poètes, morts il y a des années déjà, m'ont aidé à mieux comprendre et à mieux me représenter le poète leur père ? Par moments je croyais revoir en elles l'enthousiasme, la chaleur d'âme, quelques-unes des qualités paternelles premières à l'état pur et intègre, et, pour ainsi dire, conservées dans de la vertu*.

C'est assez indiquer ma pensée, et je n'abuserai pas. Quand on s'est bien édifié autant qu'on le peut sur les origines, sur la parenté immédiate et prochaine d'un écrivain éminent, un point essentiel est à déterminer, après le chapitre de ses études et de son éducation ; c'est le premier milieu, le premier groupe d'amis et de contemporains dans lequel il s'est trouvé au moment où son talent a éclaté, a pris corps et est devenu adulte. Le talent, en effet, en demeure marqué, et quoi qu'il fasse ensuite, il s'en ressent toujours.

Entendons-nous bien sur ce mot de *groupe* qu'il m'arrive d'employer volontiers. Je définis le groupe, non pas l'assemblage fortuit et artificiel de gens d'esprit qui se concertent dans un but, mais l'association naturelle et comme spontanée de jeunes esprits et de jeunes talents, non pas précisément semblables et de la même famille, mais de la même *volée* et du même printemps, éclos sous le même astre, et qui se sentent nés, avec des variétés de goût et de vocation, pour une œuvre commune. Ainsi la petite société de Boileau, Racine, La Fontaine et Molière vers 1664, à l'ouverture du grand siècle : voilà le groupe par excellence

* Par exemple la comtesse de Fontanes, chanoinesse, fille du poète.

— tous génies ! Ainsi, en 1802, à l'ouverture du XIXe siècle, la réunion de Chateaubriand, Fontanes, Joubert... Ce groupe-là, à s'en tenir à la qualité des esprits, n'était pas trop chétif non plus ni à mépriser. Ainsi encore, pour ne pas nous borner à nos seuls exemples domestiques, ainsi à Gœttingue, en 1770, le groupe de jeunes étudiants et de jeunes poètes qui publient l'*Almanach des Muses*, Bürger, Voss, Hœlty, Stolberg, etc. ; ainsi, en 1800, à Édimbourg, le cercle critique dont Jeffrey est le chef, et d'où sort la célèbre Revue à laquelle il préside. À propos d'une de ces associations dont faisait partie Thomas Moore dans sa jeunesse, à l'université de Dublin, un critique judicieux a dit :

« Toutes les fois qu'une association de jeunes gens est animée d'un généreux souffle et se sent appelée aux grandes vocations, c'est par des associations particulières qu'elle s'excite et se féconde. Le professeur, dans sa chaire, ne distribue guère que la science morte ; l'esprit vivant, celui qui va constituer la vie intellectuelle d'un peuple et d'une époque, il est plutôt dans ces jeunes enthousiastes qui se réunissent pour échanger leurs découvertes, leurs pressentiments, leurs espérances*. »

Je laisse les applications à faire en ce qui est de notre temps. On connaît de reste le cercle critique du *Globe* vers 1827, le groupe tout poétique de la *Muse française* en 1824, le *Cénacle* en 1828. Aucun des talents, jeunes alors, qui ont séjourné et vécu dans l'un de ces

* M. Forcade, *Revue des Deux Mondes*, du 15 février 1853.

groupes, n'y a passé impunément. Je dis donc que, pour bien connaître un talent, il convient de déterminer le premier centre poétique ou critique au sein duquel il s'est formé, le groupe naturel littéraire auquel il appartient, et de l'y rapporter exactement. C'est sa vraie date originelle.

Les très grands individus se passent de groupe : ils font centre eux-mêmes, et l'on se rassemble autour d'eux. Mais c'est le groupe, l'association, l'alliance et l'échange actif des idées, une émulation perpétuelle en vue de ses égaux et de ses pairs, qui donne à l'homme de talent toute sa *mise en dehors*, tout son développement et toute sa valeur. Il y a des talents qui participent de plusieurs groupes à la fois et qui ne cessent de voyager à travers des milieux successifs, en se perfectionnant, en se transformant ou en se déformant. Il importe alors de noter, jusque dans ces variations et ces conversions lentes ou brusques, le ressort caché et toujours le même, le mobile persistant.

Chaque ouvrage d'un auteur vu, examiné de la sorte, à son point, après qu'on l'a replacé dans son cadre et entouré de toutes les circonstances qui l'ont vu naître, acquiert tout son sens — son sens historique, son sens littéraire —, reprend son degré juste d'originalité, de nouveauté ou d'imitation, et l'on ne court pas risque, en le jugeant, d'inventer des beautés à faux et d'admirer à côté, comme cela est inévitable quand on s'en tient à la pure rhétorique.

Sous ce nom de rhétorique, qui n'implique pas dans ma pensée une défaveur absolue, je suis bien loin de blâmer d'ailleurs et d'exclure les jugements du goût, les impressions immédiates et vives ; je ne renonce pas à Quintilien, je le circonscris*. Être en histoire littéraire et en critique un disciple de Bacon, me paraît le besoin du temps et une excellente condition première pour juger et goûter ensuite avec plus de sûreté.

Une très large part appartiendra toujours à la critique de première lecture et de première vue, à la critique mondaine, aux formes démonstratives, académiques. Qu'on ne s'alarme pas trop de cette ardeur de connaître à fond et de pénétrer : il y a lieu et moment pour l'employer, et aussi pour la suspendre. On n'ira pas appliquer les procédés du laboratoire dans les solennités et devant tous les publics. Les académies, les chaires oratoires sont plutôt destinées à montrer la société et la littérature par les côtés spécieux et par l'*endroit* ; il n'est pas indispensable ni peut-être même très utile que ceux qui ont pour fonction de déployer et de faire valoir éloquemment les belles tenture et les tapisseries, les regardent et les connaissent trop par le dessous et par l'*envers* : cela les gênerait.

L'analyse pourtant a son genre d'émotion aussi et pourrait revendiquer sa poésie, sinon son éloquence. Qui n'a connu un talent que tard et ne l'a apprécié que dans son plein ou dans ses œuvres dernières ; qui ne l'a vu jeune, à son premier moment d'éclat et d'essor, ne s'en fera jamais une parfaite et naturelle idée, la seule vivante. Vauvenargues, voulant exprimer le charme qu'a pour le talent un premier succès et un début heureux dans la jeunesse, a dit avec bien de la grâce : « Les feux de l'aurore ne sont pas si doux que les pre-

* « La connaissance des esprits est le charme de la critique ; le maintien des bonnes règles n'en est que le métier et la dernière utilité. »

JOUBERT.

miers regards de la gloire. » De même pour le critique qui étudie un talent, il n'est rien de tel que de le surprendre dans son premier feu, dans son premier jet, de le respirer à son heure matinale, dans sa fleur d'âme et de jeunesse. Le portrait vu dans sa première épreuve a pour l'amateur et pour l'homme de goût un prix que rien dans la suite ne peut rendre. Je ne sais pas de jouissance plus douce pour le critique que de comprendre et de décrire un talent jeune, dans sa fraîcheur, dans ce qu'il a de franc et de primitif, avant tout ce qui pourra s'y mêler d'acquis et peut-être de fabriqué.

Heure première et féconde de laquelle tout date ! moment ineffable ! C'est entre les hommes du même âge et de la même heure, ou à peu près, que le talent volontiers se choisit pour le reste de sa carrière ou pour la plus longue moitié, ses compagnons, ses témoins, ses émules, ses rivaux aussi et ses adversaires. On se fait chacun son vis-à-vis et son point de mire. Il y a de ces rivalités, de ces défis et de ces *piques*, entre égaux ou presque égaux, qui durent toute la vie. Mais fussions-nous un peu primés, ne désirons jamais qu'un homme de notre génération tombe et disparaisse, même quand ce serait un rival et quand il passerait pour un ennemi : car si nous avons une vraie valeur, c'est encore lui qui, au besoin et à l'occasion, avertira les nouvelles générations ignorantes et les jeunes insolents, qu'ils ont affaire en nous à un vieil athlète qu'on ne saurait mépriser et qu'il ne faut point traiter à la légère ; son amour-propre à lui-même y est intéressé : il s'est mesuré avec nous dans le bon temps, il nous a connus dans nos meilleurs jours. Je revêtirai ma pensée de noms illustres. C'est encore Cicéron qui rend le plus noble hommage à Hortensius. Un mot d'Eschine est resté le plus bel éloge de Démosthène. Et le héros grec Diomède, parlant d'Énée dans Virgile, et voulant donner de lui une haute idée : « Croyez-en, dit-il, celui qui s'est mesuré avec lui ! »

Rien ne juge un esprit pour la portée et le degré d'élévation, comme de voir quel antagoniste et quel rival il s'est choisi de bonne heure. L'un est la mesure de l'autre. Calpé est égal à Abyla.

Il n'importe pas seulement de bien saisir un talent au moment du coup d'essai et du premier éclat, quand il apparaît tout formé et plus qu'adolescent, quand il se fait adulte ; il est un second temps non moins décisif à noter, si l'on veut l'embrasser dans son ensemble : c'est le moment où il se gâte, où il se corrompt, où il déchoit, où il dévie. Prenez les mots les moins choquants, les plus doux que vous voudrez, la chose arrive à presque tous. Je supprime les exemples ; mais il est, dans la plupart des vies littéraires qui nous sont soumises, un tel moment où la maturité qu'on espérait est manquée, ou bien, si elle est atteinte, est dépassée, et où l'excès même de la qualité devient le défaut ; où les uns se roidissent et se dessèchent, les autres se lâchent et s'abandonnent, les autres s'endurcissent, s'alourdissent, quelques-uns s'aigrissent ; où le sourire devient une ride. Après le premier moment où le talent dans sa floraison brillante s'est fait homme et jeune homme éclatant et superbe, il faut bien marquer ce second et triste moment où il se déforme et se fait autre en vieillissant.

Une des façons laudatives très ordinaires à notre

temps est de dire à quelqu'un qui vieillit : « Jamais votre talent n'a été plus jeune. » Ne les écoutez pas trop, ces flatteurs ; il vient toujours un moment où l'âge qu'on a au dedans se trahit au dehors. Cependant il est, à cet égard, il faut le reconnaître, de grandes diversités entre les talents et selon les genres. En poésie, au théâtre, en tout comme à la guerre, les uns n'ont qu'un jour, une heure brillante, une victoire qui reste attachée à leur nom et à quoi le reste ne répond pas : c'est comme Augereau, qui aurait mieux fait de mourir le soir de Castiglione. D'autres ont bien des succès qui se varient et se renouvellent avec les saisons. Quinze ans d'ordinaire font une carrière ; il est donné à quelques-uns de la doubler, d'en recommencer ou même d'en remplir une seconde. Il est des genres modérés auxquels la vieillesse est surtout propre, les mémoires, les souvenirs, la critique, une poésie qui côtoie la prose ; si la vieillesse est sage, elle s'y tiendra. Sans prendre trop à la lettre le précepte, *Solve senescentem...*, sans mettre précisément son cheval à l'écurie, ce qu'elle ne doit faire que le plus tard possible, elle le mènera doucement par la bride à la descente : cela ne laisse pas d'avoir très bon air encore. On a vu par exception des esprits, des talents, longtemps incomplets ou épars, paraître valoir mieux dans leur vieillesse et n'avoir jamais été plus à leur avantage : ainsi cet aimable Voltaire suisse, Bonstetten, ainsi ce quart d'homme de génie Ducis. Ces exemples ne font pas loi.

On ne saurait s'y prendre de trop de façons et par trop de bouts pour connaître un homme, c'est-à-dire autre chose qu'un pur esprit. Tant qu'on ne s'est pas adressé sur un auteur un certain nombre de questions et qu'on n'y a pas répondu, ne fût-ce que pour soi seul et tout bas, on n'est pas sûr de le tenir tout entier, quand même ces questions sembleraient le plus étrangères à la nature de ses écrits : — Que pensait-il en religion ? — Comment était-il affecté du spectacle de la nature ? — Comment se comportait-il sur l'article des femmes ? sur l'article de l'argent ? — Était-il riche, était-il pauvre ? — Quel était son régime, quelle était sa manière journalière de vivre ? etc. — Enfin, quel était son vice ou son faible ? Tout homme en a un. Aucune des réponses à ces questions n'est indifférente pour juger l'auteur d'un livre et le livre lui-même, si ce livre n'est pas un traité de géométrie pure, si c'est surtout un ouvrage littéraire, c'est-à-dire où il entre de tout.

Très souvent un auteur, en écrivant, se jette dans l'excès ou dans l'affectation opposée à son vice, à son penchant secret, pour le dissimuler et le couvrir ; c'en est encore là un effet sensible et reconnaissable, quoique indirect et masqué. Il est trop aisé de prendre le contre-pied en toute chose ; on ne fait que retourner son défaut. Rien ne ressemble à un creux comme une bouffissure.

Quoi de plus ordinaire en public que la profession et l'affiche de tous les sentiments nobles, généreux, élevés, désintéressés, chrétiens, philanthropiques ? Est-ce à dire que je vais prendre au pied de la lettre et louer pour leur générosité, comme je vois qu'on le fait tous les jours, les plumes de cygne ou les langues dorées qui me prodiguent et me versent ces merveilles morales et sonores ? J'écoute, et je ne suis pas ému. Je ne sais quel faste ou quelle froideur m'avertit ; la sincérité ne se fait pas sentir. Ils ont des talents royaux, j'en conviens ; mais là-dessous, au lieu de ces âmes pleines et entières comme les voudrait Montaigne, est-ce ma faute si j'entends raisonner des âmes vaines ? — Vous le savez bien, vous qui, en écrivant, dites poliment le contraire ; et quand nous causons d'eux entre nous, vous en pensez tout comme moi.

On n'évite pas certains mots dans une définition exacte des esprits et des talents ; on peut tourner autour, vouloir éluder, périphraser, les mots qu'on chassait et qui nomment reviennent toujours. Tel, quoi qu'il fasse d'excellent ou de spécieux en divers genres, est et restera toujours un rhéteur. Tel, quoi qu'il veuille conquérir ou peindre, gardera toujours de la chaire, de l'école et du professeur. Tel autre, poète, historien, orateur, quelque forme brillante ou enchantée qu'il revête, ne sera jamais que ce que la nature l'a fait en le créant, un improvisateur de génie. Ces appellations vraies et nécessaires, ces qualifications décisives ne sont cependant pas toujours si aisées à trouver, et bien souvent elles ne se présentent d'elles-mêmes qu'à un moment plus ou moins avancé de l'étude. Chateaubriand s'est défini un jour à mes yeux « un épicurien qui avait l'imagination catholique », et je ne crois pas m'être trompé. Tâchons de trouver ce nom caractéristique d'un chacun et qu'il porte gravé moitié au front, moitié au dedans du cœur, mais ne nous hâtons pas de le lui donner.

De même qu'on peut changer d'opinion bien des fois dans sa vie, mais qu'on garde son caractère, de même on peut changer de genre sans modifier essentiellement sa manière. La plupart des talents n'ont qu'un seul et même procédé qu'ils ne font que transposer, en changeant de sujet et même de genre. Les esprits supérieurs ont plutôt un cachet qui se marque à un coin ; chez les autres, c'est tout un moule qui s'applique indifféremment et se répète.

On peut jusqu'à un certain point étudier les talents dans leur postérité morale, dans leurs disciples et leurs admirateurs naturels. C'est un dernier moyen d'observation facile et commode. Les affinités se déclarent librement ou se trahissent. Le génie est un roi qui crée son peuple. Appliquez cela à Lamartine, à Hugo, à Michelet, à Balzac, à Musset. Les admirateurs enthousiastes sont un peu des complices : ils s'adorent eux-mêmes, qualités et défauts, dans leur grand représentant. Dis-moi qui t'admire et qui t'aime, et je te dirai qui tu es. Mais il importe de discerner pour chaque auteur célèbre son vrai public naturel, et de séparer ce noyau original qui porte la marque du maître, d'avec le public banal et la foule des admirateurs vulgaires qui vont répétant ce que dit le voisin.

Les disciples qui imitent le genre et le goût de leur modèle en écrivant sont très curieux à suivre et des plus propres, à leur tour, à jeter sur lui de la lumière. Le disciple, d'ordinaire, charge ou parodie le maître sans s'en douter : dans les écoles élégantes, il l'affaiblit ; dans les écoles pittoresques et crues, il le force, il l'accuse à l'excès et l'exagère : c'est un miroir grossissant. Il y a des jours, quand le disciple est chaud et sincère, où l'on s'y tromperait vraiment, et l'on serait tenté de s'écrier, en parodiant l'épigramme antique : « Ô Chateaubriand ! Ô Salvandy ! lequel des deux a imité l'autre ? » Changez les noms, et mettez-en de plus modernes, si vous le voulez : l'épigramme est éternelle.

Quand le maître se néglige et quand le disciple se soigne et s'endimanche, ils se ressemblent ; les jours où Chateaubriand fait mal, et où Marchangy fait de son mieux, ils ont un faux air l'un de l'autre ; d'un peu loin, par derrière, et au clair de lune, c'est à s'y méprendre.

Tous les disciples ne sont pas nécessairement des copies et des contrefaçons ; tous ne sont pas compromettants ; il y en a, au contraire, qui rassurent et qui semblent faits tout exprès pour cautionner le maître. N'est-ce pas ainsi que M. Littré a élucidé et perfectionné Auguste Comte ? Je connais, même dans la pure littérature, des admirateurs et des disciples de tel ou tel talent hasardeux qui m'avertissent à son sujet, et qui m'apprennent à respecter celui que, sans eux, j'aurais peut-être traité plus à la légère.

S'il est juste de juger un talent par ses amis et ses clients naturels, il n'est pas moins légitime de le juger et *contre*-juger (car c'est bien une contre-épreuve en effet) par les ennemis qu'il soulève et qu'il s'attire sans le vouloir, par ses contraires et ses antipathiques, par ceux qui ne le peuvent instinctivement souffrir. Rien ne sert mieux à marquer les limites d'un talent, à circonscrire sa sphère et son domaine, que de savoir les points justes où la révolte contre lui commence. Cela même, dans le détail, devient piquant à observer ; on se déteste quelquefois toute sa vie dans les Lettres sans s'être jamais vus. L'antagonisme des familles d'esprits achève ainsi de se dessiner. Que voulez-vous ? c'est dans le sang, dans le tempérament, dans les premiers partis pris qui souvent ne dépendaient pas de vous. Quand ce n'est pas de la basse envie, ce sont des haines de race. Comment voulez-vous obliger Boileau à goûter Quinault ; et Fontenelle à estimer grandement Boileau ? et Joseph de Maistre ou Montalembert à aimer Voltaire ?

C'est assez longuement parler pour aujourd'hui de la méthode naturelle en littérature. Elle trouve son application à peu près complète dans l'étude de Chateaubriand. On peut, en effet, répondre avec certitude à presque toutes les questions qu'on se pose sur son compte. On connaît ses origines bretonnes, sa famille, sa race ; on le suit dans les divers groupes littéraires qu'il a traversés dès sa jeunesse, dans ce monde du XVIIIe siècle qu'il n'a fait que côtoyer et reconnaître en 89, et plus tard dans son cercle intime de 1802, où il s'est épanoui avec toute sa fleur. Les sympathies et les antipathies, de tout temps si vives, qu'il devait susciter, se prononcent et font cercle dès ce moment autour de lui. On le retrouve, ardent écrivain de guerre, dans les factions politiques en 1815 et au delà, puis au premier rang du parti libéral quand il y eut porté sa tente, sa vengeance et ses pavillons. Il est de ceux qui ont eu non pas une, mais au moins deux carrières. Jeune ou vieux, il n'a cessé de se peindre, et, ce qui vaut mieux, de se montrer, de se laisser voir, et, en posant solennellement d'un côté, de se livrer nonchalamment de l'autre, à son insu et avec une sorte de distraction. Si, après toutes ces facilités d'observation auxquelles il prête plus que personne, on pouvait craindre de s'être formé de lui comme homme et comme caractère une idée trop mêlée de restrictions et trop sévère, on devrait être rassuré aujourd'hui qu'il nous est bien prouvé que ses amis les plus intimes et les plus indulgents n'ont pas pensé de lui dans l'intimité autrement que nous, dans notre coin, nous n'étions arrivé à le concevoir, d'après nos observations ou nos conjectures.

Son *Éloge* reste à faire, un Éloge littéraire, éloquent, élevé, brillant comme lui-même, animé d'un rayon qui lui a manqué depuis sa tombe, mais un Éloge qui, pour être juste et solide, devra pourtant supposer *en dessous* ce qui est dorénavant acquis et démontré.

« *Histoire de la littérature anglaise* » par M. Taine

J'aimerais à pouvoir lui appliquer sa propre méthode à lui-même, pour le présenter et l'expliquer de mon mieux à nos lecteurs.

Taine est né à Vouziers, dans les Ardennes, en 1828. — Et tout d'abord je voudrais être peintre et paysagiste comme lui pour savoir décrire les Ardennes et ce qu'il a pu devoir de sensations d'enfance, continues et profondes, à ce grand paysage des forêts. Ces Ardennes, en effet, puissantes et vastes, ce grand lambeau subsistant des antiques forêts primitives, ces collines et ces vallées boisées qui recommencent sans cesse et où l'on ne redescend que pour remonter ensuite comme perdu dans l'uniformité de leurs plis, ces grands aspects mornes, pleins d'une vigueur majestueuse, ont-ils contribué en effet à remplir, à meubler de bonne heure l'imagination du jeune et grave enfant ? Ce qui est certain, c'est qu'il y a dans son talent des masses un peu fortes, des suites un peu compactes et continues, et où

Le Constitutionnel, 30 mai, 6 et 13 juin 1864 ; *Nouveaux Lundis*, t. VIII, p. 66-189 (extrait p. 70-81).

l'éclat et la magnificence même n'épargnent pas la fatigue. On admire cette drue végétation, cette sève verdoyante, inépuisable, moelle d'une terre généreuse ; mais on lui voudrait parfois plus d'ouvertures et plus d'éclaircies dans ses riches Ardennes.

Son milieu de famille fut simple, moral, affectueux, d'une culture modeste et saine. Son grand-père était sous-préfet à Rocroi, en 1814-1815, sous la première Restauration ; son père, avoué de profession, aimait par goût les études ; il fut le premier maître de son fils et lui apprit le latin : un oncle revenu d'Amérique lui apprenait l'anglais en le tenant tout enfant sur ses genoux. Il perdit son père âgé de quarante et un ans et quand lui-même n'en avait que douze. Sa mère, cousine de son père, est une personne d'une grande bonté, et elle est tout l'amour de son fils ; il a deux sœurs mariées. Cet esprit si fort de pensée, si ferme et si rigoureux de doctrine, se trouve être l'âme la plus douce et la plus tendre dans le cercle du foyer.

Venu à Paris vers 1842 avec sa mère, il fit ses études depuis la troisième au collège Bourbon, c'est-à-dire en externe. Il eut au concours le prix d'honneur en rhétorique, et les deux seconds prix en philosophie. Il entra à l'École normale en 1848, le premier de sa promotion ; M. Edmond About était de cette même année. M. Prevost-Paradol fut de la promotion suivante, comme M. Weiss avait été de la précédente. Tous ces noms se pressaient et se rencontrèrent un moment dans le cercle des trois années d'étude que comprend l'École. M. Taine pourrait seul raconter tout ce que lui et ses amis trouvèrent moyen de faire tenir en ces trois ans. On jouissait alors, à l'École, d'une grande liberté pour l'ordre et le détail des exercices, à tel point qu'avec son extrême facilité M. Taine faisait le travail de cinq ou six semaines en une seule, et les quatre ou cinq semaines restantes pouvaient être ainsi consacrées à des travaux personnels, à des lectures. Il y lut tout ce qu'on pouvait lire en philosophie depuis Thalès jusqu'à Schelling ; en théologie et en patrologie, depuis Hermas jusqu'à saint Augustin. Un pareil régime absorbant, dévorant, produisait son effet naturel sur de jeunes et vigoureux cerveaux ; on vivait dans une excitation perpétuelle et dans une discussion ardente. Pour que rien ne manquât au contraste et à l'antagonisme, il y avait quelques élèves catholiques fervents qui sont entrés depuis à l'Oratoire ; c'était donc une lutte de chaque jour, une dispute acharnée, le pêle-mêle politique, esthétique, philosophique, le plus violent. Les maîtres très-larges d'esprit, ou très-indulgents, laissaient volontiers courir devant eux bride abattue toutes ces intelligences émules ou rivales, et n'apportaient aucun obstacle, aucun *veto* aux questions controversées. On avait là, à côté de M. Dubois (de la Loire-Inférieure), directeur en chef et administrateur de l'École, M. Vacherot, directeur plus spécial des études ; on avait M. Havet, M. Jules Simon, M. Géruzez, M. Berger, maîtres des conférences. Ces messieurs, fidèles à leur titre, faisaient assez peu de leçons proprement dites, mais ils en faisaient faire aux élèves et les corrigeaient ensuite : on *conférait* véritablement. Le maître assistait à la leçon de l'élève en manière d'arbitre et de juge du camp. Tel professeur de nos amis, à l'œil mi-clos et au fin sourire, un demi-Gaulois homme de goût*, trouvait moyen de la sorte d'être à la fois légèrement paresseux et avec cela excitateur. Ce que nous connaissons de plus d'un de ces élèves, depuis lors célèbres, peut donner idée du piquant et de l'animation qu'offraient ces joutes véritables. Figurez-vous M. Edmond About faisant une leçon sur la politique de Bossuet devant des catholiques sincères qui s'en irritaient, mais qui prenaient leur revanche en parlant à leur tour dans la conférence suivante. M. Taine eut à faire une leçon, entre autres, sur le mysticisme de Bossuet. Le professeur en était quitte, toutes plaidoiries entendues pour donner un résumé des débats, comme fait au Palais le président.

Ce résumé, on peut le croire, ne terminait rien : la cohue d'opinions subsistait ; il y avait en ces jeunes têtes si doctes, si enivrées de leurs idées et si armées de la parole, excès d'intolérance, d'outrecuidance, c'était inévitable ; on s'injuriait, mais on ne se détestait pas ; les récréations, avec leur besoin de mouvement et d'exubérance physique, raccommodaient tout, et quelquefois le soir on dansait tous ensemble tandis que l'un deux jouait du violoncelle et un autre de la flûte.

C'étaient, somme toute, de bonnes et inappréciables années, et l'on conçoit que tous ceux qui y ont passé en aient gardé, avec la marque à l'esprit, la reconnaissance au cœur. Les avantages d'une telle palestre savante, d'un tel séminaire intellectuel, sont au delà de ce qu'on peut dire, et c'est ainsi qu'en doivent juger surtout ceux qui ont été privés de cette haute culture privilégiée, de cette gymnastique incomparable, ceux qui,

* On a reconnu M. Géruzez.

guerriers ordinaires, sont entrés dans la mêlée sans avoir été nourris de la moelle des lions et trempés dans le Styx. À côté du bien et de l'excellent, quelques inconvénients sautent aux yeux et se font aussitôt sentir : on n'est pas impunément élevé dans les cris de l'École ; on y prend le goût de l'hyperbole, comme disait Boileau. On contractait nécessairement, dans cette vie que j'ai décrite, un peu de violence ou de superbe intellectuelle, trop de confiance aux livres, à ce qui est écrit, trop d'assurance en la plume et en ce qui en sort. Si l'on connaissait bien les Anciens, on accordait trop aussi à certains auteurs modernes, à ceux dont on s'exagérait de loin le prestige à travers les grilles ; on prenait trop au sérieux et au pied de la lettre des ouvrages qui mêlaient à l'esprit et au talent bien des prétentions et de petits charlatanismes ; on leur prêtait de sa bonne foi, de son sérieux, de sa profondeur ; il en reste encore quelque chose aujourd'hui après des années, même dans les jugements plus mûrs.

Légers inconvénients ! les avantages l'emportaient de beaucoup, et l'on sait quelle forte et brillante élite est sortie de cette éducation féconde, orageuse, toute française. Nul, en s'émancipant, n'y est resté plus fidèle que M. Taine et ne fait plus d'honneur à la sévérité de ses origines. Lorsqu'il sortit de l'École, en 1851, de grands changements pourtant, et qui étaient devenus nécessaires, s'accomplissaient ; mais on était passé, selon l'usage, d'un excès à l'autre ; on entrait en pleine réaction. Un honorable directeur de l'École, M. Michelle, était occupé à apaiser, à éteindre de tout son froid ce que le foyer des intelligences et des âmes mis en contact avec le souffle du dehors avait allumé au dedans d'ardeurs et d'incendies. Après avoir trop poussé et trop laissé faire, voilà qu'on se mettait à tout mortifier à plaisir*. Il y eut dispersion, tout aussitôt, de la jeune génération brillante. Edmond About, plus avisé, s'en alla en Grèce et prolongea un stage animé, élargi et d'une variété amusante autant qu'instructive. Plusieurs allèrent en province ; d'autres donnèrent leur démission. M. Taine, pour toute faveur et après des interventions sans nombre, obtint d'être envoyé à Nevers d'abord, comme suppléant de philosophie — il y resta quatre mois —, et ensuite à Poitiers, comme suppléant de rhétorique ; il y resta quatre autres mois. Les ennuis, les misères, les petites tracasseries, on les supprime. Revenu à Paris et comptant sur une classe de troisième en province (ce qui n'était certes pas une ambition bien excessive), il se vit nommé *chargé de cours* de *sixième* à Besançon. Il n'y alla pas et demanda à être mis en disponibilité. Est-ce la peine, pourrait-on dire, de fabriquer et de nourrir à grands frais de jeunes géants, pour les occuper ensuite, non pas à fendre des chênes, mais à faire des fagots ? M. Taine aima donc mieux rester à Paris étudiant ; mais quel étudiant ! Il se mit aux mathématiques, aux sciences, surtout à la physiologie. Il avait conçu, pendant son séjour à Nevers, toute une psychologie nouvelle, une description exacte et approfondie des facultés de l'homme et des formes de l'esprit. Il

* On n'y réussit d'abord qu'incomplètement, et l'on pourrait citer plus d'une exception heureuse, plus d'un élève distingué qui, par son tour et son ressort d'esprit, déjoua le régime mortifiant de ces froides années — l'israélite Bréal, l'ingénieux mythologue de l'école de Renan ; le protestant Georges Perrot, savant archéologue et voyageur ; le spirituel voltairien Goumy, et bien d'autres encore.

comprit bientôt qu'on ne saurait être un vrai philosophe psychologue sans savoir d'une part la langue des mathématiques, cette logique la plus déliée, la plus pénétrante de toutes et de l'autre histoire naturelle, cette base commune de la vie ; une double source de connaissances qui a manqué à tous les demi-savants, si distingués d'ailleurs, de l'école éclectique. Il se mit donc, durant trois années, à pousser l'analyse mathématique (moins pourtant qu'il n'aurait voulu), et à suivre assidûment les cours de l'École de médecine, en y joignant ceux du Muséum*. À ce rude métier, il devint ce qu'il est surtout et au fond, un savant, l'homme d'une conception générale, d'un système exact, catégorique, enchaîné, qu'il applique à tout et qui le dirige jusque dans ses plus lointaines excursions littéraires. Tout y relève d'une idée première et s'y rattache ; rien n'est donné au hasard, à la fantaisie, ni, comme chez nous autres frivoles, à l'aménité pure.

Sa thèse sur La Fontaine, en 1853, fut très-remarquée : la forme, le fond, tout y était original et jusqu'à paraître singulier ; il l'a retouchée depuis, et fort perfectionnée, montrant par là combien il est docile aux critiques, à celles du moins qui concernent la forme et qui n'atteignent pas trop le fond et l'essence de la pensée. Vers le même temps, il préparait pour l'Académie française son travail sur Tite-Live qui fut couronné en

* M. Taine m'écrit à ce sujet que je l'ai fait trop savant en ce qui est des mathématiques : « J'ai à peine touché les mathématiques ; je n'ai fait qu'effleurer l'analyse : j'en entends l'idée et la marche, voilà tout. » Ses études se sont presque toutes concentrées autour de la psychologie, et c'est pourquoi il dut s'appliquer principalement à la physiologie humaine et comparée.

1855. Souffrant d'excès de travail, il dut faire une promenade aux Pyrénées, et ce fut l'occasion de ce *Voyage* écrit par lui, illustré par Doré, et où il se montrait lui-même un paysagiste du premier ordre. Il a, depuis lors, tout entier récrit et refondu ce *Voyage* ; comme il avait fait pour sa thèse de La Fontaine. Cet homme qu'on croyait si absolu quand on le lit est le plus doux, le plus aimable et le plus tolérant dans les rapports de la vie, même de la vie littéraire, celui de tous les auteurs qui accepte le mieux la contradiction directe et à bout portant, je parle de celle qui est loyale et non hypocrite.

Il écrivait dès lors dans les revues et dans les journaux : à la *Revue des Deux Mondes*, un article sur la philosophie de Jean Reynaud, *Ciel et Terre*, signala son début ; à la *Revue de l'Instruction publique*, il débutait par un article sur La Bruyère ; au *Journal des Débats*, par trois articles sur Saint-Simon.

Sa place partout était faite. Il ne modifie nullement sa manière selon les lieux et les milieux ; il lui est presque indifférent d'écrire ici ou là : c'est la même philosophie, ce sont les applications diverses, les divers aspects d'une même pensée, ce sont les fragments d'un même tout qu'il distribue toujours.

Il se juge lui-même admirablement et avec une modestie charmante, et je résumerai presque ses pensées autant que les miennes, en disant :

D'une génération formée par la solitude, par les livres, par les sciences, il n'a pas reçu (comme nous autres plus faibles, mais plus croisés, plus mélangés), la tradition successive. Eux, ils ont dû tout retrouver, tout recommencer pour leur compte à nouveau. Cette habitude insensible des comparaisons, des combinaisons conciliantes, des accroissements par rencontre et par relation de société, leur a manqué ; les nuances, les correctifs ne sont pas entrés dans leur première manière : ils sont tranchés et crus. La pensée est sortie un jour de leur cerveau tout armée comme Minerve, et d'un coup de hache comme elle. Par M. Guizot pourtant, qu'il a eu l'avantage de voir d'assez bonne heure, par M. Dubois aussi, M. Taine a reçu quelque chose de ces informations contemporaines qui redressent ou qui abrègent ; mais cela n'a pas été fréquent ni assez habituel. Il est d'une génération qui n'a pas perdu assez de temps à aller dans le monde, à vaguer çà et là et à écouter. S'il a interrogé (et il aime à le faire), ç'a été d'une manière pressée, avec suite et dans un but, pour répondre à la pensée qu'il avait déjà. Il a causé, disserté, avec des amis de son âge, avec des artistes, des médecins ; il a échangé, dans de longues conversations à deux, des vues infinies sur le fond des choses, sur les problèmes qui saisissent et occupent de jeunes et hautes intelligences : il n'a pas assez vu les hommes eux-mêmes des diverses générations, des diverses écoles et des régimes contraires, et ne s'est pas rendu compte, avant tout, du rapport et de la distance des livres ou des idées aux personnes vivantes et aux auteurs tous les premiers. Cela ne se fait pas en un jour, ni en quelques séances, mais au fur et à mesure, et comme au hasard : souvent le mot décisif qui éclaire pour nous une nature d'homme, qui la juge et la définit, n'échappe qu'à la dixième ou à la vingtième rencontre. La science, la campagne et la nature solitaire ont, en revanche, agi puissamment sur lui, et il leur a dû ses sensations les plus contrastées, les plus vives. Lorsqu'au sortir de cette fournaise intellectuelle de l'École normale il retournait dans ses Ardennes en automne, quelle brusque, profonde et renouvelante impression il en recevait ! quel bain d'air libre et de salubrité sauvage ! Il a souvent exprimé l'âme et le génie de tels paysages naturels avec des couleurs et une saveur d'une âpreté vivifiante. Au point de vue moral complet et de l'expérience, ce qui peut sembler surtout avoir fait défaut à ces existences si méritantes, si austères, et ce qui, par son absence, a nui un peu à l'équilibre, ç'a été de toutes les sociétés la plus douce, celle qui fait perdre le plus de temps et le plus agréablement du monde, la société des femmes, cette sorte d'idéal plus ou moins romanesque qu'on caresse avec lenteur et qui nous le rend en mille grâces insensibles : ces laborieux, ces éloquents et ces empressés dévoreurs de livres n'ont pas été à même de cultiver de bonne heure cet art de plaire et de s'insinuer qui apprend aussi plus d'un secret utile pour la pratique et la philosophie de la vie. Ils ont gagné du moins à cette abstinence de ne point s'amollir et se briser, comme d'autres, en leurs plus vertes années. Une grande et solide partie des jours ne s'est point passée pour eux, comme pour ceux des générations antérieures, dans les regrets stériles, dans les vagues désirs de l'attente, dans les mélancolies et les langueurs qui suivent le plaisir. Leur force active cérébrale est restée intègre. Ils avaient tout d'abord un grand poids à soulever ; ils s'y sont mis tout entiers et y ont réussi ; le poids soulevé, ils ont pu se croire vieux de cœur et se sentir lassés ; le duvet de la jeunesse s'était envolé déjà ; le pli était pris ; c'est le pli de la force et de l'austère virilité ; on l'a payé de quelques sacrifices. M. Taine, quand on a le plaisir de le connaître personnellement après l'avoir lu, a un charme à lui, particulier, qui le distingue entre ces jeunes stoïciens de l'étude et de la pensée : à toutes ses maturités précoces, il a su joindre une vraie candeur de cœur, une certaine innocence morale conservée. Il m'offre en lui l'image toute contraire à celle du poëte qui parle « d'un fruit déjà mûr sur une tige toute jeune et tendre » ; ici, c'est une fleur tendre et délicate sur une branche un peu rude.

Il me faut pourtant dire un mot de sa méthode et y revenir ; je ne vise en ce moment qu'à le faire mieux connaître dans son ensemble et à discourir sur lui dans tous les sens. Une fois il lui est arrivé (car le talent prend tous les tons) de tracer un portrait d'une délicatesse infinie, un portrait de femme, celui de Mme de La Fayette ou plutôt celui de la princesse de Clèves, l'héroïne du roman le plus poli du XVIIe siècle : il s'y est surpassé ; il a allégé sa méthode, tout en continuant de l'appliquer. Sa pensée générale, qui est fort juste, est qu'un tel roman ne pouvait éclore et fleurir qu'au XVIIe siècle, au sein de cette société choisie, la seule capable de goûter toutes les noblesses, les finesses et les pudeurs des sentiments et du style, et que rien de tel ne saurait plus se refaire désormais.

Je l'accorde volontiers et, en général, quand je lis M. Taine, je suis si entièrement d'accord avec lui sur le fond et le principal, que je me sens vraiment embarrassé à marquer l'endroit précis où commence mon doute et ma dissidence. Je demande donc qu'il me soit permis de le faire dans ce cas particulier, qui est un des plus agréables de sa manière, et à poser avec précision ma limite, puisque je me trouve y avoir dès longtemps pensé à part moi et pour mon seul plaisir. Nous en viendrons ensuite à l'ouvrage considérable qui doit nous occuper ; mais si, sur un point, je parviens à faire sentir ce que je concède pleinement à M. Taine et aussi ce que je désire de lui en plus et ce que je lui demande de nous accorder, j'aurai abrégé le jugement à tirer, qui ne serait guère partout que le même, à varier plus ou moins selon les exemples.

Après avoir montré avec beaucoup d'art et de finesse en quoi le langage employé dans la *Princesse de Clèves* est parfaitement délicat et comment il ressemble fort peu à ce qui, chez des poëtes ou des romanciers spirituels de nos jours, a été salué de la même louange ; après avoir reconnu l'accord et l'harmonie des sentiments et des émotions avec la manière de les exprimer, et avoir donné plus d'un exemple des scrupules et des exquises générosités de l'héroïne jusque dans la passion, M. Taine ajoute en concluant :

« Ce style et ces sentiments sont si éloignés des nôtres, que nous avons peine à les comprendre. Ils sont comme des parfums trop fins : nous ne les sentons plus ; tant de délicatesse nous semble de la froideur ou de la fadeur. La société transformée a transformé l'âme. L'homme, comme toute chose vivante, change avec l'air qui le nourrit. Il en est ainsi d'un bout à l'autre de l'histoire ; chaque siècle, avec des circonstances qui lui sont propres, produit des sentiments et des beautés qui lui sont propres ; et à mesure que la race humaine avance, elle laisse derrière elle des formes de société et des sortes de perfection qu'elle ne rencontre plus. Aucun âge n'a le droit d'imposer sa beauté aux âges qui succèdent ; aucun âge n'a le devoir d'emprunter sa beauté aux âges qui précèdent. Il ne faut ni dénigrer ni imiter, mais inventer et comprendre. Il faut que l'histoire soit respectueuse et que l'art soit original. Il faut admirer ce que nous avons et ce qui nous manque : il faut faire autrement que nos ancêtres et louer ce que nos ancêtres ont fait. »

Et après quelques exemples saillants empruntés à l'art du Moyen Âge et à celui de la Renaissance, si originaux chacun dans son genre et si caractérisés, passant à l'art tout littéraire et spirituel du XVIIe siècle, il continue en ces termes :

« Ouvrez maintenant un volume de Racine ou cette *Princesse de Clèves*, et vous y verrez la noblesse, la mesure, la délicatesse charmante, la simplicité et la perfection du style qu'une littérature naissante pouvait seule avoir, et que la vie de salon, les mœurs de Cour et les sentiments aristocratiques pouvaient seuls donner. Ni l'extase du Moyen Âge, ni le paganisme ardent du XVIe siècle, ni la délicatesse et la langue de la Cour de Louis XIV ne peuvent renaître. L'esprit humain coule avec les événements comme un fleuve. De cent lieues en cent lieues le terrain change : ici, des montagnes brisées et toute la poésie de la nature sauvage ; plus loin, de longues colonnades d'arbres puissants qui enfoncent leur pied dans l'eau violente ; là-bas, de grandes plaines régulières et de nobles horizons disposés comme pour le plaisir des yeux ; ici la fourmilière bruyante des villes pressées, avec la beauté du travail fructueux et des arts utiles. Le voyageur qui glisse sur cette eau changeante a tort de regretter ou de mépriser les spectacles qu'il quitte, et doit s'attendre à voir disparaître en quelques heures ceux qui passent en ce moment sous ses yeux. »

Admirable et agréable page ! mais il y manque quelque chose. Pardon, dirai-je à l'auteur, votre conclusion est excessive, ou du moins elle ne dit pas tout ; critique, vous avez raison dans ces éloges si bien déduits et motivés, tirés des circonstances générales de la société à ses divers moments ; mais vous avez tort, selon moi, de ne voir absolument, dans les délicatesses que vous admirez et que vous semblez si bien goûter, qu'un résultat et un produit de ces circonstances. Il y a eu, il y aura toujours, espérons-le, des âmes délicates ; et favorisées ou non par ce qui les entoure, ces âmes sauront chercher leur monde idéal, leur expression choisie. Et si elles ont reçu le don en naissant, si elles sont douées de quelque talent d'imagination, elles sauront créer des êtres à leur image.

Je parle, bien entendu, dans la supposition, qui est la vraie, que le cadre de la civilisation ne sera pas entièrement changé, que la tradition ne sera pas brisée tout entière, et qu'il y aura lieu, même dans les sociétés assez différentes, aux mêmes formes essentielles des esprits.

Si vous nous transportez en idée dans des régimes entièrement différents, je ne sais plus que dire, bien que je croie toujours à la permanence d'une certaine délicatesse, une fois acquise, dans l'âme humaine, dans l'esprit des hommes ou des femmes.

Critique, il ne faut pas, pour un simple passage d'un

siècle à l'autre, prendre si vite son parti de la perte de la délicatesse.

Ainsi vous nommez, à propos de la *Princesse de Clèves*, un roman de Balzac, le *Lys dans la vallée*, et vous convenez qu'on le trouve « grossier et médical » auprès de l'autre. Mais laissez-moi vous dire que vous supposez trop aisément que ces romans tout modernes, ces passages de dialogue cités par vous, sont acceptés ou l'ont été à leur naissance comme des types de délicatesse actuelle. Pour moi, j'avoue n'avoir vécu dans ma jeunesse qu'avec des gens que cela choquait, quoiqu'ils rendissent justice d'ailleurs aux auteurs en d'autres parties de leur talent. Je puis vous assurer que ces endroits, qui ne vous semblent indélicats que par comparaison avec la *Princesse de Clèves*, paraissaient, de mon temps, à la plupart des lecteurs, tout à fait indélicats en eux-mêmes. Nos balances, même en ce XIXe siècle si différent des autres, étaient moins grossières que vous ne le supposez. Il est vrai que la bonne critique sincère et véridique ne se faisait et ne se fait peut-être encore qu'en causant : on n'écrit que les éloges. Cela prouverait seulement qu'il faut beaucoup rabattre des écrits, et que lorsqu'on dit et qu'on répète que la littérature est l'expression de la société, il convient de ne l'entendre qu'avec bien des précautions et des réserves.

« L'esprit humain, dites-vous, coule avec les événements comme un fleuve. » Je répondrai *oui* et *non*. Mais je dirai hardiment *non* en ce sens qu'à la différence d'un fleuve l'esprit humain n'est point composé d'une quantité de gouttes *semblables*. Il y a distinction de qualité dans bien des gouttes. En un mot, il n'y avait qu'une âme au XVIIe siècle pour faire la *Princesse de Clèves* ; autrement il en serait sorti des quantités.

Et en général, il n'est qu'une âme, une forme particulière d'esprit pour faire tel ou tel chef-d'œuvre. Quand il s'agit de témoins historiques, je conçois des équivalents : je n'en connais pas en matière de goût. Supposez un grand talent de moins, supposez le moule ou mieux le miroir magique d'un seul vrai poëte brisé dans le berceau à sa naissance, il ne s'en rencontrera plus jamais un autre qui soit exactement le même ni qui en tienne lieu. Il n'y a de chaque vrai poëte qu'un exemplaire.

Je prends un autre exemple de cette spécialité unique du talent. *Paul et Virginie* porte certainement des traces de son époque ; mais, si *Paul et Virginie* n'avait pas été fait, on pourrait soutenir par toutes sortes de raisonnements spécieux et plausibles qu'il était impossible à un livre de cette qualité virginale de naître dans la corruption du XVIIIe siècle : Bernardin de Saint-Pierre seul l'a pu faire. C'est qu'il n'y a rien, je le répète, de plus imprévu que le talent, et il ne serait pas le talent s'il n'était imprévu, s'il n'était un seul entre plusieurs, un seul entre tous.

Je ne sais si je m'explique bien : c'est là le point vif que la méthode et le procédé de M. Taine n'atteint pas, quelle que soit son habileté à s'en servir. Il reste toujours en dehors, jusqu'ici, échappant à toutes les mailles du filet, si bien tissé qu'il soit, cette chose qui s'appelle l'individualité du talent, du génie. Le savant critique l'attaque et l'investit, comme ferait un ingénieur ; il la cerne, la presse et la resserre, sous prétexte de l'environner de toutes les conditions extérieures indispensables : ces conditions servent, en effet, l'individualité et l'originalité personnelle, la provoquent, la sollicitent, la mettent plus ou moins à même d'agir ou de réagir, mais sans la créer. Cette parcelle qu'Horace appelle divine *(divinæ particulam auræ)*, et qui l'est du moins dans le sens primitif et naturel, ne s'est pas encore rendue à la science, et elle reste inexpliquée. Ce n'est pas une raison pour que la science désarme et renonce à son entreprise courageuse. Le siège de Troie a duré dix ans ; il est des problèmes qui dureront peut-être autant que la vie de l'humanité même.

Nous tous, partisans de la méthode naturelle en littérature et qui l'appliquons chacun selon notre mesure à des degrés différents*, nous tous, artisans et serviteurs d'une même science que nous cherchons à rendre aussi exacte que possible, sans nous payer de notions vagues et de vains mots, continuons donc d'observer sans relâche, d'étudier et de pénétrer les conditions des œuvres diversement remarquables et l'infinie variété des formes de talent ; forçons-les de nous rendre raison et de nous dire comment et pourquoi elles sont de telle ou telle façon et qualité plutôt que d'une autre, dussions-nous ne jamais tout expliquer et dût-il rester, après tout notre effort, un dernier point et comme une dernière citadelle irréductible.

Nous arriverons la prochaine fois à parler du grand

* Je songe, en parlant ainsi, au livre spirituel et plein de faits que vient de publier M. Émile Deschanel, sous le titre de *Physiologie des Écrivains et des Artistes, ou Essai de Critique naturelle* (1 vol. in-18, librairie Hachette) ; il mérite un examen tout particulier.

ouvrage (l'*Histoire de la Littérature anglaise*) qui partage en ce moment les esprits, qui a tenté d'abord et puis qui a fait reculer l'Académie française. M. Taine avait quelque chose de plus simple à faire, c'était de ne pas le lui soumettre. Les hommes de sa force ne sont pas des lauréats, ce sont des juges.

« Essai de critique naturelle » par M. Émile Deschanel

Dans son livre de la méthode physiologique ou naturelle appliquée à la critique littéraire, M. Deschanel prétend simplement que dans toute œuvre d'écrivain, dans toute production un peu considérable, il y a lieu d'étudier et de noter les influences du sang, de la parenté, de la famille, de la race, du sol, du climat. Dans cet énoncé général, la proposition paraît si simple qu'on se demande peut-être ce qu'elle a de nouveau. Il y a longtemps qu'on a remarqué que Montaigne et Montesquieu sont Gascons, et que La Fontaine est Champenois. Ce qui est nouveau, c'est lorsqu'on le peut, et autant qu'on le peut, de démêler attentivement ces diverses influences, d'en relever la trace ou d'en suivre les reflets à travers les œuvres, et d'y joindre toutes les indications puisées dans la vie, dans la destinée, dans le caractère, l'humeur, la complexion et le tempérament de l'écrivain. De même que La Bruyère a peint des caractères moraux qui font type, on arriverait

Le Constitutionnel, 7 novembre 1864 ; *Nouveaux Lundis*, t. IX, p. 62-88 (extrait p. 80-88).

ainsi à tracer quantité de portraits-caractères des grands écrivains, à reconnaître leur diversité, leur parenté, leurs signes éminemment distinctifs, à former des groupes, à répandre enfin dans cette infinie variété de la biographie littéraire quelque chose de la vue lumineuse et de l'ordre qui préside à la distribution des familles naturelles en botanique et en zoographie. Le livre de M. Deschanel aidera à cette œuvre dont l'idée est toute moderne ; il s'est plu à rassembler dans son volume les exemples les plus saillants à l'appui de sa thèse, en même temps que les témoignages et les textes qui la favorisent. Il a peut-être, dans ses citations, sacrifié un peu à l'agrément et à la variété ; et je dirais que la précision y perd, si l'on était dans un livre de science pure. Mais c'est de littérature après tout qu'il s'agit, et M. Deschanel a voulu exciter et agiter des idées plus encore que tirer des conclusions rigoureuses.

Il a rencontré des contradictions de deux sortes. On lui a opposé, d'une part, qu'il disait des choses trop évidentes et qui étaient tout accordées, et de l'autre, qu'il en demandait d'impossibles, en croyant pouvoir saisir et dérober le secret du génie, et en voulant suppléer au sens indéfinissable du goût. Je suis à table, je goûte d'un mets, je goûte un fruit : faut-il donc tant de façons pour dire : Cela est bon, cela est mauvais ? Et l'on a cité des exemples sensibles et les mieux choisis prouvant l'inutilité de tant de recherches pour jouir et pour goûter.

À cela je réponds, car la thèse de M. Deschanel est en grande partie la mienne : prétendre qu'un lecteur ne doit être, à l'égard des livres anciens ou nouveaux, que comme le convive pour le fruit qu'on lui offre et qu'il trouve bon ou mauvais, qu'il savoure ou qu'il rejette sans en connaître la nature ni la provenance, c'est trop nous traiter en gens paresseux et délicats. Sans être précisément le jardinier en même temps que le convive, il est bon d'avoir, au sujet du fruit qu'on goûte, le plus de notions possible, surtout si l'on a charge bientôt soi-même de le servir et de le présenter aux autres. En un mot, le goût seul ne suffit plus désormais, et il est bon qu'il y ait la connaissance et l'intelligence des choses.

J'accepte les exemples qu'on m'offre : *Paul et Virginie, Manon Lescaut, l'Imitation.* Est-ce que vous croyez que la connaissance de la vie, des voyages, des romans en Pologne, des chimères et des rêves de Bernardin de Saint-Pierre, est inutile à l'intelligence complète de son pur chef-d'œuvre, et à son explication satisfaisante sur tous les points ? Je ne le savoure pas moins, je ne l'en savoure que mieux, quand je me rends compte de sa composition à jamais heureuse. J'ai vu l'abeille au travail ; son miel ne m'en est pas moins doux, et il m'en paraît plus savant. — Est-ce que la vie errante, entraînée, fragile, nécessiteuse, besogneuse, peu digne et cependant toujours pardonnée, de l'abbé Prévost, ne me dispose pas à mieux sentir son passionné chef-d'œuvre et à l'absoudre même, si quelque scrupule me venait par endroits en le lisant ? — Quant à *l'Imitation*, je l'ai beaucoup lue et goûtée, mais il ne nuirait nullement à mon amour pour cet admirable petit livre de savoir quand, comment il est né, dans quelle cellule, sous quelle lampe du soir ou quelle étoile du matin. Il renferme des obscurités, des énigmes pour moi dans plusieurs de ses parties, et ce n'est qu'à celles où le cœur suffit pour tout entendre que je m'adresse et que je reviens sans cesse.

Mais il y a autre chose que ces charmants petits livres et que ces élixirs de perfection. Je nie que pour les grandes œuvres du passé, Homère, Dante, Shakspeare, je nie absolument qu'on les puisse bien comprendre, et par conséquent bien goûter, sans des études fort longues et où la méthode a sa grande part. Voyez, rappelez-vous ce qui est arrivé. Les faits parlent, et l'histoire littéraire est là. À mesure qu'on s'est éloigné d'Homère, on l'a pris tout à faux ; on a vu chez lui un auteur, un homme qui a composé un poëme d'après un plan régulier, et là-dessus on s'est mis à raisonner, à inventer des beautés qui n'en sont pas, des explications subtiles dont on a fait des lois. Sans doute les très-belles et touchantes parties, les endroits pathétiques et pleins de larmes, les adieux d'Hector et d'Andromaque, les douleurs de Priam, étaient sentis ; mais tout ce qui tenait aux mœurs, à la sauvagerie d'alors, à la naïveté et à la crudité des passions et du langage, échappait ou s'éludait grâce aux commentateurs ou traducteurs, et se défigurait vraiment à travers l'admiration des Eustathe et des Dacier.

Pour Dante, c'est plus voisin de nous et plus frappant encore ; il a fallu le déchiffrer, l'épeler livre à livre ; on s'en tenait d'abord à l'*Enfer*. Ce n'est que lorsqu'on a pénétré le Moyen-Âge, sa philosophie, sa théologie, sa dialectique, son idéal amoureux ; ce n'est que lorsqu'on a aussi connu à fond la vie politique et poétique de Dante, qu'on a marché d'un pas plus sûr à travers les cercles et tout le labyrinthe du mystérieux poëme, et qu'on a conquis, pour ainsi dire, l'admiration. Les Fauriel, les Ozanam et tant d'autres vaillants pionniers y ont sué sang et eau sous nos yeux et ont dû y mettre la hache et la cognée pour nous frayer la route jusqu'à ce divin *Paradis*. — Et Shakspeare donc, est-ce qu'il n'en a pas été ainsi, et par combien de phases ou de degrés n'a-t-on pas eu à passer à son égard ? Est-ce que cela a nui à la pleine intelligence de son génie, de mieux connaître toute la littérature et le théâtre de son temps, ce mélange de subtilités et de violences, et de pouvoir le comparer avec les autres auteurs de cette forte couvée dramatique dont il est l'aigle et le roi ? Si je parlais à des Anglais je dirais : Est-ce que, pour le sentiment et la dégustation parfaite de Shakspeare, Charles Lamb n'est pas en progrès sur Pope ? — Eh ! encore une fois, sans doute, il est certaines beautés naturelles, simples, éternelles, de ces grands peintres du cœur humain, qui ont été senties de tout temps ; mais, dans les intervalles et pour l'ensemble de l'œuvre, que de restrictions, que de méprises, que de blâmes ou d'admirations à côté, avant que la critique historique fût venue pour éclairer les époques, les mœurs, le procédé de composition et de formation, tout le fond et les alentours de la société au sein de laquelle se produisirent ces grands monuments littéraires !

Vous me direz, et je le sais, je l'accorderai aussi, qu'on a abusé bientôt, qu'on a exagéré et outré, qu'on a raffiné dans un autre sens. La critique littéraire ne saurait devenir une science toute positive ; elle restera un art, et un art très-délicat dans la main de ceux qui sauront s'en servir ; mais cet art profitera et a déjà profité de toutes les inductions de la science et de toutes les acquisitions de l'histoire.

Oh ! qu'on voit bien, dirai-je à mon tour au spirituel Horace de Lagardie — car c'est bien un peu à lui que je pense en ce moment* —, qu'on voit bien, en vous lisant, Monsieur, que vous êtes une femme d'esprit, mais aussi que vous n'êtes des nôtres que par le piquant, la vivacité et le tour, par bien des qualités qu'on vous envie, et que vous n'en avez pas été de tout temps ! vous n'avez pas assisté à nos tâtonnements et à nos luttes ; vous n'avez pas vu, pour ne parler que d'une branche, les progrès de la notice littéraire, son enfance, ses essais timides, son bégayement, sa lente croissance. Il fut un temps où la Notice de Suard sur La Rochefoucauld était le chef-d'œuvre et le *nec plus ultra* du genre. Je n'en médis pas et ne déprécie rien, mais on a bien fait de ne pas se tenir à ce goût-là si vite contenté, si promptement dégoûté.

Je maintiens donc, avec quelques-uns de mes confrères d'aujourd'hui, qu'il y a de certaines règles pour *faire le siège* d'un écrivain et de tout personnage célèbre ; s'il est mieux de les dissimuler et d'en dérober aux yeux l'appareil, il est bon toujours et essentiel de les suivre. Nous avons vu, dans la personne de M. Villemain, le goût même à l'œuvre sur Cromwell, sur Milton. A-t-il tout dit, a-t-il pénétré jusqu'aux entrailles ? Le goût seul ne dispense pas des méthodes armées et précises.

Et pourtant je sens la force ou plutôt l'agrément des raisons qu'on m'oppose ; je le sens si bien, que je suis tenté parfois de m'y associer et de pousser aussi mon léger soupir ; tout en marchant vers l'avenir, je suis

* Voir dans le journal *le Temps*, du 5 juin 1864, un article signé *Horace de Lagardie*, sur le livre de M. Deschanel.

tout prêt cependant, pour peu que j'y songe, à faire, moi aussi, ma dernière complainte au passé en m'écriant :

Où est-il le temps où, quand on lisait un livre, eût-on été soi-même un auteur et un homme du métier, on n'y mettait pas tant de raisonnements et de façons ; où l'impression de la lecture venait doucement vous prendre et vous saisir, comme au spectacle la pièce qu'on joue prend et intéresse l'amateur commodément assis dans sa stalle ; où on lisait Anciens et Modernes couché sur son lit de repos comme Horace pendant la canicule, ou étendu sur son sofa comme Gray, en se disant qu'on avait mieux que les joies du Paradis ou de l'Olympe ; le temps où l'on se promenait à l'ombre en lisant, comme ce respectable Hollandais qui ne concevait pas, disait-il, de plus grand bonheur ici-bas à l'âge de cinquante ans que de marcher lentement dans une belle campagne, un livre à la main, et en le fermant quelquefois, sans passion, sans désir, tout à la réflexion de la pensée ; le temps où, comme *le Liseur* de Meissonier, dans sa chambre solitaire, une après-midi de dimanche, près de la fenêtre ouverte qu'encadre le chèvrefeuille, on lisait un livre unique et chéri ? Heureux âge, où est-il ? et que rien n'y ressemble moins que d'être toujours sur les épines comme aujourd'hui en lisant, que de prendre garde à chaque pas, de se questionner sans cesse, de se demander si c'est le bon texte, s'il n'y a pas altération, si l'auteur qu'on goûte n'a pas pris cela ailleurs, s'il a copié la réalité ou s'il a inventé, s'il est bien original et comment, s'il a été fidèle à sa nature, à sa race... et mille autres questions qui gâtent le plaisir, engendrent le doute, vous font gratter votre front, vous obligent à monter à votre bibliothèque, à grimper aux plus hauts rayons, à remuer tous vos livres, à consulter, à compulser, à redevenir un travailleur et un ouvrier enfin, au lieu d'un voluptueux et d'un délicat qui respirait l'esprit des choses et n'en prenait que ce qu'il en faut pour s'y délecter et s'y complaire ! Épicurisme du goût, à jamais perdu, je le crains, interdit désormais du moins à tout critique, religion dernière de ceux même qui n'avaient plus que celle-là, dernier honneur et dernière vertu des Hamilton et des Pétrone, comme je te comprends, comme je te regrette, même en te combattant, même en t'abjurant !

[« Moi, disait Diderot... »]

« Moi, disait Diderot, mon métier est celui de critique, métier comme celui d'homme d'affaires, d'avoué, d'avocat consultant et plaidant, de médecin. J'ai des clients dont je suis les affaires, les tableaux, les livres : il me vient plus d'affaires que je n'en puis plaider. Je fais mon métier avec conscience, avec goût même ; mais il y a des moments où les tracas de cette boutique me font regretter, comme le barreau à Cicéron, les champs, le loisir des Muses et les entretiens d'amis à Tusculum. Sedaine me disait hier : " Oui, mais, votre métier, vous le faites avec sensibilité, vous y mêlez votre âme. " — Je ne nie pas que le métier ne gagne à cela, mais moi j'y perds. Vous autres, poëtes, vous employez votre sensibilité à faire l'amour, à créer des êtres. Moi, critique, qui la fourre dans mes jugements et sentences, je fais comme un pauvre chirurgien qui soigne ses malades, panse, saigne et tranche avec une sensibilité qui s'y dépense douloureusement et stérilement. Je soigne les enfants des autres, et je n'en fais pas. »

Portraits contemporains (5 vol., 1869-1871), t. II, p. 514.

*Sonnet d'Hazlitt**

Oh ! ne me blâmez pas de ma critique active !
Tout lendemain d'article emporté vaillamment
A pour moi son réveil matinal et charmant,
Tant la pensée afflue et tant l'image arrive !

Au clairon de la veille, à ce pressant qui vive,
Maint beau rêve lointain, et sans cela dormant,
S'arme, accourt, mais trop tard, et voit l'endroit fumant,
Et se met avec l'aube à chanter sur la rive.

Après les lents écrits, après les longs combats,
A-t-on si fol essor, si joyeuses recrues,
Tant d'oiseaux babillards panachés en soldats ?

Portraits contemporains (5 vol., 1869-1871), t. II, p. 515-516 (notre texte).

* Je crois bien que ce sonnet attribué à Hazlitt, comme le propos précédent à Diderot, n'a été pour moi qu'une manière indirecte d'exprimer, sous le couvert d'un nom autorisé, mes propres sentiments de critique. J'ai voulu surtout, dans le sonnet dit *d'Hazlitt*, rendre l'espèce d'entrain qui accompagne et suit ces fréquents articles improvisés de verve et lancés à toute vapeur. On s'y met tout entier ; on s'en exagère la valeur dans le moment même, on en mesure l'importance au bruit, et si cela mène à mieux faire, il n'y a pas grand mal après tout.

— *Le* steam-boat *a passé : les vagues accourues.*
Se dressant comme au bruit de flottes apparues,
*S'ébattent à grand'aise et rêvent d'*Armadas.

III

SUR LA SITUATION LITTÉRAIRE ET LA CONDITION DES ÉCRIVAINS

De la littérature industrielle

De loin la littérature d'une époque se dessine aux yeux en masse comme une chose simple ; de près elle se déroule successivement en toutes sortes de diversités et de différences. Elle est en marche : rien n'est encore accompli. Elle a ses progrès, ses écarts, ses moments d'hésitation ou d'entraînement. Il y a lieu de les noter à l'instant, de signaler les fausses routes, les pentes ruineuses ; ce n'est pas toujours en vain. On fait partie d'ailleurs du gros de la caravane, on s'y intéresse forcément, on en cause autour de soi en toute liberté : il est bon quelquefois d'écrire comme on cause et comme on pense.

C'est un fait que la détresse et le désastre de la librairie en France depuis quelques années ; depuis quelques mois le mal a encore empiré : on y peut voir surtout un grave symptôme. La chose littéraire (à comprendre particulièrement sous ce nom l'ensemble

Revue des Deux Mondes, 1er septembre 1839, *Portraits contemporains* (3 vol.), t. I, p. 494 et ss et (5 vol.), II, 444-471 (texte ici *in extenso* d'après l'éd. en 5 vol.).

des productions d'imagination et d'art) semble de plus en plus compromise, et par sa faute. Si l'on compte çà et là des exceptions, elles vont comme s'éloignant, s'évanouissant dans un vaste naufrage : *rari nantes*. La physionomie de l'ensemble domine, le niveau du mauvais gagne et monte. On ne rencontre que de bons esprits qui en sont préoccupés comme d'un débordement. Il semble qu'on n'ait pas affaire à un fâcheux accident, au simple coup de grêle d'une saison moins heureuse, mais à un résultat général tenant à des causes profondes et qui doit plutôt s'augmenter.

Lorsqu'il y a tout à l'heure dix ans une brusque révolution vint rompre la série d'études et d'idées qui étaient en plein développement, une première et longue anarchie s'ensuivit ; dans cette confusion inévitable, du moins de nouveaux talents se produisirent ; les anciens n'avaient pas péri ; on pouvait espérer dans un ordre renaissant une marche littéraire satisfaisante au cœur et glorieuse. Mais voilà qu'en littérature, comme en politique, à mesure que les causes extérieures de perturbation ont cessé, les symptômes intérieurs et de désorganisation profonde se sont mieux laissé voir. Je m'en tiendrai ici à la littérature.

Sous la Restauration on écrivait sans doute beaucoup et de toute manière. À côté de quelques vrais monuments, on produisait une foule d'ouvrages plus ou moins secondaires, surtout politiques, historiques. L'imagination n'était guère encore en éveil que chez les talents d'élite. À cette quantité d'autres écrits de circonstance et de combat, une idée morale, une apparence de patriotisme, un drapeau donnait une sorte de noblesse et recouvrait aux yeux du public, aux yeux des auteurs et compilateurs eux-mêmes, le mobile plus secret. Depuis la Restauration et au moment où elle a croulé, ces idées morales et politiques se sont, chez la plupart, subitement abattues ; le drapeau a cessé de flotter sur toute une cargaison d'ouvrages qu'il honorait et dont il couvrait, comme on dit, la marchandise. La grande masse de la littérature, tout ce fonds libre et flottant qu'on désigne un peu vaguement sous ce nom, n'a plus senti au dedans et n'a plus accusé au dehors que les mobiles réels, à savoir une émulation effrénée des amours-propres, et un besoin pressant de vivre : la littérature industrielle s'est de plus en plus démasquée.

Pour ne pas s'effrayer du mot, pour mieux combattre la chose, il s'agit d'abord de ne se rien exagérer. De tout temps la littérature industrielle a existé. Depuis qu'on imprime surtout, on a écrit pour vivre, et la majeure partie des livres imprimés est due sans doute à ce mobile si respectable. Combinée avec les passions et les croyances d'un chacun, avec le talent naturel, la pauvreté a engendré sa part, même des plus nobles œuvres, et de celles qui ont l'air le plus désintéressées. *Paupertas impulit audax*, nous dit Horace, et Le Sage écrivait *Gil Blas* pour le libraire. En général pourtant, surtout en France, dans le cours du XVIIe et du XVIIIe siècle, des idées de libéralité et de désintéressement s'étaient à bon droit attachées aux belles œuvres.

Je sais qu'un noble esprit peut, sans honte et sans crime,
Tirer de son travail un tribut légitime,

disait Boileau en faveur de Racine, et c'était une manière de concession. Lui-même, Boileau, faisait cadeau de ses vers à Barbin et ne les vendait pas. Dans tous ces monuments majestueux et diversement continus des Bossuet, des Fénelon, des La Bruyère, dans ceux de Montesquieu ou de Buffon, on n'aperçoit pas de porte qui mène à l'arrière-boutique du libraire. Voltaire s'enrichissait plutôt encore à l'aide de spéculations étrangères que par ses livres, qu'il ne négligeait pourtant pas. Diderot, nécessiteux, donnait son travail plus volontiers qu'il ne le vendait. Bernardin de Saint-Pierre offrit l'un des premiers le triste spectacle d'un talent élevé, idéal et poétique, en chicane avec les libraires. Beaumarchais, le grand corrupteur, commença à spéculer avec génie sur les éditions et à combiner du Law dans l'écrivain. Mais, en général, la dignité des lettres subsistait, recouvrait toute cette partie matérielle secondaire, et maintenait le préjugé honorable dans lequel on nous secoue si violemment aujourd'hui. Sous l'Empire, relativement, on écrivit peu ; sous la Restauration, en écrivant beaucoup, on garda, je l'ai dit, de nobles enseignes. Il est donc arrivé qu'au sortir de nos habitudes généreuses ou spécieuses de la Restauration, et avec notre fonds de préjugés un peu délicats en cette matière, aujourd'hui que la littérature purement industrielle s'affiche crûment, la chose nous semble beaucoup plus nouvelle qu'elle ne l'est en effet : il est vrai que le manifeste des prétentions et la menace d'envahissement n'ont jamais été plus au comble.

Ce qui la caractérise en ce moment cette littérature, et la rend un phénomène tout à fait propre à ce temps-ci, c'est la naïveté et souvent l'audace de sa requête, d'être nécessiteuse et de passer en demande toutes les bornes du nécessaire, de se mêler avec une passion effrénée de la gloire ou plutôt de la célébrité, de s'amalgamer intimement avec l'orgueil littéraire, de se donner à lui pour mesure et de le prendre pour mesure lui-même dans l'émulation de leurs exigences accumulées ; c'est de se rencontrer là où on la supposerait et où on l'excuse le moins, dans les branches les plus fleuries de l'imagination, dans celles qui sembleraient tenir aux parties les plus délicates et les plus fines du talent.

Chaque époque a sa folie et son ridicule ; en littérature nous avons déjà assisté (et trop aidé peut-être) à bien des manies ; le démon de l'élégie, du désespoir, a eu son temps ; l'art pur a eu son culte, sa mysticité ; mais voici que le masque change ; l'industrie pénètre dans le rêve et le fait à son image, tout en se faisant fantastique comme lui ; *le démon de la propriété littéraire* monte les têtes, et paraît constituer chez quelques-uns une vraie maladie pindarique, une *danse de saint Guy* curieuse à décrire. Chacun s'exagérant son importance se met à évaluer son propre génie en sommes rondes ; le jet de chaque orgueil retombe en pluie d'or. Cela va aisément à des millions, l'on ne rougit pas de les étaler et de les mendier. Avec plus d'un illustre, le discours ne sort plus de là : c'est un cri de misère en style de haute banque et avec accompagnement d'espèces sonnantes. Marot, tendant la main *au Roy pour avoir cent escus* dans quelque joli dizain, y mettait moins de façon et plus de grâce*.

Sur ce point comme sur presque tous les autres qui touchent à la littérature, il ne s'élève pourtant aucun blâme, aucun rire haut et franc : la police extérieure ne se fait plus. La littérature industrielle est arrivée à

* *Plaise au Roy ne refuser point*
Ou donner, lequel qu'il voudra,
A Marot cent escus apoinct,
Et il promet qu'en son pourpoint
Pour les garder ne les coudra...

Je conseille de relire les dizains charmants *au Roy de Navarre* :

Mon second Roy, j'ay une haquenée, etc. ;

et *à la Royne de Navarre* :

Mes créanciers, qui de dizains n'ont cure, etc.

Dans l'épître *au Roy pour avoir esté desrobé*, il épuise tous les tours et toutes les gentillesses de la requête ; il ne ressemble pas à tant de gens insatiables, dit-il, il ne veut plus rien demander :

Mais je commence à devenir honteux,
Et ne veux plus à vos dons m'arrester ;
Je ne dy pas, si voulez rien prester,
Que ne le prenne . . . .
Et savez-vous, Sire, comment je paye ?
. . . .
Je vous ferai une belle cedule
A vous payer (sans usure s'entend)
Quand on verra tout le monde content ;
Ou si voulez, à payer ce sera
Quand votre loz et renom cessera.
. . . .
Advisez donc si vous avez desir
De rien prester : vous me ferez plaisir ;
Car puis un peu, j'ai basti à Clement
Là où j'ay fait un grand desboursement,
Et à Marot qui est un peu plus loing :
Tout tombera, qui n'en aura le soing.

supprimer la critique et à occuper la place à peu près sans contradiction et comme si elle existait seule. Sans doute pour qui considère les productions de l'époque d'un coup d'œil complet, il y a d'autres littératures coexistantes et qui ne cessent de pousser de sérieux et honorables travaux : par exemple la littérature qu'on peut appeler d'Académie des Inscriptions, et qui reste fidèle à sa mission de critique et de recherche en y portant un redoublement d'activité et en y introduisant quelque jeunesse ; il y a encore la littérature qu'on peut appeler d'Université, confinant à l'autre, et qui par des enseignements, par des thèses qui deviennent des ouvrages, est dès longtemps sortie de la routine sans perdre la tradition. Mais, il faut le dire, avec toute l'estime qu'inspirent de semblables travaux, l'entière gloire littéraire d'une nation n'est pas là ; une certaine vie même, libre et hardie, chercha toujours aventure hors de ces enceintes : c'est dans le grand champ du dehors que l'imagination a toutes chances de se déployer. Or, ce champ libre qui a formé jusqu'ici le principal honneur de la France, qu'en a-t-on fait ? Sa condition d'être commun et ouvert à tous l'a sans doute, à chaque époque, laissé en proie à tous les hasards des esprits. Les différentes formes du mauvais

---

Gasconnade pour gasconnade, cette dernière, par l'espièglerie, n'en vaut-elle pas bien d'autres ? Quant au fond de la requête, il est le même chez nous ; mais que le ton a changé ! « Certes, si la France exerce une prépondérance si incontestable et si transcendante en Europe, elle le doit à dix ou douze hommes éminents, hommes d'art, d'intelligence, de poésie et de cœur..., parmi lesquels je suis. » Voilà le début nouveau de toute complainte : c'est à son de trompe qu'on entonne désormais sa pétition ; j'aimais mieux le flageolet de Marot.

goût, les modes bigarrées, les bruyantes écoles, y ont passé ; les fausses couleurs y ont fait torrent. Ce champ, en un mot, a été de tout temps infesté par des bandes ; mais jamais il ne lui arriva d'être envahi, exploité, réclamé à titre de juste possession, par une bande si nombreuse, si disparate, et presque organisée comme nous le voyons aujourd'hui, et avec cette seule devise inscrite au drapeau : *Vivre en écrivant !* Dédain ou intimidation, on se tait et cela gagne ; des esprits sérieux et qui honorent l'époque, renfermés dans leurs vocations spéciales, gardent le silence sur des excès qu'ils ne sauraient comment qualifier. Cependant de grands et hauts talents, obsédés ou aveuglés, cèdent au torrent et y poussent, imitent et encouragent les déportements dont ils croient pouvoir toujours se tirer eux-mêmes sans déshonneur. Quelques plumes sages protestent çà et là, à la sourdine ; mais la digue n'est nulle part. La connivence éteint tout cri d'alarme. On en est réduit (le croirait-on ?) sur certaines questions courantes et vives, à n'avoir plus pour sentinelle hardie que l'esprit et le caprice de M. Janin, qui dit ce matin-là, avec un bon sens pétulant et sonore, ce que chacun pense. Jamais on n'a mieux senti, au sein de la littérature usuelle et de la critique active, le manque de tant d'écrivains spirituels, instruits, consciencieux, qui avaient pris un si beau rôle dans les dernières années de la Restauration, et qui, au moment de la révolution de Juillet, en passant brusquement à la politique, ont fait véritablement défection à la littérature. Quelque hauts services que puissent penser avoir rendus à leur cause les anciens écrivains du *Globe* devenus députés, conseillers d'État et ministres, je suis persuadé qu'en y réfléchissant, quelques-uns au moins d'entre eux se représentent dans un regret tacite les autres services croissants qu'ils auraient pu rendre, avec non moins d'éclat, à une cause qui est celle de la société aussi : il leur suffisait d'oser durer sous leur première forme, de maintenir leur tribune philosophique et littéraire, en continuant, par quelques-unes de leurs plumes, d'y pratiquer leur mission de critique élevée et vigilante ; aux temps de calme, l'autorité se serait retrouvée. Leur brusque retraite a fait lacune, et, par cet entier déplacement de forces, il y a eu, on peut l'affirmer, solution de continuité en littérature plus qu'en politique entre le régime d'après Juillet et le régime d'auparavant. Les talents nouveaux et les jeunes espoirs n'ont plus trouvé de groupe déjà formé et expérimenté auquel ils se pussent rallier ; chacun a cherché fortune et a frayé sa voie au hasard ; plusieurs ont dérivé vers des systèmes tout à fait excentriques, les seuls pourtant qui offrissent quelque corps tant soit peu imposant de doctrine. Beaucoup, en restant dans le milieu commun, exposés à cette atmosphère cholérique et embrasée, sur ce sol peu sûr, en proie à toutes les causes d'excitation et de corruption, ont été plus ou moins gâtés, et n'ont plus su ce que c'était que de l'être. De là, une littérature à physionomie jusqu'à présent inouïe dans son ensemble, active, effervescente, ambitieuse, osant tout, menant les passions les plus raffinées de la civilisation avec le sans-façon effréné de l'état de nature ; perdant un premier enjeu de générosité et de talent dans des gouffres d'égoïsme et de cupidité qui s'élargissent en s'enorgueillissant ; et, au milieu de ses prétentions, de ses animosités intestines, n'ayant pu trouver jusqu'ici d'apparence d'unité que dans des ligues momentanées d'intérêts et d'amours-propres, dans de pures coalitions qui violent le premier mot de toute harmonie morale.

Je n'exagère pas. En province, à Paris même, si l'on n'y est pas plus ou moins mêlé, on ignore ce que c'est au fond que la presse, ce bruyant rendez-vous, ce poudreux boulevard de la littérature du jour, mais qui a, dans chaque allée, ses passages secrets. En parlant de la presse, je sais quelles exceptions il convient de faire ; politiquement j'en pourrais surtout noter ; mais littérairement, il y en a très-peu à reconnaître. La moindre importance qu'on attache probablement à une branche réputée accessoire a fait que sur ce point on a laissé aller les choses. Il en est résulté dans la plupart des journaux, chez quelques-uns même de ceux qui passeraient volontiers pour puritains, un ensemble d'abus et une organisation purement mercantile qui fomente la plaie littéraire d'alentour et qui en dépend.

Une première restriction est pourtant à poser dans le blâme. Il faut bien se résigner aux habitudes nouvelles, à l'invasion de la démocratie littéraire comme à l'avènement de toutes les autres démocraties. Peu importe que cela semble plus criant en littérature. Ce sera de moins en moins un trait distinctif que d'écrire et de faire imprimer. Avec nos mœurs électorales, industrielles, tout le monde, une fois au moins dans sa vie, aura eu sa page, son discours, son prospectus, son *toast*, sera *auteur*. De là à faire un feuilleton, il n'y a qu'un pas. Pourquoi pas moi aussi ? se dit chacun. Des aiguillons respectables s'en mêlent. On a une famille, on s'est marié par amour, la femme sous un pseudonyme écrira aussi. Quoi de plus honorable, de plus digne d'intérêt que le travail assidu (fût-il un peu hâtif et lâché) d'un écrivain pauvre, vivant par là et soutenant les siens ? Ces situations sont fréquentes : il y aurait scrupule à les déprécier.

De nos jours, d'ailleurs, qui donc peut se dire qu'il n'écrit pas un peu pour vivre *(pro victu)*, depuis les plus illustres ? Ce mobile va de pair même avec la plus légitime gloire. Pascal, Montaigne, parlant des philosophes qui écrivent contre la gloire, les montrent en contradiction avec eux-mêmes et la désirant. Et moi qui écris ceci, ajoute Pascal... Et moi-même qui écris ceci, doit-on se dire lorsqu'on écrit sur ceux qui écrivent un peu pour vivre.

Mais, ces avertissements donnés, ces précautions prises, et profitant à notre tour de cette audace qu'appuie la nécessité aussi, et de cette inspiration âpre et libre d'une vie de plus en plus dégagée, on est en position et en droit de dire le vrai comme on l'entend sur un ensemble dont l'impression n'est pas douteuse, dont le résultat révolte et crie de plus en plus. L'état actuel de la presse quotidienne, en ce qui concerne la littérature, est, pour trancher le mot, désastreux. Aucune idée morale n'étant en balance, il est arrivé qu'une suite de circonstances matérielles a graduellement altéré la pensée et en a dénaturé l'expression. Et, par exemple, M. de Martignac a légué, sans s'en douter, un germe de mort aux journaux par sa loi de juillet 1828, loi relativement libérale, mais qui, en rendant à certains égards les publications quotidiennes ou périodiques plus accessibles à tous, les greva de certaines conditions pécuniaires comme contre-poids, et qui, en les allégeant à l'endroit de la police et de la politique, accrut en leur sein la charge industrielle. Pour subvenir aux frais nouveaux, que ferons-nous ? disaient les journaux. — Eh bien ! vous ferez des annonces, leur répondait-on. — Les journaux s'élargirent ; l'annonce naquit, modeste encore pendant quelque temps ; mais ce fut l'enfance de Gargantua, et elle passa vite aux prodiges. Les conséquences de l'annonce furent rapides et infinies. On eut beau vouloir séparer dans le journal ce qui restait consciencieux et libre, de ce qui devenait public et vénal : la limite du *filet* fut bientôt franchie. La *réclame** servit de pont. Comment condamner à deux doigts de distance, qualifier détestable et funeste ce qui se proclamait et s'affichait deux doigts plus bas comme la merveille de l'époque ? L'attraction des majuscules croissantes de l'annonce l'emporta : ce fut une montagne d'aimant qui fit mentir la boussole. Afin d'avoir en caisse le profit de l'annonce, on eut de la complaisance pour les livres annoncés ; la critique y perdit son crédit. Qu'importe ! l'annonce n'était-elle pas la partie la plus productive et la plus nette de l'entreprise ? Des journaux parurent, uniquement fondés sur le produit présumé de l'annonce : alors surtout la complaisance fut forcée ; toute indépendance et toute réserve cessèrent.

Cette malheureuse annonce n'a pas eu une influence moins fatale sur la librairie ; pour sa bonne part, elle a contribué à la tuer. Comment ? L'annonce constitue,

* Pour ceux qui l'ignorent, nous dirons que la *réclame* est la petite note glissée vers la fin, à *l'intérieur* du journal, d'ordinaire payée par le libraire, insérée le même jour que l'annonce ou le lendemain, et donnant en deux mots un petit jugement flatteur qui prépare et préjuge celui de l'article.

après l'impression, un redoublement de frais qu'il faut prélever sur la première vente, avant d'atteindre aucun profit ; mille francs d'annonces pour un ouvrage nouveau ; aussi, à partir de là, les libraires ont-ils impitoyablement exigé des auteurs deux volumes au lieu d'un, et des volumes in-8° au lieu d'un format moindre ; car cela ne coûte pas plus à annoncer, et, les frais d'annonce restant les mêmes, la vente du moins est double et répare. De cascades en cascades, je n'aurais pas de sitôt fini sur l'*annonce*, qui demanderait toute une histoire : Swift, d'une encre amère, l'aurait tracée.

La situation des journaux a notablement empiré depuis l'introduction de la presse dite à quarante francs : je ne m'attache à juger que du contre-coup moral. Le personnage trop célèbre et d'une capacité aussi incontestable que malheureusement dirigée, qui a eu cette idée hardie, prétendait tuer ce qu'on appelait le monopole de quelques grands journaux ; mais il n'a fait que mettre tout le monde et lui-même dans des conditions plus ou moins illusoires, et où il devient de plus en plus difficile, à ne parler même que de la littérature, de se tirer d'affaire avec vérité, avec franchise. Les journaux, par cette baisse de prix, par cet élargissement de format, sont devenus de plus en plus tributaires de l'annonce ; elle a perdu son reste de pudeur, si elle en avait. Maintenant, quand on lit dans un grand journal l'éloge d'un livre, et quand le nom du critique n'offre pas une garantie absolue, on n'est jamais très-sûr que le libraire ou même l'auteur (si par grand hasard l'auteur est riche) n'y trempe pas un peu. Il est très-fâcheux qu'à l'origine de cette espèce d'invasion de la presse dite à quarante francs, les conséquences morales et littéraires n'en aient pas été présentées avec vigueur et netteté par quelqu'une des plumes alors en crédit. Une voix pourtant, celle de Carrel, avait commencé à s'élever, quand elle s'est tue. Les autres journaux étaient trop intéressés sans doute dans la question, et le *Vous êtes orfèvre* eût diminué l'autorité de leur résistance. Malgré cette défaveur de position, certains faits auraient pu ressortir avec évidence et certitude. Je crois, par exemple, que ç'a été une faute au *Journal des Débats*, resté après tout à la tête de la littérature quotidienne, d'obéir en cette crise à son système de prudence, et de ne pas protester tout haut. Mais comment alors, dans le gouvernement, des hommes d'État sérieux et vertueux ont-ils pu prêter appui à la légère, et dans des vues toutes momentanées, à des opérations qui n'ont jamais présenté aucune chance de succès légitime et qui entraînaient visiblement à une corruption immédiate ? Ce qui est certain (et en réduisant toujours notre point de vue), c'est que la moralité littéraire de la presse en général a baissé depuis lors d'un cran. Si l'on peignait au complet le détail de ces mœurs, on ne le croirait pas. M. de Balzac a rassemblé, dernièrement, beaucoup de ces vilenies dans un roman qui a pour titre *Un Grand Homme de Province*, mais en les enveloppant de son fantastique ordinaire : comme dernier trait qu'il a omis, toutes ces révélations curieuses ne l'ont pas brouillé avec les gens en question, dès que leurs intérêts sont redevenus communs.

Au théâtre, les mêmes plaies se retrouveraient ; les mœurs ouvertement industrielles y tiennent une place plus évidente encore. Il en fut ainsi en tout temps :

mais, dans une histoire du théâtre depuis dix ans, on suivrait le contre-coup croissant et désordonné de ce mauvais régime littéraire. L'exigence des auteurs en vogue augmente et souvent ne ressemble pas mal à de la voracité. Pour se les attacher on a, par exemple, l'appât des *primes* : aussitôt une pièce de l'un d'eux lue et reçue, une somme est donnée, cinq mille francs, je crois, si la pièce a cinq actes. Quand la pièce réussit, quand les engagements se tiennent avec quelque fidélité, tout va au mieux, mais l'ordinaire n'est pas là. Les théâtres s'en tirent parfois pourtant mieux que le reste. Leur plaie réelle a toujours été dans la rareté des bonnes pièces et dans celle des bons sujets, des bons acteurs. Une seule bonne fortune en ce genre répare bien des pertes. Passons.

C'est à la littérature imprimée, à celle d'imagination particulièrement, aux livres auparavant susceptibles de vogue, et de degré en degré à presque tous les ouvrages nouveaux, que le mal, dans la forme que nous dénonçons, s'est profondément attaqué. Depuis deux ans surtout, on ne vend plus : la librairie se meurt. On a tant abusé du public, tant mis de papier blanc sous des volumes enflés et surfaits, tant réimprimé du vieux pour du neuf, tant vanté sur tous les tons l'insipide et le plat, que le public est devenu à la lettre comme un cadavre. Les cabinets de lecture achètent à peine. On a vu dernièrement un auteur réclamer tout haut contre l'usage de quelques-uns de ces cabinets qui, pour ne pas se ruiner en doubles achats, découpent dans les journaux et font relier les romans qui paraissent en feuilletons ; l'auteur dénonçait avec indignation cette mesure économique : c'est heureux qu'il n'ait pas déféré le cas au procureur du roi. Mais qu'attendre aussi d'un livre quand il ne fait que ramasser des pages écrites pour fournir le plus de colonnes avec le moins d'idées ? Les journaux s'élargissant, les feuilletons essaiment, l'élasticité des phrases a dû prêter indéfiniment, et l'on a redoublé de vains mots, de descriptions oiseuses, d'épithètes redondantes : le style s'est *étiré* dans tous ses fils comme les étoffes trop tendues. Il y a des auteurs qui n'écrivent plus leurs romans de feuilletons qu'en dialogue, parce qu'à chaque phrase, et quelquefois à chaque mot, il y a du blanc, et que l'on gagne une ligne. Or, savez-vous ce que c'est qu'une ligne ? Une ligne de moins en idée, quand cela revient souvent, c'est une notable épargne de cerveau ; une ligne de plus en compte, c'est une somme parfois fort honnête. Il y a tel écrivain de renom qui exigera (quand il condescend aux journaux) qu'on lui paye *deux francs* la ligne ou le vers, et qui ajoutera peut-être encore que ce n'est pas autant payé qu'à lord Byron. Voilà qui est savoir au juste la dignité et le prix de la pensée. Il se rencontre des entrepreneurs charlatans qui consentent à ces excès de prétention pour avoir au moins un article et se parer d'un nom : cela se regagne sur l'actionnaire. Des hommes ignorants des lettres, envahissant la librairie et y rêvant des gains chimériques, ont fait taire les calculs sensés et ont favorisé les rêves cupides. Ainsi chacun est allé tout droit dans son égoïsme, coupant l'arbre par la racine. Chacun, en y passant, a effondré le terrain sous ses pas : qu'importent les survenants ? après nous le déluge ! L'écrivain ayant mis son cerveau en coupe réglée, il y a eu des mécomptes ; bon an, mal an, comme on dit : les livres vendus et payés d'avance n'ont pu toujours être faits. De scandaleux procès ont trop souvent éclairé ces misères. Quoi donc d'étonnant que la librairie, ainsi placée entre toutes les causes de ruine, entre son propre charlatanisme, les exigences des auteurs, les exactions des journaux, et enfin la contrefaçon étrangère, ait succombé ? Car il n'y a plus de librairie en ce moment que celle d'université, de droit, de médecine, de religion, précisément parce qu'en ces branches spéciales elle est restée à peu près soustraite aux diverses atteintes.

J'ai nommé la contrefaçon étrangère, et je l'ai nommée la dernière parce qu'en effet elle ne vient qu'en dernier lieu dans ma pensée, et qu'il y a bien d'autres causes mortelles avant celle-là. Tel ne paraît pas l'avis de beaucoup d'intéressés, et c'est à la contrefaçon étrangère presque uniquement qu'auteurs et éditeurs s'en sont pris dans la dernière crise. Je crois pourtant qu'eux-mêmes les premiers ont fait beau jeu à la contrefaçon belge, qui se fonde avant tout sur le débit de volumes gros de matière et à bon marché*. Mais sans prétendre diminuer l'idée du tort immense qu'apporte la contrefaçon extérieure, on n'y peut rien directement : il faudrait là une intervention du Gouvernement, une négociation internationale. On fait bien d'appeler et de provoquer l'attention du pouvoir sur ce point ; le pouvoir a fait semblant de s'en occuper, comme il fera toujours désormais de ce qui lui sera déféré avec bruit et grand concert d'intérêts en souf-

* Le succès des diverses petites *Bibliothèques* publiées en format dit anglais prouve que de bons livres remplis et peu chers garderaient toutes chances : et encore n'a-t-on pas toujours été scrupuleux dans les choix.

france : mais tout s'est borné à des démonstrations. Qu'on le pousse toutefois, qu'on le prêche et qu'on l'édifie là-dessus, s'il y a moyen : rien de mieux, et, avec de la constance et quelque cinquante ans de lutte, nos Wilberforce, qui ont comparé la contrefaçon étrangère à la traite des nègres, pourront l'emporter. Mais, encore un coup, il n'y a rien là sur quoi l'on ait prise immédiate, et cela est si vrai que la société récemment fondée à l'occasion même du débat, la *Société des Gens de Lettres*, après avoir posé le principe général, a dû appliquer son activité vers des détails plus intérieurs.

L'idée première de cette Société est due à un écrivain d'esprit, M. Desnoyers, qui a su conserver dans la mêlée la plus active des intentions droites et des habitudes élevées de caractère. Dans ce que je me permettrai de dire de l'association naissante, je m'enquerrai moins de son objet positif et financier que des conséquences littéraires probables et de certains abus (il s'en glisse partout, et surtout dans les corps) qui pourraient s'entrevoir déjà. Rien de plus légitime assurément que des gens de lettres s'associant pour s'entendre sur leurs intérêts matériels et s'y éclairer. À défaut de la contrefaçon étrangère qu'on ne peut atteindre, il y a des manières de contrefaçon à l'intérieur, sinon pour les livres, du moins pour les feuilletons : il y a des journaux voleurs qui vous citent et vous copient. Quelques auteurs entichés pourraient s'en trouver purement et simplement flattés ; de plus aguerris et de plus stricts useraient du droit de répression, requérant en justice dommages et intérêts : le plus sûr et le plus fructueux est d'amener par transaction ces journaux à payer tribut pour leur reproduction, et à s'abonner, en quelque sorte, à vous. Régulariser en un mot ce genre de contrefaçon à l'intérieur, voilà un résultat. Comme l'homme de lettres isolé a peu de force, de loisir, et souvent peu d'entente de ces chicanes, un agent spécial, un comité permanent, veilleront pour lui et plaideront son intérêt. Rien de mieux jusque-là. Il y a toujours à prendre garde cependant de trop aliéner les droits de l'individu dans le pouvoir du comité. Si en traitant, par exemple, avec chaque membre de la Société, un éditeur se trouvait avoir affaire à une Société plus réellement propriétaire de ses œuvres à quelques égards que lui-même, ce serait un inconvénient, une entrave, une vraie servitude. Si une Revue (pour préciser encore mieux), qui paye un article à un auteur, se trouvait presque aussitôt dépossédée de cet article par quelque journal payant tribut régulier de reproduction à cet auteur, ce serait une piquante façon d'être leurré : on serait contrefait à bout portant, à l'aide de ce qui aurait été fondé précisément contre la contrefaçon. Mais je laisse là ces questions, qui appartiennent au plus subtil du Code de commerce ; je ne sais jusqu'à quel point la légalité s'en accommodera ; les tribunaux, mis en demeure de prononcer dans quelques cas, paraissent jusqu'ici peu y condescendre, et les vieux juges, ouvrant de grands yeux, n'y entendent rien du tout. On conçoit cependant, je le répète, une Société de gens de lettres s'entendant de leur mieux pour s'assurer le plus grand salaire possible de leurs veilles, si leur force unie se contient dans des termes d'équité et ne va jamais jusqu'à la coaction envers les éditeurs : car il ne faudrait pas tomber ici dans rien qui rappelât les coalitions d'ouvriers ; on a bien crié contre la *camaraderie*, ceci est déjà du *compagnonnage*.

Premier résultat moral pourtant. Quelle que soit la légitimité stricte du fond, n'est-il pas triste pour les lettres en général que leur condition matérielle et leur préoccupation besogneuse en viennent à ce degré d'organisation et de publicité ? Je m'étais figuré toujours, pour ce qu'on appelle la propriété littéraire, quelque chose de plus simple. On écrit, on achève un livre ; on traite de la vente avec un libraire ; on remplit ses conditions et lui les siennes ; après quoi l'on rentre dans sa propriété. Si l'on est contrefait en Belgique dans l'intervalle, malheur et honneur ! Le libraire n'est pas d'ailleurs tout à fait sans l'avoir prévu. Au lieu d'un livre, est-ce de simples articles qu'on écrit : on traite avec un journal, on remplit mutuellement ses conditions. Si l'on est contrefait, copié par une feuille voleuse, c'est l'affaire du journal de défendre son bien, et de poursuivre, s'il lui plaît. L'auteur reste dans l'ignorance de ce détail et se lave les mains du procès. C'est là sans doute une économie politique bien élémentaire et bien mesquine en fait de propriété littéraire ; elle doit faire pitié à bien des illustres ; il y a particulièrement de quoi faire hausser les épaules à plus d'un de nos *douze maréchaux de France*, comme les appelle le président actuel de la *Société des Gens de Lettres* dans une lettre récemment publiée* ; car un maréchal de France en littérature, c'est un de ces hommes, sachez-le bien, qui *offrent à l'exploitation*

* M. de Balzac. — Voir *La Presse et Le Siècle* des 18 et 19 août (1839).

une certaine surface commerciale. Notre chétive et frugale théorie de propriété littéraire n'a qu'un avantage : tant qu'elle a régné dans les lettres, on n'y jetait pas un éclat de financier aux yeux des passants, on ne les attroupait pas non plus autour de ses misères.

Mais la *Société des Gens de Lettres* nous paraît recéler d'autres inconvénients littéraires, si elle n'y prend garde. Dans de telles associations, la majorité décide ; et qu'est-ce que la majorité en littérature ? La Société s'engage (c'est tout simple) à aider ses membres, à procurer le placement de leurs travaux, à aplanir aux jeunes gens qui en font partie l'entrée dans la carrière. Mais où sont les conditions littéraires et les garanties de l'admission ? Tout le monde peut se dire *homme de lettres* : c'est le titre de qui n'en a point. Les plus empressés à se donner pour tels ne sont pas les plus dignes. La Société songera-t-elle au mérite réel dans l'admission ? peut-elle y songer ? où sera l'expertise ? Dans les compagnonnages des divers métiers, on ne reçoit que des ouvriers faits et sur preuves ; mais, en matière littéraire, qui décidera ? Voilà donc une Société qui recevra tous ceux qui s'offriront pour gens de lettres, et qui les aidera, et qui les organisera en force compacte ; et dans toutes les questions, les moindres, les moins éclairés, les moins intéressés à ce qui touche vraiment les lettres, crieront le plus haut, soyez-en sûr. Les bons esprits que renferme l'association ont dû y réfléchir déjà, et par expérience. Que serait-ce qu'une Société qui, comprenant la presque totalité des littérateurs du jour à tous les degrés de l'échelle, deviendrait pour eux une espèce d'assurance mutuelle contre la critique et pour la louange ? Je signale un écueil lointain, mais non pas toutefois sans qu'il y ait des signes avant-coureurs. Ne voit-on pas des journaux, coalisés sur ce point, s'entendre à merveille au milieu des injures qu'ils se lancent par d'autres endroits ? *Le Siècle* répétait l'autre jour la lettre du président de la Société, et l'empruntait courtoisement à *la Presse*, en ajoutant, sans rire, que cette lettre *soulevait de graves questions*. Je crains que le spirituel *Charivari* n'ait aussi, cette fois, oublié de rire. Les journaux politiquement s'attaquent, s'injurient, se font avanie et guerre : les feuilletons fraternisent. On correspond d'une place à l'autre par le bas, par le rez-de-chaussée, par les caves.

Mais que fais-je en ce moment ? Et n'est-ce pas courir de grands risques que de parler ainsi ? Car un des inconvénients d'une telle Société, si encore elle n'y prend garde, ce serait l'intimidation. Quand on se croit la force en main, on en abuse aisément. L'autre jour, il est arrivé à une personne de notre connaissance, à l'ancien gérant de cette *Revue*, d'être accusé d'un mot inouï : il se serait plaint, en plaisantant, d'avoir affaire à deux sortes de gens les plus indisciplinables du monde, les comédiens et les gens de lettres. Le propos eût été leste, et je ne puis croire que M. Buloz l'ait tenu*. Quoi qu'il en soit, une note se trouva insérée

* On racontait, en effet, que M. Buloz, qui cumulait les soins de directeur de la *Revue des deux Mondes* et les fonctions de commissaire royal près le Théâtre-Français, ayant été reçu en audience par Louis-Philippe, et celui-ci, selon son habitude peu royale, s'étant mis à se plaindre et à gémir sur les difficultés qu'il rencontrait à gouverner, M. Buloz lui aurait répondu : « Et à qui dites-vous cela, Sire ? à moi qui ai affaire aux deux sortes de gens les plus indisciplinables, les comédiens et les gens de lettres ! »

dans deux ou trois journaux, dans ceux-là mêmes qui s'attaquent tous les matins en politique, mais qui s'entendent si cordialement en littérature ; note qui avait une tournure vraiment officielle, et qui relatait qu'à la nouvelle du propos scandaleux le Comité de l'association s'était transporté chez le mauvais plaisant pour recevoir son désaveu *formel*. On a inséré tout cela sans rire. Il n'est donc peut-être plus permis de dire que les gens de lettres sont, non pas indisciplinables, mais trop disciplinés, et que la coalition en ce sens aurait d'étranges conséquences. Il y a peut-être, à l'heure qu'il est, des personnes qui se croient les représentants uniques et jurés de la littérature française, prêts à vous demander compte des bons ou méchants mots, et à vous citer par-devant eux pour la plus grande dignité de l'Ordre. Ce serait une liberté de plus que nous aurions conquise, et semblable à beaucoup d'autres en ce siècle de liberté : Boileau le satirique et le portraitiste La Bruyère auraient eu meilleure condition en leur temps. Au reste, nous parlons d'autant plus à l'aise de cette *Société des Gens de Lettres*, que, le grand nombre nous en étant parfaitement inconnu, une portion suffisante du moins nous semble offrir, par les noms, toute sorte de garanties. Nous sommes persuadé qu'une quantité de membres sont de notre avis au fond, et qu'ils sauront, au besoin, résister aux tentatives d'envahissement immodéré. S'il faut quelque audace pour cela, ils l'auront. Comment n'en serions-nous pas persuadé, quand, pour citer un illustre exemple, nous trouvons que le membre qui a le premier présidé la Société est M. Villemain ? Je ne puis m'ôter de la pensée que le spirituel académicien n'avait accepté cette charge que pour avoir occasion, avec ce bon goût qui ne l'abandonne jamais et avec ce courage d'esprit dont il a donné tant de preuves dans toutes les circonstances décisives, de rappeler et de maintenir devant cette démocratie littéraire les vrais principes de l'indépendance et du goût. Il est dommage que d'autres fonctions suprêmes l'aient enlevé avant qu'il ait pu exprimer ce qui dans sa bouche aurait eu une autorité charmante. Mais tant que cette espèce de courage ne manquera pas aux hommes de talent haut placés, il y aura de la ressource contre le mal*.

M. de Balzac, qui a été nommé président à l'unanimité en remplacement de M. Villemain, aidera peut-être au même résultat par des moyens contraires. Homme d'imagination et de fantaisie, il la porte trop aisément en des sujets qui en sont peu susceptibles, et il pousse, sans y songer, à des conséquences fabuleuses dont chaque œil peut redresser de lui-même l'illusion. Sa lettre sur la propriété littéraire, que nous avons déjà indiquée, est faite par ce genre d'excès pour remettre les choses au vrai point de vue : elle ne tend à rien moins qu'à proposer au Gouvernement d'acheter les œuvres des *dix ou douze maréchaux de France*, à commencer par celles de l'auteur lui-même qui s'évalue à *deux millions*, si j'ai bien compris. Vous imaginez-vous le Gouvernement désintéressant l'auteur de la *Physiologie du Mariage*, afin de la mieux répandre, et débitant les *Contes drolatiques*

* Tout ceci est sensiblement ironique. Le *courage d'esprit* est ce qui a toujours manqué le plus essentiellement à cet homme de tant de talent et de faiblesse, M. Villemain.

comme on vend du papier timbré ? Des conséquences si drolatiques sont très-propres à faire rentrer en lui-même le démon de la propriété littéraire, dont M. de Balzac n'a peut-être voulu, après tout, que se moquer agréablement.

Non ; quel que soit à chaque crise son redoublement d'espérance et d'audace, la littérature industrielle ne triomphera pas ; elle n'organisera rien de grand ni de fécond pour les lettres, parce que l'inspiration n'est pas là. Déjà en deux ou trois circonstances notables, depuis plusieurs années, elle a échoué fastueusement. Elle avait rallié des noms, des plumes célèbres, sans lien vrai ; elles les a compromises, décréditées plutôt en détail, sans en rien tirer de collectif ni de puissant. Déjà on l'a vue à l'œuvre dans cette entreprise gigantesque qui s'intitulait *l'Europe littéraire*, une autre fois dans *la Chronique de Paris* renouvelée, une autre fois et plus récemment dans la presse à quarante francs. Au théâtre, elle a eu à sa dévotion la scène de *la Renaissance* : qu'en a-t-elle fait ? Grâce aux promptes rivalités, aux défections, aux exigences, cet instrument dérouté se réfugie dans la musique et se sauve, comme il peut, par des traductions d'opéras italiens. Le drame industriel a eu, à d'autres moments, d'autres théâtres encore, la Porte-Saint-Martin, l'Odéon, les *Français* même, qui, pour n'en pas subir les conditions ruineuses, ont dû bientôt l'éloigner ou ne s'y ouvrir qu'avec précaution. Cette littérature en un mot, qu'on est fâché d'avoir tant de fois à nommer industrielle quand on sait quels noms s'y trouvent mêlés, a eu le vouloir et les instruments d'innovation, les capitaux et les talents, elle a toujours tout gaspillé : l'idée morale était absente, même la moindre ; la cupidité égoïste d'un chacun portait bientôt ruine à l'ensemble.

Pourtant, à chaque reprise de tentative, c'est pour tous ceux qui aiment encore profondément les lettres le moment de veiller. De nos jours le bas-fond remonte sans cesse et devient vite le niveau commun, le reste s'écoulant ou s'abaissant. Le mal sans doute ne date pas d'aujourd'hui ; mais tout est dans la mesure, et aujourd'hui on la comble. Les ressources sont grandes, mais elles tournent aisément en sens contraire si on ne les rallie. Entrez dans les bibliothèques : quelle émulation ardente ! que de jeunes gens étudient, et dans une bonne direction, ce semble ! Mais qu'il faut peu de chose à travers ces nobles efforts pour les faire dévier et avorter ! Il est donc urgent que tous les hommes honnêtes se tiennent, chacun d'abord dans sa propre dignité (on le peut toujours), et entre eux, autant qu'il se pourra et quel que soit le point de départ, par des convenances fidèles et une intelligence sympathique. C'est le cas surtout de retrouver le courage d'esprit et de savoir braver. Que cette littérature industrielle existe, mais qu'elle rentre dans son lit et ne le creuse qu'avec lenteur : il ne tend que trop naturellement à s'agrandir. Pour conclure : deux littératures coexistent dans une proportion bien inégale et coexisteront de plus en plus, mêlées entre elles comme le bien et le mal en ce monde, confondues jusqu'au jour du jugement : tâchons d'avancer et de mûrir ce jugement en dégageant la bonne et en limitant l'autre avec fermeté.

1er septembre 1839.

*Des gladiateurs en littérature**

La férocité naturelle fait moins
de cruels que l'Amour propre.

LA ROCHEFOUCAULD.

Nous faisions appel, il y a quelque temps** , aux écrivains distingués de diverses nuances, pour qu'ils se rapprochassent et voulussent reformer quelque groupe un peu considérable. L'appel, nous pouvons le croire, n'a pas été sans quelque effet : l'union s'étend ; bien peu de noms, parmi ceux qui comptent utilement, restent en dehors. On est dans un moment de calme (et d'un calme pas trop plat), de conciliation et de paix

Texte écrit pour la *Revue des Deux Mondes* en juin 1840, et non paru alors. Publié par Jean Pommier dans *la Revue des Deux Mondes* le 15 mars 1954, d'après le manuscrit du fonds Lovenjoul (texte *in extenso*).

* Ce texte, dans sa version manuscrite conservée au fonds Lovenjoul, est précédé de ces sept mots : « À brûler après moi, je l'exige » et de la signature de Sainte-Beuve, effacés au profit de la mention « À imprimer après moi », également suivie de la signature. *[N.d.E.]*

** Dans l'article intitulé : « Dix ans après en littérature », *Revue des Deux Mondes*, 1er mars 1840.

dans les choses littéraires. À défaut d'entrain bien vif, cette disposition impartiale et attentive a son prix ; les bonnes productions qui peuvent naître ont toutes chances d'être regardées.

Cela n'empêche pas que, depuis quelque temps aussi, la *Revue* et les écrivains qui s'y rattachent le plus habituellement n'aient été l'objet d'attaques, d'insultes même très violentes, mais cette fois plus excentriques que jamais. L'émeute n'est plus dans les rues, plus dans les faubourgs, à peine dans la banlieue : si large qu'on fasse la cité littéraire, il y a toujours des gens qui seront *extra muros*.

On ne le remarquerait pas, tant c'est la condition de tout succès grand ou petit, désormais, de traîner après soi comme complément d'orchestre sa part d'injures ; mais, dans ces levées sans portée, dans ces hourras inévitables qui, de temps à autre, voudraient faire tapage contre les honnêtes gens (je prends *honnêtes gens* au sens du dix-septième siècle), c'est-à-dire contre les gens plus ou moins établis déjà en littérature, une chose me frappe et doit, ce me semble, frapper tout le monde, c'est le nom qui se lit d'ordinaire, écrit en très gros caractères, sur le drapeau de ces bandes si peu disciplinées.

Oui, dans les différentes tentatives soi-disant littéraires qui, depuis huit ans, ont été mises en avant ou par le charlatanisme, ou par l'inexpérience, ou (il faut bien le reconnaître) par de jeunes courages égarés, dans ces tentatives qui, presque toutes plus ou moins, allaient, si elles avaient réussi, à confondre, à troubler, à pervertir les saines notions de la critique, à réduire en industrie ou en fief le domaine des lettres, un nom surtout, un seul nom célèbre s'est vu inscrit avec une faveur constante sur le drapeau ou sur l'enseigne. Le pourquoi de ceci devient un point curieux à examiner.

Il est vrai que l'écrivain qui porte le nom si pompeusement affiché a toujours pris soin de se commettre très peu lui-même ; il a plutôt prêté son nom que sa personne ; il n'a figuré de sa plume dans les colonnes les plus pleines de lui qu'à la dernière extrémité pour ainsi dire, et jamais pour attaquer, et toujours avec une discrétion proportionnée à l'importance qu'il s'attribue. Autrefois, aux temps d'anarchie, les seigneurs romains, les Colonnes *(sic)* par exemple, avaient dans la montagne des bandes qu'ils n'avouaient pas, à la tête desquelles on ne les voyait jamais ; et eux, ils paraissaient dans Rome à de certains jours, avec un visage grave et révérencieux, comme si de rien n'était. Quoique l'écrivain en question aime fort le souvenir de ces époques de brigandage, nous doutons pourtant qu'il ait réellement songé à les faire renaître si exactement dans la littérature.

Pourquoi donc, pourquoi, toutes les fois qu'il se tente quelque chose de violent, d'injurieux et d'égaré, de contraire au procédé civil et au droit des gens en littérature, pourquoi le nom de M. Victor Hugo (car c'est bien lui) revient-il toujours de préférence et comme naturellement dans la bouche et sous la plume de ceux qui se proclament ses admirateurs exclusifs, ses disciples purs, ses champions envers et contre tous ? Si important que soit ce nom dans la littérature contemporaine, d'autres certes ne le sont pas moins, et ces autres noms échappent à l'offense des mêmes ovations. On les immolerait bien plutôt, si on l'osait. Toute la ferveur des violents est d'abord pour lui. Il faut qu'il y ait à ce fait si souvent reproduit une raison sérieuse et profonde. Je cherche le lien ; je le cherche là seulement où il me convient de le chercher, c'est-à-dire non pas dans le caractère de l'homme, mais dans celui de ses ouvrages. C'est un point littéraire, un simple point de goût que j'étudie, que je crois découvrir, et que je soumets à tous.

J'admets en effet très volontiers et j'aime à croire qu'il n'y a aucune sorte de relation directe et comme personnelle entre les attaques injurieuses et celui au nom de qui on les fait ; que M. Hugo, qui en veut tant aux *bandes noires*, quand elles se prennent aux monuments gothiques, ne les favoriserait en rien de son approbation quand ces bandes s'attaquent à ses rivaux vivants. Je suppose même qu'aucun de ces propos qu'on lâche dans l'abandon du chez-soi, et qui se recueillent avidement autour du poète altier, ne vont aiguiser la plume des jeunes écuyers tranchants, comme ces mots imprudents d'un roi d'Angleterre lançaient quatre gentilshommes coupe-jarrets contre Thomas Becket*. Je crois que sa muse aux fruits d'or n'eut jamais besoin d'avoir en effet deux beaux dragons, ou *scorpions* comme on dit, à son service, et de se vanter de les lancer sur qui de droit. — L'autre hier, la *Revue des Deux Mondes* accueillait avec une faveur toute conciliante le dernier recueil de M. Hugo** : le lendemain cette bienveillance était remerciée en son nom, de deux ou trois côtés, par de publiques injures ; on a été

* *Quand un roi veut le crime, il est vite obéi.* (Voltaire.)
** *Les Rayons et les Ombres* : l'article était de M. Magnin.

reçu comme à Coblentz des émigrés qui n'arrivent que le second jour. C'est preuve qu'on le croit bien légitime. J'aime à penser qu'il n'est pour rien dans cet accueil impolitique autant qu'impoli. — Et pourtant la responsabilité de toutes ces entreprises fougueuses, immodérées, de ces coups de main *extra*-littéraires où son nom figure, doit jusqu'à un certain point remonter à lui. Voici en quel sens, selon moi.

Plus j'admets que c'est spontanément et par une sorte d'affiliation instinctive que les drapeaux des jeunes barbares, des jeunes Sicambres en littérature, arborent son nom, et plus la cause intime m'est indiquée. Il y a, — il faut qu'il y ait dans ce talent si élevé, si habile, si éclatant de M. Hugo, un aspect, un endroit, une veine enfin, qui, sans que l'auteur s'en doute, réponde à ces instincts-là et les alimente. Tout se tient : le disciple exagère, grossit les défauts du maître, mais il ne les invente pas absolument. Jamais, selon toute probabilité, un admirateur sans réserve de Racine, de Lamartine* ou de Virgile, ne se portera, au nom des poètes de son choix, à des méfaits, c'est-à-dire à des paroles aussi dures, aussi exorbitantes, aussi peu humaines, qu'un admirateur sans réserve de certains poètes ou de certains rhéteurs, de qui les sources du goût ne découlent pas aussi franches et aussi pures. Les vers de Lucain ou de Sénèque devaient susciter à leur naissance plus de *fanatiques* que les poésies de Tibulle. Il n'est que naturel de croire, selon Suétone, que l'invention de la claque date des jeux scéniques de Néron ;

* Jusqu'à *Jocelin*, inclusivement.

il l'organisa en empereur, mais ses vers ampoulés, eux seuls, l'auraient fait naître.

Je sais que de tout temps les querelles littéraires furent très violentes et hors de proportion avec les objets : au Moyen-Âge les écoliers des professeurs rivaux en venaient aux mains ; au XVIe siècle, les doctes s'écrivaient des aménités ; ils auraient fait mieux s'ils avaient pu, et il paraît bien que c'est le professeur Charpentier qui profita de la Saint-Barthélémy pour faire tuer Ramus. Au commencement du XVIIe, il s'engagea une vraie guerre de cuistres autour des *Lettres* de Balzac, et, même au plus beau milieu du siècle de Louis XIV, l'admirable *Phèdre* faillit périr dans une mêlée. Mais il ne demeure pas moins vrai qu'un certain caractère singulier très prononcé, se reproduisant constamment dans une série et une secte d'admirateurs, indique nécessairement chez l'auteur admiré un trait qui y correspond. Nous admirons, tous, M. Hugo à beaucoup d'égards ; mais nous faisons nos réserves. Ceux qui ne les font pas, qui admirent tout en forcenés, ou, si l'on nous passe le mot, qui avalent tout indigestement, se nourrissent, je le crains, d'une portion qu'il faudrait rejeter et qui tourne à mal dans leur nature. Il est même très possible que ce soit précisément cette portion suspecte et peu assimilable qu'ils trouvent, eux, la plus exquise et la plus succulente. Il ne faut pas discuter des goûts ; l'intéressant pour nous est de les constater ; nous poserons donc notre résultat de physiologie littéraire dans toute sa simplicité et nous dirons : Les admirateurs gloutons de M. Hugo sont très vite, au besoin, des gladiateurs.

Chez les poètes anciens, les amantes délaissées, dans

les invectives qu'elles lancent aux héros perfides, leur reprochent d'ordinaire d'avoir sucé le lait d'une tigresse d'Hircanie *(sic)*, et d'avoir le cœur formé d'un caillou du Caucase : nous nous garderons bien d'adresser un reproche aussi formel et aussi pathétiquement classique aux admirateurs sans réserve de M. Hugo ; s'ils traduisent pourtant si vite leur admiration indigeste en agressions peu mesurées, n'est-ce pas un peu de ce qu'ils ont trop indistinctement sucé, en le lisant, toute espèce de veine, et qu'ils n'ont pas trouvé certains cailloux assez durs, bien que ce fût du pur Caucase.

Touchons de plus près ces cailloux, ne craignons pas de marquer l'espèce de veine. — Les premières poésies de M. Hugo eurent de l'éclat, même du charme et plus de douceur que depuis ; des traits étranges, bizarres, y firent bientôt saillie au milieu du rayon croissant. Je rappellerai seulement la pièce sur *le jeune Géant*[1], qui résume très bien en elle ces singularités que *Han d'Islande* produisait d'un air plus sérieux et plus menaçant en prose. Mais tant de beautés environnantes recouvraient en poésie ce côté bizarre du *jeune Géant*, qu'il était permis bien souvent de l'oublier, de le taire, ou de le prendre pour un simple jeu prolongé d'une robuste enfance. Vers le temps des *Orientales*, la muse de M. Hugo pouvait se figurer, selon les divers points de vue, par bien des personnifications toutes plus brillantes ou gracieuses les unes que les autres : il y avait la muse des *premières amours* encore qui n'avait pas tout à fait cessé ; il y avait la *Péri* éblouissante qui était

1. *Le Géant*, dans les *Odes et Ballades* (note de Jean Pommier).

chaque jour en train d'embellir ; il y avait *Sara la baigneuse*, c'est-à-dire la fantaisie du rêve. C'étaient là (et j'en passe) autant de personnifications naturelles de cette riche et vive manière : mais le *jeune Géant*, à travers tout cela, grandissait aussi.

Jean-Paul en son *Titan* a dit : « Au sein de l'homme habite un grossier et aveugle cyclope qui élève la voix dans tous les orages du cœur et qui pousse à détruire ». Et il oppose ce terrible génie sauvage qui crie en nous, au bon génie qui parle plus bas et nous conseille mieux. Ainsi au séjour et comme au sein même de la muse de M. Hugo un jeune cyclope habitait ; mais d'abord la grotte était fraîche, mille fées et nymphes matinales jouaient alentour ; mille bruits de ruisseaux et de cascades la remplissaient ; et même quand c'était le berger Polyphème qui paraissait au dehors et s'asseyait sur la cime, c'était Polyphème jeune, amoureux de Galatée, joueur harmonieux de flûte, et digne alors qu'un Théocrite recueillît ses chants. *Et erat tum dignus amari.*

Un moment, à une certaine douceur plus grave de sons, on crut que dans cette muse renouvelée et féconde le cyclope allait mourir et que tous les bons génies triomphaient : ce fut la saison des *Feuilles d'Automne*. Je ne sais quoi d'attendri semblait y fléchir pour jamais les instincts bizarres, y conjurer les puissances sauvages.

Apparence trompeuse ! Le géant qui n'était qu'endormi ne mourut pas ; les péris sans doute et les fées brillantes continuèrent de vivre, toutes les compagnes et même les suivantes du cortège lyrique achevèrent de se déployer. Mais lui, le géant, en persistant au milieu d'elles, les atteignit désormais et les toucha plus souvent. En vieillissant il les toucha d'une manière plus robuste, plus choquante, plus appesantie. Il n'en était plus à son premier duvet : *flaventem prima lanugine malas*. S'il ne dévora pas ses sœurs, il les rudoya. *Les Chants du Crépuscule, Les Voix Intérieures*, et même ce dernier recueil *les Rayons et les Ombres*, en offrent des preuves trop peu aimables.

Sur la scène ce fut bien pis. Si l'on peut dire que le cyclope qui habita toujours au sein de la muse de M. Hugo fut au plus bas dans les *Feuilles d'Automne*, il semble par revanche régner tout seul, en despote enivré et ronflant, dans *Ruy Blas ; le jeune Géant* des ballades y est devenu un Caliban dramatique en pleine humeur. Au reste, presque tout le théâtre de M. Hugo est ainsi, à la merci de je ne sais quel magicien astucieux, sombre et violent. Il ne faut excepter que des actes chevaleresques de *Hernani*, des scènes passionnées de *Marion Delorme. Le Roi s'amuse* donna le branle burlesque à un degré d'impulsion dont on ne revient pas ; mais *Ruy Blas* passa tout. Cet inconcevable *Ruy Blas* vidait, en quelque sorte, de fond en comble la question de perfectibilité pour la muse de M. Hugo. C'était une espèce de certificat d'incurable qu'elle se délivrait, certificat ou brevet richement armorié, historié, avec de grosses majuscules *rouge et or* comme la livrée du laquais de la pièce*.

Il est merveilleux qu'après *Ruy Blas*, en rentrant

* Quelqu'un a défini en deux mots le théâtre de M. Hugo en ce qu'il a de forcé et d'automatique : « Ce sont les marionnettes de l'île des Cyclopes. »

dans le lyrique, la muse de M. Hugo y ait retrouvé de telles beautés, car *les Rayons et les Ombres* en offrent de bien réelles. Mais, pour dire toute ma pensée, la critique, à son égard, n'a plus tant, ce me semble, à juger les œuvres qu'à bien constater la manière. La manière est faite, et toutes ses œuvres désormais plus ou moins en découleront. Voici un jugement qui fut écrit dans le temps aussitôt après la lecture des *Voix Intérieures*, et que j'insère ici, bien qu'il ne fût pas destiné à être publié ; mais puisque M. Hugo, par la fréquence des attaques où son nom se mêle contre nous, nous provoque à dire ce que nous croyons la vérité littéraire actuelle sur lui, qu'elle sorte tout entière :

« Dans ce volume des *Voix Intérieures*, écrivions-nous, l'auteur est plus que jamais entré dans la fausse voie de l'omnipotence de la rime en poésie : ce qui lui est donné d'images et de pensées par la rime devient inouï ; l'art y périrait. On comprend que Barbier et surtout Musset se soient jetés, d'effroi et de dégoût, dans le système opposé. Pour rimer *aux aigles* qu'il fait voler en cercle autour de son *Arc de triomphe*, il ne voit à prendre pour témoin qu'un pâtre ACCROUPI *dans les seigles*. Au vent de la mer *qui souffle dans sa trompe*, il ne voit de pendant que le phare au rouge éclair que la brume *estompe*. Il triple à tout propos les rimes, et la langue n'y subvient pas. Il se croit virgilien et appelle Virgile son *maître* dans deux ou trois pièces où il y a cent mots qui détonnent*. Virgile, pour rimer

* Dans la pièce des *Oiseaux envolés*, il appelle Méry *fils de Virgile ; proh pudor !* Méry le moins pieux des poètes, le spirituel satirique et improvisateur. De l'acteur Fréderick après *Ruy Blas* il écrit : C'est Kean et *Talma* !

avec *Gallus*, n'aurait pas dit *les bois chevelus* : en latin *intonsi montes* est noble et beau ; *chevelu* est un mot qui sent sa forêt Hercynie, un mot mérovingien et non virgilien. L'auteur, pour l'esprit, n'entend pas plus Virgile que Pétrarque ; il voit toutes choses et toutes personnes en lui. Quand Virgile, qui est l'harmonie et la fusion même, veut peindre dans sa sublime églogue de *Silène* le taureau superbe dont est éprise Pasiphaë, quels vers magnifiques et divins ! Il redouble de charme :

Ille latus niveum molli fultus hyacintho,
Ilice sub nigra pallentes ruminat herbas ;

ce qu'André Chénier a noblement imité :

Tu voles épier sous quelle yeuse obscure,
Tranquille, il ruminait son antique pâture,
Quel lit de fleurs reçut ses membres nonchalants,
Quelle onde a ranimé l'albâtre de ses flancs.

Au lieu de cela, l'auteur a sa pièce intitulée *la Vache* (vache et non pas génisse), belle sans doute à sa manière, mais un peu crottée, avec les enfants à *dents de marbre* et aux cheveux *en broussailles* autour d'elle, enfants *plus charbonnés que de vieilles murailles*, et que j'aimerais autant s'ils étaient un peu plus propres, tout en restant aussi puissants : mais, en définitive, la pièce est fort belle et je constate seulement la différence. Il paraît, au dire de ceux qui ont étudié l'œuvre d'Albert Dürer, que l'auteur ne s'est pas moins trompé quand il l'a cru son maître dans la manière de voir la nature : Albert Dürer ne serait pas du tout fantastique et panthéistique de la sorte. Mais c'est toujours la même histoire : M. Hugo faisant et voyant tout le monde à son image, disant à David le sculpteur, si remarquable par la finesse et le délicat du style, qu'Alexandre l'eût voulu *pour lui tailler le Mont Athos*. Dès le second vers de la pièce sur l'*Arc de Triomphe*, il s'écrie : *arche démesurée* ; c'est *mesurée* qu'il faudrait plutôt dire. Il voit dans les canons des Invalides des canons *énormes, béants*, et de loin ces canons m'ont plutôt l'air d'être longs et presque minces ; il est vrai que je vois en petit : M. Hugo, lui, voit gros*. À un endroit (pièce XX) il ne trouve rien de mieux pour finir et pour couronner des images gracieuses ou tendres, que de montrer son front qui *s'entrouvre*,

Couvercle soulevé par un flot écumant !

ce qui ne laisse de choix pour le mot de la métaphore qu'entre *bouilloire, marmite autoclave,* ou *pot-au-feu***.

Il m'est évident, par ce volume, que l'auteur ne se

* Depuis, dans *les Rayons et les Ombres*, il l'a appelé *le père des Colosses*, et David, par malheur, a tâché de le devenir ; il s'est gâté pour répondre à l'éloge. Il n'est pas jusqu'à sa *Notre-Dame* que l'auteur n'ait faite plus grosse et monstrueuse qu'elle n'est : à la voir de près, et même sans y supposer la flèche qui pourrait y être, elle a un air d'élégance et de légèreté qu'il n'y a pas vu.

** Je penche pour la marmite autoclave. — Cette courte et brûlante élégie des *Chants du Crépuscule* qui commence par ce vers :

Puisque j'ai mis ma lèvre à ta coupe encore pleine,

se termine elle-même par cette apostrophe aux années :

Votre aile, en le heurtant, *ne fera rien répandre*
Du vase *où je m'abreuve.......*

La gracieuse coupe du début est devenue un *vase* qu'on *heurte* : c'est désagréable.

corrigera jamais et jamais n'arrivera même à ce goût *relatif*, dont chaque organisation d'artiste devrait être capable. Il pourra donner ainsi trente autres volumes, jusqu'à quatre-vingts ans, s'il vit assez ; mais il ne prouvera que sa fécondité et sa force récidivante ; la perfection, même cette perfection *relative* du talent pris en soi, n'est pas de lui. Dans l'état actuel, sa poésie me fait plus que jamais l'effet d'une plante grasse dont les fleurs d'une admirable couleur de pourpre n'ont pas d'odeur ou en ont une funeste ; dont les feuilles énormes et difformes, pareilles à ces reptiles et à ces crocodiles qu'il aime, sont sans ombrage et se hérissent à l'extrémité de dards qui offensent*.

Le volume des *Rayons et Ombres* qui, par quelques passages heureux ou profonds (dans *les Feuillantines en 1813* et dans *Sagesse*), peut être considéré comme supérieur au précédent, n'en diffère point par la manière, et ne nous paraît démentir en rien l'espèce de loi fatale où nous voyons tourner et s'enrouler à l'infini le talent, même lyrique, de M. Hugo. Dans ce recueil il peut y avoir par endroits des choses aussi belles que jamais, mais il y en a, à tout moment, de détestables,

* Sur ce recueil des *Voix Intérieures* je trouve, d'une plume différente, cet autre jugement, également inédit, mais qui, dans son tour plus favorable, revient au même en ce qui touche le caractère inflexible et définitif du talent : « J'ai lu les vers nouveaux ; prenons le poète ainsi ; il poursuivra toujours sans regarder derrière ni devant, sans écouter. Sans cesse, la tête baissée, il plongera dans le vertige pour en revenir une ode à la main... Son moule est une prison qui se verrouille sur vous à chaque point de la nature qu'il découpe et enserre. Mais comme c'est arrêté, comme c'est lié puissamment ! quelle force convergente pour faire tout aboutir au foyer de ce triomphant égoïsme ! » *(Extrait d'une lettre de Victor Pavie.)* J'adhère à l'éloge ; ma critique ne veut guère dire que cela.

d'insupportables véritablement. Conçoit-on par exemple que, parlant de l'amour, et après une longue et assez poétique énumération :

> *Aimer, c'est comprendre les cieux*
> *C'est mettre,* qu'on dorme ou qu'on veille,
> *Une lumière* dans *ses yeux*
> *Une musique en son oreille,*

il ajoute comme suite toute simple :

> *C'est* se chauffer à ce qui bout *!*

N'est-ce pas exactement comme si, au plus beau milieu du plus beau salon, on apportait tout d'un coup une marmite ? Ces taches, remarquez-le bien, ne sont plus de celles dont parle Horace : *non ego paucis offendar maculis* ; ce ne sont plus des grains de beauté, ce ne sont plus même des verrues, ce sont des loupes.

> *Comme un grand troupeau roux de hérissons énormes,*

dira-t-il pour peindre des arbres vus dans le brouillard d'hiver. Ces *énormes, difformes, géantes, colosses*, qui foisonnent aux rimes, viennent trahir et comme nommer à tout moment dans sa muse le défaut qui a grossi. L'*énormité* se profère elle-même sur tous les tons. Ce sont des *échafauds* qui *germent*, des *tombes* qui *germent*, des *rêves de granit* : le granit gagne du terrain évidemment*. Dans la pièce *Sur un Homme populaire* :

* Je retrouve cet empiétement granitique très bien signalé dans un excellent article de M. Vinet (*Semeur*, 29 juillet 1840).

L'idole alors, fœtus aveugle et monstrueux,
Sort de la montagne éventrée.

Vrais vers *césariens* ! Voltaire si pesamment insulté en un endroit *(Regard jeté dans une mansarde)*, devrait bien me souffler, pour en finir, un de ces sobriquets vengeurs qu'il trouvait toujours. Voltaire *ce singe de génie !* s'écrie le Pindare-Stentor ! Eh bien ! singe contre éléphant.

Je me lasserais trop à poser ainsi le doigt de page en page sur cette veine que je nommerai maintenant tout net *la veine grossière*. Elle se dessine et se gonfle naturellement sous le diadème au front d'*Olimpio (sic)* ; mais elle reparaît et se continue encore dans les moindres pièces, comme lorsque le poète se fait appeler par la femme aimée *passant robuste et doux**. C'est assez de détails : je n'ai voulu que signaler, isoler à dessein un défaut persistant et grossissant, sans préjudice des beautés qui persistent aussi, mais que ce défaut envahit toutefois et qu'il écrase. Pour moi, il me gâte tout ; l'ensemble entier en est affecté ; qu'importent à travers cela les prodiges de talent ? La barbarie commence. Je ne suis plus même sûr désormais

* Il y aurait (mais ce serait une autre veine) à relever aussi toutes ces symétries calculées, ces chutes de pièce qui finissent par une image physique, par une pointe optique :

D'un corps resté debout l'ombre est parfois brisée... p. 271
Sois petit comme source, et sois grand comme fleuve... p. 191
Il faut bien un corps quelque part
Pour que le miroir ait une ombre... p. 233

On se demande à quel jeu le poète a joué.

chez le poète de ce qui a l'air beau ; je me méfie de ce qui a l'air fort. Plus M. Hugo va dans le lyrique, plus il remue bon gré mal gré autour de chaque thème poétique une multitude bigarrée de vers et d'images ; c'est un ramas bruyant et brillant de toutes sortes de recrues qui manœuvrent, certes, avec l'attirail énorme de la puissance ; mais, à y regarder de près, pour un vrai guerrier, que de goujats en habit rouge !

Tant que le poète a été jeune, ces erreurs de goût, ces crudités pouvaient sembler des inadvertances d'un enfant sublime qui aimait un peu trop en effet le gros et le rouge ; mais aujourd'hui, que ce talent est homme fait, cela persiste et s'augmente, *s'incruste* en lui de plus en plus : adieu la maturité !

Chaque poète a les défauts de sa manière ; ils tendent à s'accroître en avançant. Lamartine a des cascades infinies, et souvent sa poésie épanchée se perd en éblouissante poussière comme le Staubach. Il y eut toujours dans la poésie de M. Hugo des coups de marteau de Vulcain ou du forgeron scandinave Vehland[1], et beaucoup de ses vers les plus beaux semblaient encore tout neufs de l'enclume. Eh bien ! cette enclume redouble, elle résonne aujourd'hui de plus en plus près, même quand on est en plein bocage.

Pour conclure de ce côté, quand on lit M. Hugo maintenant, on est, ce me semble, dans la situation d'un homme qui se promène dans un jardin oriental magnifique où le conduit un Génie ; mais un petit nain difforme lui fait payer cher ce plaisir à chaque pas, en le rançonnant d'un bâton entre les jambes. Et le Génie,

1. *Véland*, personnage des sagas islandaises (note de S. de Lovenjoul).

superbe qu'il est, n'a pas l'air de se douter de ce que fait son nain : on est roué, et ravi, on est ébloui et rompu. Le nain, on le comprend, c'est notre cyclope encore. Oh ! si la critique pouvait, un jour ou l'autre, crever l'œil unique à ce cyclope ou nain, qui ne voit en effet que lui, dût-elle passer pour aussi perfide qu'Ulysse, comme elle rendrait service aux autres déités dont la poésie de M. Hugo abonde et qui reprendraient peut-être leur libre allure !

Et maintenant, pour revenir à nos gladiateurs, comprenez-vous bien pourquoi ils le sont ; pourquoi, sans que M. Hugo ait besoin directement peut-être de les exciter, ils mêlent spontanément son nom avec orgueil à leurs cris de guerre tout à fait sauvages ; pourquoi, lui, dont, malgré ses défauts, la vraie place est au cœur de la cité, parmi les premiers et les plus honorés dans les lettres, il se trouve servir en dehors un drapeau qui n'est pas un drapeau, une cause qui, si elle devenait jamais une cause, serait subversive de la littérature, de ce que les anciens appelaient si bien *humanitas*, de ce que représentent au plus haut degré, dans le plus bel âge de l'exquise culture, Cicéron en prose, Virgile en poésie ?

Des hommes jeunes la plupart, généreux j'aime à le penser, mais immodérés, impatients, et qui, pour parler avec Jean-Paul, n'ont pas du tout étouffé le cyclope en eux, le retrouvent très développé dans cette muse et s'exaltent en l'y retrouvant. Ils l'admirent, le portent sur le pavois, et, n'en prenant que les formes matérielles surtout et robustes, ils s'évertuent à les outrepasser pour leur compte en propos forcés, violents, poussés à l'extrême. Par une réaction fâcheuse, cette virulence d'éloges mêlés de blasphèmes revient jusqu'au poète qui en est l'objet et l'exalte à son tour dans ses qualités les moins louables. Si isolé que je le suppose d'eux, en effet, il les entend toujours, et leurs cris les plus forts les chatouillent aussi le plus agréablement. Cet agrément se paie cher : si le maître exploite le disciple, le disciple le plus souvent le lui rend bien ; il l'empêche de voir et d'entendre juste ; il lui fait fumée et bruit ; il forme autour de lui une atmosphère factice ; il lui montre le triomphe et le péril là où ils ne sont pas en réalité.

Et quand je dis disciples, qu'on n'aille pas s'y tromper, je ne prétends pas les rattacher plus qu'il ne faut et que je n'ai fait d'abord. Il y a des disciples qui n'ont peut-être jamais vu le maître et qui se croient à demi-voix ses égaux. Et puis il n'y a pas eu qu'un seul maître. Tout ce qui a endurci et pétrifié le goût depuis dix ans, voilà la souche. Ils sont nés des dents du dragon, et d'un dragon à plusieurs têtes.

Génération singulière, exaspérée, dont nous sommes témoins, dont, grâce à Dieu et à la vigueur qui nous reste, nous ne sommes pas encore tout à fait victimes, mais qui rappelle de son mieux (dans le règne de la phrase, s'entend) l'antique férocité naturelle ! On dit que le monde a été civilisé par Orphée : d'où vient que presque à chaque génération, sous une forme ou sous une autre, les combats de Lapithes recommencent ?

Quant à eux-mêmes, les jeunes gladiateurs, qu'ils le sachent bien, s'ils ont le temps d'écouter, il est désastreux de débuter ainsi en littérature. Lorsqu'encore on aurait raison sur quelques points, on se perd soi-même par un premier excès, si l'excès sort de certaines bornes. Il est des forfaits littéraires aussi ; il y a du 93 ; on ne revient pas du fiel qu'on a tout d'abord versé ; on gâte son avenir, on altère, on viole à jamais en soi l'esprit même de cette culture, hélas ! de moins en moins sentie, et qui a fait le charme des plus délicats parmi les hommes. Vauvenargues a dit qu'il faut avoir de l'âme pour avoir du goût. Mais pour cela une certaine générosité de cœur ne suffit pas, c'est une générosité civilisée qui y prépare. J'irai plus loin, et pour ne pas faire les gens de goût meilleurs qu'ils ne sont, et nous rappelant que César, Voltaire et M. de Talleyrand en étaient, je dirai qu'il y a une infinité de degrés de prudence, d'habileté, de ruse, de corruption même, qui sont plus compatibles avec la nature humaine en société et avec le goût qu'une certaine grossièreté entière d'égoïsme et d'orgueil. Homère tout le premier le sentait très bien : son Ulysse, quoi qu'il fasse, est un homme, un fils de Minerve ; le cyclope est un animal. Mais ceci devient une question quasi métaphysique et rentre dans les rapports fort discutables de la morale au goût. Je ne m'y engage pas et me retire de l'arène, laissant le champ libre sur mon compte aux gladiateurs qu'il m'a été impossible pourtant, cette fois, de ne pas accoster. J'ai fait par excès de dégoût ce que d'autres font par colère.

Bien mieux vaudrait ignorer. Parler trop longtemps de ces choses, ou seulement en connaître, c'est déjà par malheur y tremper, c'est violer soi-même le goût, prêter à son tour l'oreille au cyclope ; c'est peut-être faire la police des lettres, mais à coup sûr en corrompre en soi la jouissance.

30 juin 1840

SAINTE-BEUVE.

Depuis que cet article est écrit, on a vu en toute circonstance les *disciples* de M. Hugo (je parle toujours des disciples libres et volontaires) se comporter de même : quand il s'est agi pour lui d'entrer à l'Académie, ils se sont mis, sans lui en demander la permission, à dire des injures à l'Académie : maintenant qu'il s'agirait pour lui d'entrer à la Chambre des Pairs, ils disent tout d'emblée des grossièretés à la Chambre des Pairs, comme si M. Hugo allait lui faire un véritable honneur en daignant y entrer[1]. D'où vient que ces sortes d'auxiliaires ne s'adressent jamais qu'à M. Hugo et croient le servir sur ce ton ? Je n'en puis trouver qu'une raison satisfaisante, mais dure à écrire : comme il n'y a rien dans ses démarches qui les y pousse, il y a quelque chose dans son talent qui les y autorise.

1. Victor Hugo fut nommé pair de France, le 13 avril 1845 (note de S. de Lovenjoul).

Rapport fait par M. Sainte-Beuve

au nom du Jury d'examen pour les prix proposés par la Société des gens de Lettres, et lu dans la séance publique du jeudi 17 avril 1856.

Messieurs,

L'encouragement des Lettres sous toutes les formes est utile et honorable. Quand ce sont les pouvoirs publics, quand c'est l'État qui prend à cet égard l'initiative, cela s'appelle protection, et cette protection favorisée d'heureuses rencontres et entourée de hautes lumières, a pris, à de certaines époques, un caractère d'immortelle grandeur. Quand ce sont les Académies qui encouragent, c'est une sorte de protection encore, protection fort adoucie et ornée, assez imposante toujours, et qui peut même intimider quelquefois le talent par l'idée qu'on attache à des conventions de rigueur ou à des doctrines régnantes. Mais il est une forme d'encouragement à la fois bien noble et plus accueillante, et qui s'inspire de l'esprit de confraternité pour faire appel à tous, — bien réellement à tous, sans acception d'idées, de systèmes, de genres littéraires ; et ne demandant que cette moralité saine qui vient de l'âme, et la marque du talent. C'est le caractère du

Causeries du Lundi, t. XIII, p. 454-463 (extrait p. 455-457).

Concours qu'une disposition généreuse, transmise à la Société des gens de Lettres par un de ses membres*, lui a permis d'ouvrir dans des proportions inusitées, et dont elle vient vous rendre compte. La preuve que c'est bien à tous qu'elle s'adressait, c'est le nombre même de ceux qui ont répondu de toutes parts à l'appel et qui se sont présentés avec espérance ; c'est aussi, j'ose le dire, l'ensemble tout à fait satisfaisant et la variété des résultats.

Quatre sujets étaient proposés, dont les titres seuls témoignaient de cet esprit de bon accueil et d'entière ouverture qui devait présider à l'examen. On demandait :

1° Un Discours sur les Lettres et l'homme de Lettres au dix-neuvième siècle.

2° Une Étude sur le célèbre romancier Balzac.

3° Une pièce de poésie qui répondît à une idée très à l'ordre du jour, mais diversement comprise : *les Chercheurs d'or*.

Aucun programme tracé à l'avance n'indiquait le sens dans lequel ces différents sujets devaient être traités. Cela voulait dire : « Faites bien, et entendez-le comme vous voudrez. »

4° Enfin, on demandait une Nouvelle ou pathétique, ou délicate, ou piquante, dont le sujet naturellement était laissé à l'inspiration des concurrents.

De ces quatre sujets un seul, celui de Balzac, a trompé les espérances. Je ne reviendrai pas sur ce qui vient d'être si bien dit, et dit de telle manière, avec tant

* La somme de 20,000 francs affectée à ces prix avait été mise à la disposition de la Société par le docteur Véron qui avait tenu à garder l'anonyme, mais dont le nom n'était un secret pour personne.

de pénétration d'analyse, tant de bonheur d'expression et de vigueur d'accent, que l'Étude semble faite : j'allais oublier que mon devancier, en me comblant, m'a interdit à son égard l'éloge. Les concurrents ont donc échoué sur un point. Il y a en effet, je ne fais que le redire, il y a dans le talent de Balzac je ne sais quel prestige qui fascine ; et à ceux qui le sentent le plus vivement il faut du temps, je le crois, pour réagir sur eux-mêmes, pour se dégager et se rendre compte de l'impression qu'ils subissent, dussent-ils la justifier et la confirmer ensuite par l'examen. Le temps a manqué, et de la foule des admirateurs (cela n'a rien d'étonnant), il n'est pas sorti du premier coup un bon juge.

Le Discours sur les Lettres et sur l'homme de Lettres au dix-neuvième siècle, semble, au contraire, avoir trouvé des concurrents tout préparés. Il s'en est présenté jusqu'à trente-huit dont plusieurs ont fait preuve de connaissances étendues et d'idées. Le Discours auquel le prix a été décerné à l'unanimité des suffrages, se distingue par la composition, la justesse de la pensée, le tour aisé et le soin de l'expression ; on sent une plume exercée, châtiée, maîtresse d'elle-même, soit qu'elle coure avec vivacité, soit qu'elle se complaise au développement. Elle s'aiguise d'une fine ironie, lorsqu'elle touche quelques-uns de nos travers : une douce et noble chaleur anime les endroits où l'idéal du bien nous est proposé. L'auteur est évidemment de ceux chez qui le goût s'inspire aux sources de l'âme. Il y est parlé délicatement de la dignité des Lettres, de leur rôle dans la société, et surtout de leur part dans la vie. L'auteur continue d'entendre toutes ces choses comme on les entendait autrefois, du temps d'Horace, du temps de La Bruyère et de Vauvenargues. C'est dans ces limites, chères aux esprits d'élite et aux âmes modérées, qu'il circonscrit ses vues, et qu'il aime à tracer le cercle où il voudrait retenir le plus habituellement, ou faire rentrer le plus tôt possible, l'homme de Lettres même de l'avenir. Après avoir entendu la lecture (comme on aurait désiré que vous pussiez l'entendre, Messieurs) de cette composition vraiment classique et pleine d'urbanité, le Jury n'a pas été surpris de rencontrer le nom de l'auteur, M. Jacques Demogeot, professeur agrégé de l'Université, connu par une Histoire élégante de la Littérature française et par des études d'art et de poésie.

D'autres concurrents toutefois, moins heureux dans l'exécution, mais louables encore dans la pensée, avaient abordé le sujet par d'autres aspects, et soulevé, sans les résoudre, quelques-unes des difficultés qui demeurent jusqu'ici pendantes. Qui pourrait se le dissimuler, en effet ? la condition de l'homme de Lettres, comme tant d'autres conditions dans notre société, a changé, et probablement changera de plus en plus ; elle est soumise bien autrement qu'elle ne l'a jamais été à ces grandes lois de l'égalité, de l'émulation, de la libre concurrence. Heureux qui peut encore cultiver les Lettres comme du temps de nos pères, dans la retraite ou dans un demi-loisir, faisant aux affaires, aux inévitables ennuis leur part, et se réservant l'autre ; s'écriant avec le poëte : *Ô campagne, quand te reverrai-je ?* et la revoyant quelquefois ; et là, dans la paix, dans le silence, mûrissant quèlques beaux fruits préférés, résumant dans quelque livre choisi, et qu'on ne recommence pas, les trésors de son imagination ou de son cœur, ou, comme Montaigne, le suc le plus exquis de ses lectures et de son étude ! La littérature ainsi comprise et cultivée, se peut appeler la fleur et le parfum de l'âme. Mais elle est encore autre chose, Messieurs, elle est un instrument plus puissant, ou du moins plus actif, l'expression et l'organe perpétuel des pensées, des travaux de toute une vie. Il est homme de Lettres aussi, celui que le feu de son imagination porte sans cesse vers des sujets nouveaux ; qui, doué de verve et de fécondité naturelle, n'a pas plus tôt fini d'une œuvre qu'il en recommence une autre ; qui se sent jeune encore pour la production à soixante ans comme à trente, qui veut jouir tant qu'il le peut de cette noble sensation créatrice et mener la vie active de l'intelligence dans toutes les saisons. Il est homme de Lettres celui que la nécessité (pourquoi ne pas la nommer, cette mère rigoureuse de plus d'un grand esprit ?), — que la nécessité, dis-je, aiguillonne et arrache à la douce paresse, que l'occasion encourage et multiplie, et qui, une fois voué à cette vie de labeur et de publicité incessante, ne déroge point pour cela, ne tombe point par là même en décadence, mais a chance de se varier, de s'élever, de se perfectionner parfois. On parle toujours de La Bruyère et de son livre unique, immortel. Heureux La Bruyère en effet ! Mais qui nous dit que si, dès l'âge de vingt-cinq ans La Bruyère, dans un siècle différent du sien, avait été obligé pour vivre, pour se faire connaître, de tailler sa plume, d'écrire moins bien d'abord, mais vite, mais toujours, il n'aurait point tiré de lui autre chose encore que ce que nous en avons, et je veux dire autre chose de bien, qui sait ? de mieux peut-être ? Ces roideurs de style, ces passages qui sentent l'huile dans son beau livre, auraient disparu. Ces portraits et caractères composés si savamment, mais composés et concertés, auraient pris plus de naturel et de vie ; les originaux vrais auraient apparu, se seraient développés avec ampleur, abandon, et je ne sais quel charme qui leur manque ; je le suppose toujours à l'abri du trop de facilité et du laisser-aller. Il aurait peut-être créé des genres, trouvé des veines que nous ne soupçonnons pas, qu'il n'a pas soupçonnées lui-même. Sans doute faire trop est un danger, mais faire trop peu est une tentation. Il y a bien des couches dans la profondeur d'un vrai talent ; la première couche peut être riche : qui nous dit que la seconde ou la troisième ne le serait pas davantage, si le chercheur d'or, stimulé par un maître sévère, creusait sans cesse et allait plus à fond ?

Ce ne sont là que des aperçus ; ils ont leur vraisemblance, et je ne les crois pas dénués de vérité. En fait, la condition de l'homme de Lettres a changé ; le nombre est de plus en plus grand de ceux qui, ne pouvant s'assujettir à ce qui fait l'objet de la plupart des ambitions, à ce qu'on appelle *une place*, sont prêts à se confier tout entiers, eux et les leurs, à leur plume, à leur plume seule. À ceux-là, généreux imprudents et qui vont courir tant de hasards, s'ils ont même un véritable talent, que de conseils nouveaux à donner et non prévus par Quintilien, pour leur dignité, pour la conduite et l'économie de leur verve laborieuse, pour la modération des désirs, pour qu'ils ne sacrifient pas l'art au métier, l'inspiration à l'industrie, pour qu'ils ne fassent du moins que les concessions indispensables ! S'ils sont aimés du public, et si la faveur, si l'estime ou l'admiration les récompense, il importe de plus que cette récompense, sous ses différentes formes, aille bien à eux, leur revienne en une juste proportion et ne reste point en chemin : c'est à cette condition que leur talent vieillissant ne sera point condamné à une production toujours recommençante, et que là aussi, au bout de la carrière, il y aura la dignité d'un certain loisir. Être homme de Lettres comme on est avocat, comme on est médecin, ne vivre que de sa plume, ne relever que du public, des nombreux amis et des clients qu'on s'y est faits, quoi de plus noble et de plus honorable ?

Il est si doux, si beau, de s'être fait soi-même,
De devoir tout à soi, tout aux beaux-arts qu'on aime,

a dit André Chénier : mais encore faut-il que ce soit possible, et que l'organisation de la chose littéraire s'y prête. Ici se rencontre une question forcément matérielle, et que les esprits mêmes qui aimeraient le moins à s'occuper de ce côté de la vie ne peuvent éviter. Du moment, d'ailleurs, qu'il y a production d'une richesse dans la société, il y a un possesseur, et il est juste que la richesse produite ne se trompe point, qu'elle n'aille point presque entière à qui l'a moins méritée. De là, des questions positives qui se mêlent aux questions morales et qui intéressent la condition future de l'homme de Lettres et sa véritable indépendance. Ces questions complexes étaient peut-être contenues dans votre programme : elles resteront longtemps encore proposées ; nous aimons à espérer qu'elles se résoudront peu à peu, et dans un sens qui ne sera pas défavorable, en définitive, à l'honneur des Lettres, ni à l'émancipation de l'esprit.

À monsieur le directeur gérant du Moniteur*

Lundi, 20 février 1860.

Mon cher directeur,

Vous me permettez de parler de *Catherine d'Overmeire* que vient de publier notre ami et ancien collaborateur Ernest Feydeau, et vous me dites de le faire *sans crainte*.

Je vous remercie de m'encourager ainsi et de m'enhardir, et bien réellement j'avais si fort besoin d'être rassuré que je ne vous écris ceci que pour vous dire comme quoi je n'ose, même après votre mot aimable, venir parler de *Catherine*.

Oui, je suis effrayé, mon cher directeur, et vous en comprendrez les raisons si vous voulez bien vous mettre un instant à ma place, et me laisser vous rappe-

Causeries du Lundi, t. XV, p. 345-355 (notre texte *in extenso*).

* L'article que voici, et qui fut adressé sous forme de lettre à M. Turgan, directeur du *Moniteur*, avait pour objet bien moins de louer tel ou tel roman d'un de nos amis que de replacer la question littéraire et d'art sur son véritable terrain. L'article, au reste, fit beaucoup de bruit, et eut des ricochets sans nombre. J'avais atteint mon but.

ler tout ce qui s'est passé à la suite de l'article, mêlé de critique et d'éloge, que j'ai écrit sur *Fanny**.

J'ai gardé un défaut, je le vois bien, dont l'âge ne me corrigera jamais. J'ai plus de cinquante-cinq ans, je suis censé très-grave aux yeux de quelques-uns ; je viens de terminer un gros livre à demi théologique et d'analyse morale sur Port-Poyal et les Solitaires ; je suis professeur dans une École supérieure et, comme tel, investi de la confiance d'un ministre ami**, à laquelle j'ai à cœur de répondre dignement, et que je tiens à honneur de justifier. Comme professeur, je sens qu'il est de mon devoir de veiller avant tout aux intérêts du *goût*, à l'explication et au maintien de la *tradition*, et je crois sentir aussi que je ne ferai pas défaut à ce rôle de conservation littéraire. Dans mes leçons, — dans les écrits qui sont sortis ou qui sortiront de mes leçons, — on a pu voir et l'on verra que je m'acquitte de ma fonction non-seulement avec conscience, mais de tout cœur, avec zèle et sincérité. Mais en dehors de cela, comme critique et journaliste, quand je le redeviens, je suis entraîné à m'inquiéter avant tout des intérêts du *talent*. Y a-t-il du nouveau, y a-t-il encore du neuf en ce monde ? Y a-t-il quelque part encore de la

* Voir au tome XIV des *Causeries*.

** M. Rouland, ministre de l'Instruction publique. — Conçoit-on que ce passage ait donné prétexte à un rédacteur des *Débats*, dans un article du 1er avril 1860, de dire que j'ai invoqué ici, *pour me protéger*, en cet article aventureux, « mon titre de professeur dans une École supérieure et l'amitié d'un ministre de l'Empereur », tandis qu'au contraire je n'alléguais en ce moment ces titres et ces circonstances particulières au professeur que *pour me dédoubler* et faire acte de séparation et d'indépendance en tant que critique ? Ce sont là les iniquités de la polémique ; M. Cuvillier-Fleury y est plus sujet que d'autres, du moins à mon égard.

verve, de l'ardeur, de la jeunesse et de l'avenir ? Y a-t-il quelqu'un qui tente et qui promette ? Je me fais ces questions, je reste ouvert et attentif aux réponses qui m'arrivent de temps en temps du dehors, et je ne me laisse pas détourner par cette fin de non-recevoir très à la mode depuis quelques années, la Morale et le Beau.

La Morale, qu'on met sans cesse aux prises avec l'art, ne me paraît point devoir lui être si constamment opposée et confrontée. Le grand Goethe, le maître de la critique, a établi ce principe souverain qu'il faut surtout s'attacher à l'exécution dans les œuvres de l'artiste, et voir s'il a fait, et comment il a fait, ce qu'il a voulu : « Il en est beaucoup, disait-il, qui se méprennent, en ce qu'ils rapportent la notion du Beau à la conception, beaucoup plus qu'à l'exécution des œuvres d'art ; ils doivent ainsi, sans nul doute, se trouver embarrassés quand l'*Apollon* du Vatican et d'autres figures semblables, déjà belles par elles-mêmes, sont placés sous une même catégorie de beauté avec le *Laocoon*, avec un *Faune* ou d'autres représentations douloureuses ou ignobles. » Il y a donc, selon lui, une part essentielle de vérité, qui entrait dans les ouvrages des Anciens, dans ceux qu'on admire et qu'on invoque le plus, et c'est cette part de vérité, cette nature souvent crue, hideuse ou basse, moins négligée des Anciens eux-mêmes qu'on ne l'a dit, qu'il ne faut point interdire aux modernes d'étudier et de reproduire : « Puisse, s'écriait Goethe, puisse quelqu'un avoir enfin le courage de retirer de la circulation l'idée et même le mot de beauté (il entend la beauté abstraite, une pure idole), auquel, une fois adopté, se rattachent indissolublement toutes ces fausses conceptions, et mettre à sa place, comme c'est justice, la vérité dans son sens général ! »

En France et dans notre société, c'est moins encore l'idée de beauté que celle de morale qui fait ce même office de pavé accablant, et dont on s'arme sans cesse, qu'on jette à la tête de tout nouveau venu, avec une vivacité et une promptitude qui ne laissent pas d'être curieuses, si l'on songe à quelques-uns de ceux qui en jouent de la sorte.

Pour moi, en louant dans le premier ouvrage de M. Feydeau l'idée, la *situation* et le talent, j'avais fait des réserves suffisantes ; mais, me souvenant de nos propres débuts, déjà si lointains, et des accusations, au moins exagérées, dont nous-même fûmes autrefois l'objet de la part d'adversaires prévenus, je ne saurais admettre que le meilleur moyen d'encourager ou de redresser un talent qui se produit soit de lui lancer d'abord un écritoire à la tête ou de le lapider.

Qu'est-il arrivé, au grand scandale de certains critiques de profession ? Ce livre anathématisé par eux a eu la vogue, et il l'a due en grande partie, j'aime à le croire, à une situation vraie, poignante, saisie sur le vif, — oui, à la vie qui y palpitait et au sang qui circulait dans ses veines. Je vois d'ici, j'entends un de mes éloquents confrères à l'Académie s'écrier en levant les bras au ciel et d'un air de désolation : « Oh ! le succès de *Fanny* ! ne m'en parlez pas ! » Mais comme cet éloquent confrère est le même qui nous propose d'admirer en 1860 les romans de mademoiselle de Scudéry, peut-il trouver étonnant qu'à de tels caprices rétrospectifs le public oppose ses caprices présents, qu'il y ait des représailles bien légitimes de l'esprit moderne plus positif, et qu'aux fades abstractions quintessenciées on préfère les réalités, fussent-elles un peu fortes ?

J'ai eu beau me tâter, je n'ai pu me repentir ; mais, mon cher directeur, je suis pourtant resté un peu effrayé de voir à quel point la critique littéraire devient difficile, quand on n'y veut mettre ni morgue ni injure, quand on réclame pour elle une honnête liberté de jugement, le droit de faire une large part à l'éloge mérité, de garder une sorte de cordialité jusque dans les réserves. Depuis, en effet, que j'ai parlé des deux romans qui, dans ces dernières années, ont le plus piqué l'attention du public et auxquels je n'avais accordé, ce me semble, que des éloges motivés et tempérés, je n'ai cessé, en toute occasion, d'être dénoncé par des confrères vigilants comme un critique peu moral, presque un patron d'*immoralité*. C'est à peu près en ces termes qu'un homme d'esprit et de plume (M. de Pontmartin) aime depuis lors à me recommander à ses lecteurs. J'ai connu autrefois M. de Pontmartin, je l'ai même assez connu dans un temps pour qu'il m'ait écrit, le flatteur ! qu'il ne se croyait un peu moins béotien que depuis ce temps-là ; j'apprécie moi-même assez sa fluidité et son *agréabilité* de causeur littéraire, bien moins, il est vrai, ses romans moraux ; mais je n'aurais pas attendu un tel procédé de ce galant homme*.

Oh ! les salons ! M. de Pontmartin, s'en fait l'écho. Je les ai connus aussi ces salons aimables, si français,

* Galant homme en effet, il l'est et me l'a bien prouvé depuis par son procédé personnel mêlé de bonne grâce et d'indulgence ; mais il est dans un camp, il est d'un parti, et dès lors il ne s'appartient pas tout entier.

si bruyants, si moqueurs, si étourdissants, si bien pensants, si libéraux (à leurs heures), si parlementaires, si ultramontains à la fois, si absolus toujours, ou chacun si vite se répète et renchérit à l'envi sur le voisin, et auxquels, avec la meilleure tête du monde, il est vraiment impossible de résister quand on les fréquente tout un hiver de quatre à six heures du soir et de neuf heures à minuit ! Salons affamés de nouvelles, de sujets à l'ordre du jour, auxquels l'ancien régime parlementaire, avec ses joutes et tournois, fournissait, toutes les quinzaines à peu près, un aliment nouveau, un nouveau train de conversation ; qui sont à jeun depuis bien des années et n'ont pour ressource que de se jeter avec rage sur ces pauvres sujets littéraires, drames ou romans, qui n'en peuvent mais ! Combien de gens, même en matière plus grave que des drames ou des romans, se flattent d'obéir à des principes et qui ne font que subir des relations de société !

Mais ce ne sont pas les salons tout seuls qui m'ont donné cette *crainte* de parler qui, de ma part, vous étonne ; ce sont nos confrères de la presse, les gens du métier et qui ne sont pas sujets d'ordinaire à se scandaliser pour si peu. Ils se sont mis de la partie avec une facilité incroyable. Il y avait (je ne parle que des morts) une petite Revue littéraire* très-honnête, très-honorablement dirigée, qui rendait des services aux jeunes auteurs dont elle accueillait les essais, et aux lecteurs qu'elle entretenait encore de poésie. Eh bien, à la longue, elle n'a pas échappé au vice littéraire le plus commun et le plus triste : l'envie, vers la fin, s'y était

* La *Revue Française*.

nichée, et, un jour, mon cher directeur, ma probité même et ma conscience d'écrivain y ont été incriminées... Pourquoi ?... Parce que j'avais parlé de *Fanny*. « Parmi les critiques, y disait-on, l'un des mieux avisés, *non pas le plus consciencieux*, mais le plus matois... » C'était moi, mon cher directeur, moi en personne, et l'aimable portrait se terminait de la sorte : « Il glorifiera *Fanny*, l'honnête homme ! et gardera le silence sur les *Fleurs du mal*. » Il est vrai que l'auteur de cet article diffamant avait publié, vers le temps où paraissait *Fanny*, un petit livre anodin et assez agréable, *les Païens innocents* ; j'y avais remarqué assez d'esprit, mais de celui qui cherche plutôt qu'il ne trouve, et qui est tout plein de tortillage ; et je n'en avais dit mot au public, lequel d'ailleurs s'en était peu occupé. De là, la colère de M. Babou, qui estime apparemment son nom plus fait que celui de Feydeau pour retentir au loin et pour éveiller l'écho sonore.

Et à propos des *Fleurs du mal* sur lesquelles l'austère critique me reproche étrangement d'avoir gardé le silence, vous savez, mon cher directeur, les raisons impérieuses qui (sans compter qu'Édouard Thierry en avait très-bien parlé d'abord) nous interdisaient d'en raisonner. Baudelaire est un des plus anciens parmi ceux que j'appelle mes *jeunes* amis : il sait le cas que je fais de son esprit fin, de son talent habile et curieux. Si j'avais parlé de son livre, il n'aurait pas échappé toutefois aux avis, aux remontrances, aux gronderies même ; il eût essuyé tout un sermon ; il veut bien me les passer quelquefois. Je lui aurais dit : « Laissez-moi vous donner un conseil, qui surprendrait ceux qui ne vous connaissent pas : vous vous défiez trop de la passion, — de la passion naturelle ; c'est chez vous une théorie. Vous accordez trop à l'esprit, à la combinaison. Laissez-vous faire, ne craignez pas tant de sentir comme les autres, n'ayez jamais peur d'être trop commun ; vous aurez toujours assez dans votre finesse d'expression de quoi vous distinguer. » Mais je n'aurais pas affecté non plus de paraître plus prude que je ne le suis et qu'il ne convient de l'être à ceux qui ont commis, eux aussi, leurs poésies de jeunesse et qui ont lu les poëtes de tous les temps ; j'aurais ajouté de grand cœur : « J'aime plus d'une pièce de votre volume ; *les Tristesses de la lune*, par exemple, joli sonnet qui semble de quelque poëte anglais, contemporain de la jeunesse de Shakspeare. Il n'est pas jusqu'à ces Stances *à celle qui est trop gaie*, qui ne me semblent exquises d'exécution. Pourquoi cette pièce n'est-elle pas en latin ou plutôt en grec, et comprise dans la section des *Erotica* de l'Anthologie ? Le savant Brunck l'aurait recueillie dans ses *Analecta veterum Poetarum* ; le président Bouhier et La Monnoye, c'est-à-dire des hommes d'autorité et de mœurs graves *(catissimæ vitæ, morumque integerrimorum)*, l'auraient commentée sans honte, et nous y mettrions le signet pour les amateurs, en nous rappelant le vers d'Horace : *Tange Chloen semel arrogantem.* » Je lui aurais dit cela et bien d'autres choses encore, tenant compte surtout à Baudelaire, comme il en faut tenir compte à Bouilhet, comme il le faut pour un récent auteur de sonnets très-distingués, Joséphin Soulary, de ce qu'ils viennent tard, quand l'école dont ils sont a déjà tant donné et tant produit, quand elle est comme épuisée, quand toutes les voix d'autrefois se taisent, hors une seule grande voix*. Ils soutiennent avec honneur, eux et quelques autres, ils décorent le déclin et le coucher de la Pléiade.

De même dans le roman, et pour plus d'une raison semblable, je me sens favorable à M. Feydeau, et je ne pense pas en cela me montrer un critique *courtisan de la fortune* (autre aménité qui m'a été dite et qui, de la part dont elle vient, a tout son prix à mes yeux et toute son honnêteté). Quoique je n'aie pas cru devoir parler de *Daniel*, quoique même, pour être franc, j'aie blâmé l'auteur d'y avoir mis l'épigraphe provocante qu'il y avait attachée, la moralité des livres d'art étant multiple et devant être laissée au gré du lecteur, j'ai estimé que cette étude de *Daniel* annonçait et donnait déjà en M. Feydeau un romancier plus ferme, de bien plus de force et d'étendue que ne l'indiquait son premier ouvrage. On a été ridiculement injuste pour ce *Daniel*. Il a déconcerté la plupart de ceux qui s'étaient fait à l'avance une idée de l'auteur ; s'attendant à trouver en lui un érotique, ils se rencontrèrent nez à nez avec un passionné et un byronien. La composition de ce roman (car M. Feydeau compose ses livres et ne les écrit pas au fur et à mesure, par feuilletons), le style qui, avec ses défauts, est si marqué et si expressif, n'ont pas obtenu l'attention qui était due ; on n'a pas rendu justice, non-seulement à de très-beaux tableaux très-bien exécutés, tels que l'Incendie et des paysages de marine, mais à des scènes dramatiques fort vigoureuses, à celles de la falaise entre Daniel et Louise, entre Daniel et Cabâss, à la scène de la dernière partie dans laquelle Daniel, comptant n'avoir affaire qu'à sa belle-mère,

* Victor Hugo, dans *la Légende des siècles*.

rencontre chez elle tous ses ennemis réunis et en a raison un à un, s'en débarrasse successivement, les culbute et les évince, jusqu'à ce qu'il ait réduit le débat à n'être que ce qu'il devait être d'abord, un duel à deux et sans témoins. Cabâss a pu paraître excessif, Georget n'était que vrai. Le personnage du comte de Grandmont était pris sur le vif, emporté de verve, et touché avec assez de finesse pour n'avoir pas déplu, dit-on, à ceux-là mêmes qui s'y sont le mieux reconnus.

Mais il fallait bien faire payer à l'auteur son premier succès, qui avait été d'entraînement et de surprise : au reste, je ne l'en plains pas ; il est de force à soutenir la lutte, il en a besoin peut-être, et il n'est pas de ces jolis talents qui ne vivent qu'à condition d'être dorlotés. Il a eu, d'ailleurs, une récompense qui vaut mieux que tous les articles du dehors : le maître de nos romanciers, une nature féconde et généreuse, madame Sand qui ne connaît l'auteur que par ses livres, lui en a écrit, et à diverses reprises, et des lettres pleines de sympathie, de cordialité, d'éloges et de conseils aussi, de critiques de détail discutées et motivées. Que je voudrais, mon cher directeur, pouvoir vous donner quelques extraits de ces lettres qui font tant d'honneur à tous deux, et dans lesquelles madame Sand reconnaît et salue avec bonheur en M. Feydeau cette qualité trop rare aujourd'hui et qui est l'âme de l'artiste, une ardeur, un feu, un foyer, une volonté, l'amour du bien et du mieux dans l'art.

Mais pour *Catherine d'Overmeire* dont il s'agit en ce moment*, je suis tranquille sur son compte. Elle fera,

* Chez Dentu, éditeur, Palais-Royal.

ce me semble, son chemin toute seule. Après la bourrasque de *Daniel*, le public, et même le public des critiques, qui n'est pas inflexible, reviendra. Cette histoire, où l'on ne sent pas seulement la fidèle observation des lieux, mais où perce aussi une vérité de fond et de récit, cette histoire commencée et finie au son du merveilleux carillon de Bruges, et où se déroule toute la vie d'enfance et de jeunesse de Catherine, de cette pauvre enfant « si cruellement meurtrie et de si bonne heure », intéressera. L'aventure ne finit point trop tristement cette fois, ni par un dénoûment tout heureux à la manière des romans ; elle se termine, comme il arrive le plus souvent dans la vie, par un malheur lentement consolé. Il y a de jolis et tranquilles tableaux d'intérieur, un très-beau tableau en action, traité avec furie et sûreté de pinceau, celui de l'Enlèvement. Le caractère des personnages principaux est fortement tracé, éclairé en plein tout d'abord, et soutenu jusqu'au bout ; le comte de Goyck, et surtout son vieux père impénitent et goutteux, sont d'une vérité à faire peur. Busterback, qui est le Georget du nouveau roman, ne manque pas non plus de ressemblance ; c'est un plat original dont il s'est vu plus d'une copie. La scène qui se passe dans le cabinet du procureur du roi à Bruxelles, et où sont réunis pour y être confrontés les principaux personnages, est d'un dramatique terrible sous sa forme judiciaire contenue. M. Feydeau ne ressemble pas à ce général de la guerre de Sept ans qui, lorsqu'il avait ses corps d'armée réunis, ne savait qu'en faire et se hâtait de les disperser, apparemment pour être plus sûr d'être battu ; il ne craint pas d'assembler ses personnages, et, quand il les tient sous sa main, il les fait s'entrechoquer et ne les lâche plus qu'ils ne se soient dit l'un à l'autre ce qu'ils avaient sur le cœur. Une grande figure est celle du moine prédicateur renouvelé du Moyen Âge ; je sais gré à l'auteur de n'en avoir pas fait une caricature. M. Feydeau n'a pu s'approcher de l'institution catholique et l'étudier, sans en ressentir bientôt et sans en exprimer la grandeur. Le sermon prêché à Sainte-Gudule n'est pas le moins éloquent des sermons romantiques que notre âge ait entendus : la description des ruines de Babylone qui sont une *preuve de Dieu*, est un morceau que pourrait avouer, ce me semble, un dominicain, même académicien. Enfin, dans la dernière partie où intervient et domine la figure de l'artiste enthousiaste à la fois et un peu misanthrope, Marcel, il se révèle une qualité que la vigueur du romancier avait pu dissimuler quelquefois et qui finit par éclater à son tour ; il y a de l'esprit. L'artiste piqué au jeu s'en est donné à cœur joie et a pris gaiement sa revanche. Après *Daniel*, un rival disait : « Mais savez-vous ? le coquin a du talent » ; après *Catherine*, on pourra dire : « Mais il a de l'esprit. » — Les défauts, quoique moindres, sont encore ceux des précédentes études, et je donnerai derechef pour conseil général à l'auteur : éteindre des tons trop bruyants, détendre çà et là des roideurs, assouplir, alléger sa langue dans les intervalles où le pittoresque continu n'est aucunement nécessaire ni même naturel ; se pacifier par places sans se refroidir au cœur ; garder tout son art en écrivant et s'affranchir de tout système ; — ne jamais perdre de vue que, parmi les lecteurs prévenus et à convertir, il y a aussi des malins et des délicats, et ne pas aller donner comme par un fait exprès sur les écueils qu'ils ont notés de l'œil à l'avance et où ils vous attendent.

Mais je m'oublie, et j'espère bien, mon cher directeur, que vous n'allez pas cependant vous oublier aussi, ni être assez indiscret pour me trahir.

Agréez, etc.

IV

SUR LES AUTEURS

« *Oberman* »

Nous vivons dans un temps où la publicité met un tel empressement à s'emparer de toutes choses, où la curiosité est si indiscrète, la raillerie si vigilante, et l'éloge si turbulent, qu'il semble à peu près impossible que rien de grand ou de remarquable passe désormais dans l'oubli. Chaque matin une infinité de filets sont jetés en tous sens à travers les issues du courant, et remplacent ceux de la veille, qu'on retire humides et chargés. C'est, à une certaine heure de réveil, un bruit confus, un mouvement universel de ces filets qu'on retire à l'envi, et de ces filets qui tombent. Pas un instant d'intervalle, par une ligne d'interstice, pas une maille brisée dans ce réseau : tout s'y prend, tout y reste, le gros, le médiocre, et jusqu'au plus menu ; tout est saisi à la fois ou tour à tour, et comparaît à la surface. On peut trouver à redire au pêle-mêle, désirer plus de discernement dans cette pêche miraculeuse de

Revue de Paris, 21 janvier 1832, t. 34, p. 210-228 ; repris sous le titre « M. de Sénancour », *Portraits contemporains* (3 vol.), t. I, p. 102-124 et (5 vol.), t. I, p. 143-172 (extraits p. 143-146 et p. 156-163).

chaque matin, demander trêve pour les plus jeunes, qui ont besoin d'attendre et de grandir, pour les plus mûrs, dont cette impatience puérile interrompt souvent la lenteur fécondante ; mais enfin il semble qu'au prix de quelques inconvénients on obtient au moins cet avantage de ne rien laisser échapper qui mérite le regard. Cela est assez vrai et le sera de plus en plus, j'espère ; pourtant, jusqu'ici, il y aurait lieu de soutenir, sans trop d'injustice, que cette fièvre de publicité, cette divulgation étourdissante, a eu surtout pour effet de fatiguer le talent, en l'exposant à l'aveugle curée des admirateurs, en le sollicitant à créer hors de saison, et qu'elle a multiplié, en les hâtant, l'essaim des médiocrités éphémères, tandis qu'on n'y a pas gagné toujours de découvrir et d'admirer sous leur aspect favorable certains génies méconnus.

Le mal, au reste, n'est pas bien grand pour ces sortes de génies, s'ils savent de bonne heure, abjurant l'apparence, se placer au point de vue du vrai, et il conviendrait de les féliciter, plutôt que de les plaindre, de cette obscurité prolongée où ils demeurent. Il existe une sorte de douceur sévère et très-profitable pour l'âme à être méconnu : *ama nesciri* ; c'est le contraire du *digito monstrari, et dicier Hic est* ; c'est quelque chose d'aussi réel et de plus profond, de moins poétique, de moins oratoire et de plus sage, un sentiment continu, une mesure intérieure et silencieusement présente du poids des circonstances, de la difficulté des choses, de l'aide infidèle des hommes, et de notre propre énergie au sein de tant d'infirmité, une appréciation déterminée, durable, réduite à elle-même, dégagée des échos imaginaires et des lueurs de l'ivresse, et qui nous inculque dans sa monotonie de rares et mémorables pensées. Si on ignore ainsi l'épanouissement varié auquel se livrent les natures heureuses ; si, sous ce vent aride, les couleurs sèchent plus vite dans les jeux de la sève, et bien avant que les combinaisons riantes soient épuisées ; si, par cette oppression qui nous arrête d'abord et nous refoule, quelque portion de nous-même se stérilise dans sa fleur, et si les plus riches ramures de l'arbre ne doivent rien donner ; — quand l'arbre est fort, quand les racines plongent au loin, quand la sève continue de se nourrir et monte ardemment : — qu'importe ? — les pertes seront compensées par de solides avantages, le tronc s'épaissira, l'aubier sera plus dur, les rameaux plus fixes se noueront. Ainsi pour les génies vigoureux atteints du froid oubli dès leur virilité. J'aime qu'ils ne s'irritent pas de cet oubli, qu'ils ne se détériorent pas et qu'ils tournent à bien. Qu'ont-ils à faire ? Ils s'asseyent, ils s'affermissent, ils se tassent en quelque sorte ; leur vie se réfugie au centre ; ils donnent moins parce qu'ils n'y sont pas excités, mais ils ne donnent rien contre leur désir, ni contre leur secrète loi. Ils s'élèvent et se constituent définitivement à partir d'eux seuls, sur leur propre base, sans déviation au dehors, par un développement restreint, laborieux, mais nécessaire. Tout dévoués au réel, à l'effectif, au vrai, ils ne sont pas privés pour cela d'une manière de beauté et de bonheur ; beauté nue, rigide, sentencieuse, expressive sans mobilité, assez pareille au front vénérable qui réunit les traits sereins du calme et les traits profonds des souffrances ; bonheur rudement gagné, composé d'élévation et d'abstinence, inviolable à l'opinion, inaccessible aux penchants, porté longtemps comme un fardeau, pratiqué assidûment comme un devoir, et tenant presque en entier dans l'origine à cette âpre et douloureuse circoncision du cœur, dont on reste blessé pour la vie.

[...]

Ce qui domine dans les *Rêveries*, c'est le dogme absorbant de la nécessité, c'est le précepte uniforme de la moindre action. Le jeune sage avait débuté par le stoïcisme, il le déclare ; il avait voulu nier fièrement les maux, combattre absolument les choses ; il s'y est brisé. Sa science consiste désormais à discerner ce qui est proche et permanent, ce qui est facile et inévitable, à s'y ranger, à s'y retrancher comme à un centre vrai, juste, essentiel, et à l'indiquer au monde. Plein d'aversion pour une société factice où tout, suivant lui, s'est exagéré et corrompu ; en perpétuelle défiance contre cette force active qui projette l'homme inconsidérément dans les sciences, l'industrie et les arts ; ne croyant plus, d'autre part, à la libre et hautaine suprématie de la volonté, il tend à faire rétrograder le sage vers la simple sensation de l'être, vers l'instinct végétatif, au gré des climats, au couchant des saisons ; pour une plus égale oscillation de l'âme, les données qu'il exige sont un climat fixe, des saisons régulières ; il choisit de la sorte, il compose un milieu automnal, éthéré, élyséen, selon la molle convenance d'un cœur désabusé, ou selon la mâle âpreté d'une âme plus fière, l'île fortunée de Jean-Jacques ou une haute vallée des Alpes ; il y pose le sage, il l'y assimile aux lieux, il lui dit d'aller, de cheminer à pas lents, prenant garde aux agitations trop confuses, et se maintenant par effort de philosophie à la sensation aveugle et toujours semblable. « Je ne m'assoirai point auprès du fracas des cataractes ou sur un tertre qui domine une plaine illimitée ; mais je choisirai, dans un site bien circonscrit, la pierre mouillée par une onde qui roule seule dans le silence du vallon, ou bien un tronc vieilli, couché dans la profondeur des forêts, sous le frémissement du feuillage et le murmure des hêtres que le vent fatigue pour les briser un jour comme lui. Je marcherai doucement, allant et revenant le long d'un sentier obscur et abandonné ; je n'y veux voir que l'herbe qui pare sa solitude, la ronce qui se traîne sur ses bords, et la caverne où se réfugièrent les proscrits, dont sa trace ancienne est le dernier monument. Souvent au sein des montagnes, quand les vents engouffrés dans leurs gorges pressaient les vagues de leurs lacs solitaires, je recevais du perpétuel roulement des ondes expirantes le sentiment profond de l'instabilité des choses et de l'éternel renouvellement du monde. Ainsi livrés à tout ce qui s'agite et se succède autour de nous, affectés par l'oiseau qui passe, la pierre qui tombe, le vent qui mugit, le nuage qui s'avance, modifiés accidentellement dans cette sphère toujours mobile, nous sommes ce que nous font le calme, l'ombre, le bruit d'un insecte, l'odeur émanée d'une herbe, tout cet univers animé qui végète ou se minéralise sous nos pieds ; nous changeons selon ses formes instantanées, nous sommes mus de son mouvement, nous vivons de sa vie. » Cette abdication de la volonté au sein de la nature, cette lenteur habituelle d'une sensation primordiale et continue, il la trouve si nécessaire au calme du sage en ces temps de vertige, qu'il va jusqu'à dire quelque part que, plutôt que de s'en passer, on la devrait demander aux spiritueux, si la philosophie ne la donnait pas. Son type regretté, auquel il rapporte constamment la société présente, c'est un certain état antérieur de l'homme, état patriarcal, nomade, participant de la vie des laboureurs et des pasteurs, sans professions déterminées, sans classement de travaux, sans héritages exclusifs, où chaque individu possédait en lui les éléments communs des premiers arts, la généralité des premières notions, la jouissance assidue des pâturages et des montagnes. À partir de là, tout lui paraît déviation et chute, désastre et abîme. Il a devant les yeux, comme un fantôme, les funérailles de Palmyre et le linceul de Persépolis. Il voit, par les progrès de l'industrie et l'usage immodéré du feu, le globe lui-même altéré dans son essence chimique et se hâtant vers une morte stérilité. Le genre humain en masse est perdu sans retour ; il se rue en délire selon une pente de plus en plus croulante ; il n'y a plus de possible que des protestations isolées, des fuites individuelles au vrai : « Hommes forts, hâtez-vous, le sort vous a servis en vous faisant vivre tandis qu'il en est temps encore dans plusieurs contrées ; hâtez-vous, les jours se préparent rapidement où cette nature robuste n'existera plus, où tout sol sera façonné, où tout homme sera énervé par l'industrie humaine. » L'athéisme, le *naturisme* de ce Spinosa moins géométrique que l'autre, et poétiquement rêveur, nous rappelle toutefois le raisonneur enthousiaste dans sa sobriété chauve et nue, de même que cela nous rappelle, par l'effet des peintures, par l'inexprimable mélancolie qui les couvre et l'effroi désolé qui y circule, Lucrèce, Boulanger, Pascal et l'*Alastor* du moderne Shelley. — Shelley ! Godwin !

Génie ardent, erroné, intercepté si jeune avant le retour et englouti par le gouffre ! Vieillard austère qui, après un chef-d'œuvre de ta jeunesse, t'es arrêté on ne sait pourquoi, qui t'es heurté à faux depuis ce temps sur d'ingrats labeurs, et qui, sans rien perdre assurément de ta valeur intrinsèque, n'a plus su aboutir d'une manière récréante, fructueuse et féconde ! hommes illustres et frappés ! Sénancour a plus d'un trait fraternel qui l'unit à vous, génie dévié avec l'un, génie entravé avec l'autre, exemple pareil d'un inexplicable naufrage, d'un achoppement boiteux de la destinée*.

* On lit dans son traité *de l'Amour* cette page bien digne de réflexion : « En vous rappelant sans cesse que les vrais biens sont très-supérieurs à tout l'amusement offert par l'opulence même, sachez pourtant compter pour quelque chose cet argent qui tant de fois aussi procure ce que ne peut rejeter un homme sage. Pour dédaigner les richesses, attendez que vous ayez connu les journées du malheur, que de longues privations aient diminué vos forces, et que vous ayez vu, dans la pauvreté, le génie même devenir stérile, à cause de la perpétuelle résistance des choses, ou de la faible droiture des hommes. Il vous sera permis de dire alors que rien d'incompatible avec le plus scrupuleux sentiment de notre dignité ne trouverait une excuse dans l'or reçu en échange ; mais vous saurez aussi que des richesses légalement acquises seraient d'un grand prix, et vous laisserez la prétention de mépriser les biens à ceux qui, ne pouvant s'en détacher, s'irritent contre une sorte d'ennemi toujours victorieux. » L'antique bon sens d'Hésiode avait déjà parlé en son temps de la *honte* mauvaise et ruineuse de l'homme pauvre : « car une honte qui n'est pas bonne tient l'homme nécessiteux, la honte qui tantôt sert et tantôt nuit si fort aux hommes. » En regard de ces tristes peintures, il faut mettre une page de l'heureux Goethe dans *Wilhelm Meister* : « Trois fois heureux ceux que leur naissance place aussitôt sur les hauteurs de l'humanité, qui n'ont jamais habité, jamais traversé, comme simples voyageurs, l'humble vallée où tant d'honnêtes gens agitent misérablement leur existence ! Dès leur naissance, ils montent dans le vaisseau pour faire la traversée commune, et profitent des vents favorables, tandis que les autres, réduits à se porter eux-mêmes, nagent pénible-

Au moment où se publiaient obscurément les *Rêveries*, paraissaient aussi les premiers essais d'un talent plus jeune de dix ans que M. de Sénancour, d'un talent analogue au sien en inspirations, sujet à des vicissitudes non moindres, méconnu, oublié par le même public, et qui a finalement tourné, pour le succès comme pour la direction, d'une manière bien diverse. Charles Nodier a débuté par des romans passionnés et déchirants, lambeaux arrachés d'un cœur tout vulnérable ; mais, à la différence d'Oberman, l'auteur du *Peintre de Saltzbourg* ne s'est pas replié obstinément dans la vie intérieure. Ce surcroît d'activité que son contemporain plus mûr s'est interdit avec une économie sévère, il l'a subi, il l'a exagéré, il l'a recherché et entretenu comme une ivresse bienfaisante. La distraction, l'apparence, le phénomène, les entraînements littéraires et politiques, le prestige épanoui des arts, l'érudition spéciale et même ingénieusement futile, une succession, un mélange diversifié de passions brûlantes, de manies exquises, de dilettantismes consom-

---

ment, profitent peu de la faveur des vents et périssent, après avoir bientôt épuisé leurs forces, dans l'horreur du naufrage. Que la démarche de l'homme est libre et légère quand il est né riche ! Qui peut mieux connaître ce que les choses humaines valent et ne valent point, que celui qui, dès ses premières années, en a connu la jouissance ? et qui peut diriger plutôt son esprit vers le vrai, l'utile et le nécessaire, que celui qui doit déjà se corriger d'une foule d'erreurs dans un âge où les forces encore complètes lui permettent de recommencer une vie nouvelle ? » — C'est ce renouvellement qui a lieu plusieurs fois dans l'existence des grands individus, dont a manqué M. de Sénancourt. — (Pour les curieux, j'indiquerai encore une pensée de Jean-Paul sur la richesse et la pauvreté, sur la richesse mauvaise à vingt ans, sur la pauvreté mauvaise à cinquante. — *Revue germanique*, du 31 octobre 1858, p. 88.)

més, il a tout traversé, et s'est pris à chaque attrait sans s'arrêter à aucun. De cette souplesse, de cette facilité dans la vie, ont dû ressortir pour le talent une expansion croissante, une capricieuse dextérité, des replis sinueux sur une circonférence infinie, toutes les modulations murmurantes des roseaux, toutes les changeantes nuances du prisme, l'émail des prairies inclinées ou les reflets des ailes des coléoptères. Son plein automne aujourd'hui est riche à tous les yeux, séduisant à voir, et chacun l'aime. L'auteur d'*Oberman* s'est de bonne heure fermé et fixé ; immobile devant l'ensemble des choses, les embrassant dans leur étendue sans jamais les entamer par leurs détails, incapable de s'ingénier, de s'orienter dans la cohue, exigeant avant tout, et pour user de ses moyens, qu'on l'isole et qu'on le pose, nature essentiellement méditative, il a surtout visé au juste et au vrai ; renonçant au point de vue habituel, il a dépouillé l'astre, pour le mieux observer, de ses rayons et de sa splendeur ; il s'est consacré avec une rigueur presque ascétique à la recherche du solide et du *permanent*. Chaque écrivain a son mot de prédilection, qui revient fréquemment dans le discours et qui trahit par mégarde, chez celui qui l'emploie, un vœu secret ou un faible. On a remarqué que madame de Staël prodiguait la *vie* ; elle-même a remarqué que M. de Guibert, dans son discours de réception à l'Académie, répéta, je ne sais combien de fois, le mot de *gloire*. Tel grand poëte épanche sans relâche l'*harmonie* et les *flots* ; tel autre, à l'étroit dans cette civilisation étouffante, ne peut s'empêcher de remonter à une scène héroïque et au monde des *géants*. Un éloquent professeur de psychologie morale exprime volontiers par une plainte *mélancolique* l'insuffisance de cette contemplation familière. L'improvisation *brillante* du plus *ingénieux* de nos critiques se redisait, sans y songer, sa propre louange à elle-même. Je sais un journaliste courageux chez qui le mot de *colère* signait presque à chaque fois l'article ; je sais un romancier anonyme chez qui le mot de *fiel* revient plus souvent qu'il ne faudrait*. La devise de Nodier, que je n'ai pas vérifiée, pourrait être *Grâce, fantaisie, multiplicité* ; celle de Sénancour est assurément *Permanence*. Cette expression résume sa nature. L'élévation dans la permanence, c'est la maxime favorite qui domine et abrite en quelque sorte sa vie. Il en résulte que dans sa manière, particulièrement dans celle de ses derniers ouvrages, il devient en plusieurs endroits obscur et d'une lecture difficile, parce qu'il évite de spécialiser sa pensée en la revêtant d'exemples vifs, de citations ostensibles, en l'illustrant de détails et de rapprochements historiques. On dirait que, dans son scrupule de véracité excessive, il s'abstient du récit, de l'anecdote, du nom propre, comme d'une partie variable et à demi mensongère. Son idée se traduit constamment sous la forme morale ; c'est tout au plus si de loin en loin il la couronne de quelque grande image naturelle.

* Si l'on cherchait des noms derrière ces signalements, qui doivent aujourd'hui paraître un peu vagues, je crois qu'on ne se tromperait guère en lisant Lamartine, Hugo, Jouffroy, Villemain, Dubois (du *Globe*), et Delatouche. J'ai dû faire moi-même un léger effort de souvenir pour m'y retrouver.

M. A. de Musset

Au moment où l'Angleterre et l'Allemagne semblent avoir épuisé le magnifique essor poétique qui les emportait depuis plus de quarante ans, et dans ce double silence qui se fait autour de nous du côté des tombes de Byron et de Goethe, il est bon de voir le mouvement de la France grandir et s'étendre par des productions multipliées de poëtes, et, au lieu de symptômes de lassitude, d'y découvrir une émulation croissante et d'actives promesses. Il y a bien quelque quarante ans aussi que la rénovation poétique, qui est en pleine vogue à cette heure, a débuté chez nous dans les vers d'André Chénier, et a fait route latéralement dans la prose des *Études*, des *Harmonies de la Nature*, dans celle de Corinne, René, Oberman et des romans de Nodier, tous ces fils des *Rêveries*, toute cette postérité de Jean-Jacques. Mais ce n'est que depuis moins de quinze ans, c'est-à-dire depuis la mise au jour d'André

Revue des Deux Mondes, 15 janvier 1833, p. 171-185 ; *Portraits contemporains* (3 vol.), t. I, p. 407-427 et (5 vol.), t. II, p. 177-201 (extraits p. 177-188 et 193-201).

Chénier et l'apparition des premières *Méditations poétiques*, ces deux portes d'ivoire de l'enceinte nouvelle, que notre poésie, à proprement parler, a trouvé sa langue, sa couleur et sa mélodie, telles que les réclamait l'âge présent, et qu'elle a pu exprimer ses sentiments les plus divers sur son véritable organe. Jusque-là, cette poésie, en ce qu'elle avait de particulier, et j'oserai dire d'essentiel, semblait décidément subalterne, inférieure à la prose, incapable dans ses vieilles entraves d'atteindre à tout un ordre d'idées modernes et d'inspirations, qui s'élargissait de jour en jour. Jean-Jacques, M. de Chateaubriand, Benjamin Constant et Mme de Staël, essayant de s'exprimer en vers, m'ont toujours fait l'effet de Minerve, qui, voulant jouer de la flûte au bord d'une fontaine, s'y regarde et se voit si laide, qu'elle jette de dépit la flûte au fond des eaux. J'en demande pardon à ces admirables prosateurs qui, révérant l'art des vers dans Corneille, Racine et La Fontaine, comme une rareté ensevelie, désespéraient de le faire renaître. Ils avaient cent autres dons excellents ; un seul, mais qui n'était pas le moindre, leur a manqué. M. de Musset a cavalièrement raison contre eux tous dans la stance suivante :

J'aime surtout les vers, cette langue immortelle.
C'est peut-être un blasphème et je le dis tout bas ;
Mais je l'aime à la rage. Elle a cela pour elle,
Que les sots d'aucun temps * *n'en ont pu faire cas,*

* Le poëte oublie un peu trop que parmi les dépréciateurs de la rime et des vers sont Pascal, Malebranche, La Motte, et l'abbé Prévost (voir *le Pour et Contre*, nombres 78, 79, 122, 146 et 147). Enfin il oublie encore que la manie de versifier a, de tout temps,

Qu'elle nous vient de Dieu — qu'elle est limpide et belle,
Que le monde l'entend et ne la parle pas.

Or, depuis 1819, ce qu'on pourrait appeler l'école poétique française n'a pas cessé de marcher et de produire : son développement non interrompu se partage assez bien en trois moments distincts ; on y compte déjà trois générations et comme trois rangées de poëtes. De 1819 à 1824, sous la double influence directe d'André Chénier et des *Méditations*, sous le retentissement des chefs-d'œuvre de Byron et de Scott, au bruit des cris de la Grèce, au fort des illusions religieuses et monarchiques de la Restauration, il se forma un ensemble de préludes, où dominaient une mélancolie vague, idéale, l'accent chevaleresque, et une grâce de détails curieuse et souvent exquise. MM. Soumet et Guiraud appartiennent purement à cette phase de notre poésie, et en représentent, dans une espèce de mesure moyenne, les mérites passagers et les inconvénients. Deux autres talents plus fermes, qui s'y rapportent également, quoique issus du libéralisme, MM. Lebrun et de Latouche, l'un dans ses poëmes, l'autre dans ses trop rares élégies, réfléchissent aussi, avec une fidélité diverse, l'émotion et la teinte poétique de ce moment d'initiation, auquel M. Delavigne demeura, lui, complètement insensible. Béranger restait tout à fait en

été le lot de bien des sots proprement dits, sots fieffés à la Lemierre, à la Delrieu ou à la Viennet, qui poursuivent les gens de leurs rimes jusque dans la rue. Il n'est pire fléau qu'un méchant poëte, ni de plus acharné, sous prétexte qu'il parle la langue des dieux.

dehors ; mais il le pouvait, grâce à la maturité originale de son génie, au caractère expressément politique de sa mission, à la spécialité unique de son genre. Les secondes *Méditations*, *la Mort de Socrate*, les premières odes de M. Hugo, divers poëmes de M. de Vigny, datent et illustrent la période dont il s'agit ; mais, à part M. de Lamartine qui l'avait ouverte, ces autres poëtes, plus jeunes, n'étaient pas arrivés à leur expansion définitive : ce ne fut guère que de 1824 à 1829, dans la seconde phase du mouvement que nous décrivons, qu'ils montèrent à leur rang, groupant autour d'eux et suscitant une génération fervente. Les principaux traits de cet autre moment si bien rempli furent la suprématie, le culte de l'Art considéré en lui-même et d'une façon plus détachée, un grand déploiement d'imagination, la science des peintures, l'histoire entamée dramatiquement, évoquée avec souffle, comme dans le *Cinq-Mars* et le *Cromwell*, la reproduction expressive du Moyen-Âge mieux envisagé, de Dante et de Shakspeare compris à fond ; on perfectionna, on exerça le style ; on trempa le rythme ; la strophe eut des ailes ; on se rapprochait en même temps de la vérité franche et réelle dans les tableaux familiers de la vie. Vers la fin, comme cela a été récemment indiqué à propos de M. Antony Deschamps*, on essayait d'infuser dans cette poésie pittoresque une philosophie platonicienne, dantesque, un peu alexandrine. Les tentatives passionnées du théâtre faisaient seules diversion à ces études intimes et délicieuses du moderne Musée.

* Par M. Brizeux, *Revue des Deux Mondes*, janvier 1833.

Ces tentatives toutefois, en redoublant, commençaient à donner une direction assez divergente à plusieurs talents jusqu'alors unis, et l'école poétique était en plein train de se transformer par la force des choses, quand la révolution de Juillet, en éclatant brusquement, abrégea l'intervalle de transition, et lança par contrecoup tout ce qui avait haleine dans une troisième marche dont nous pouvons déjà noter quelques pas. Jusqu'ici, depuis deux ans passés, il ne paraît plus qu'il existe aucun centre poétique auquel se rattachent particulièrement les essais nouveaux d'une certaine valeur. La dispersion est entière ; chacun s'introduit et chemine pour son propre compte, fort chatouilleux avant tout sur l'indépendance. Les poëtes renommés, cependant, ont continué de produire. M. de Lamartine, en moisson dans l'Orient, a chanté de beaux chants de départ ; Béranger va nous donner ses adieux. *Les Feuilles d'Automne* ont révélé des richesses d'âmes imprévues, là où il semblait que l'imagination eût tout tari de ses splendeurs. La prose de *Stello* si savante, si déliée, a fait acte de poésie, autant par les trois épisodes qu'elle décore, que par cette analyse pénétrante de souffrances délicates et presque inexprimables qu'il n'est donné qu'à une sensibilité d'artiste de subir à ce point et de consacrer. Mais, indépendamment de ces talents établis qui poursuivent leur œuvre, en la modifiant la plupart, et avec raison, selon une pensée sociale, voilà qu'il s'élève et se dresse une troisième génération de poëtes, dont on peut déjà saisir la physionomie distincte et payer l'effort généreux. C'est au premier abord quelque chose de plus varié, de plus épars qu'auparavant, de plus dégagé des questions d'école, de plus préoccupé de soi et de l'état de la société tout ensemble. L'art, ou plutôt les vétilles de l'art, la bordure traînante du manteau, qui, chez quelques disciples de la précédente manière, était relevée et troussée en chemin avec un soin superstitieux, fait souvent place ici à un désordre, à une profusion négligente, qui n'est ni sans charme ni sans affectation. L'auteur de *Marie* pourtant a gardé chaste et noué le long vêtement de la Muse ; espèce de Bion chrétien, de Synésius artiste, en nos jours troublés ; jeune poëte alexandrin qui a maintenant rêvé sous les fresques de Raphaël, et qui mêle sur son front aux plus douces fleurs des landes natales une feuille cueillie au tombeau de Virgile. La philosophie discrète et sereine, qui transpire dans sa poésie, continue peut-être trop celle du moment antérieur ; elle est douée toutefois d'un sentiment exquis du présent. Qu'il ose donc, sous de beaux symboles, à l'exemple du chantre de Pollion, toucher quelques points de la transformation profonde qui s'opère ! Son ami, l'auteur des *Iambes*, et aujourd'hui du *Pianto*, a osé beaucoup : proférant des paroles ardentes, et d'une main qui n'a pas craint quelque souillure, il a fouillé du premier coup dans les plaies immondes, il les a fait saigner et crier. Son *Iambe*, non pas personnel et vengeur comme celui d'Archiloque ou de Chénier, ressemblait plutôt à l'hyperbole des stoïciens Perse et Juvénal. Chez M. Barbier, artiste, sinon stoïcien, sectateur de Dante et de Michel-Ange, sinon de Chrysippe et de Crantor, il y avait un idéal de beauté et d'élévation qu'il confrontait violemment avec la cohue des vices qu'un brusque orage avait soulevée. Cet idéal, qu'attestait déjà *la Tentation*, ressort désormais et se compose en plein sous une harmonieuse tristesse dans *le Pianto*, dont l'éclat est trop voisin de nos pages* pour que nous puissions l'y juger. On saisira toute la portée de l'idée dont l'Italie n'est, à vrai dire, que la plus auguste figure. La religion sans âme, la beauté vénale et souillée, ce n'est pas seulement Rome ou Venise ; le peuple méprisé et fort, c'est partout *la Terre de labour* ; Juliette assoupie et non pas morte, Juliette au tombeau, appelant le fiancé, c'est la Vierge palingénésique de Ballanche, la noble Vierge qui, des ombres du caveau, s'en va nous apparaître sur la plate-forme de la tour ; c'est l'avenir du siècle et du monde.

On ne devra pas demander de pensée de ce genre à un *Spectacle dans un Fauteuil*, que M. de Musset vient de publier, bien que ce livre classe définitivement son auteur parmi les plus vigoureux artistes de ce temps ; mais l'esprit de l'époque, en ce qu'elle a de brisé et de blasé, de chaud et de puissant en pure perte, d'inégal, de contradictoire et de désespérant, s'y produit avec un jet et un jeu de verve admirables en toute rencontre, et qui effrayent de la part d'un si jeune poëte. M. Alfred de Musset n'a guère plus de vingt-trois ans, si encore il les a : il a commencé à versifier dès dix-huit. Lié d'abord avec les poëtes de la seconde période, avec ce groupe qu'on a désigné un peu mystiquement sous le nom de *Cénacle*, il lançait au sein de ce cercle favorable ses premières études de poésie, quelques pastiches d'André Chénier, des chansons espagnoles d'une heureuse turbulence de page, mais visiblement chauf-

* Le poëme du *Pianto* paraissait dans le même numéro de la *Revue des Deux Mondes* qui contenait l'article sur M. de Musset.

fées au large soleil couchant des *Orientales*. La forme dramatique et les petites compositions à la Mérimée le tentèrent vite. Un Mathurin Regnier, qui lui tomba sous la main, lui ouvrit une copieuse veine de style franc et nourrissant qu'il versa sans tarder sur la scène du corps de garde et du cabaret borgne dans *Don Paez*. Puis Shakspeare et Byron le saisirent, et ce dernier ne le lâcha pas. Entre ces deux divins maîtres, Crébillon fils se glissa en marquis par ses jolies fantaisies libertines, *Ah ! quel conte !* et *la Nuit et le Moment* ; Clarisse Harlowe elle-même, plus révérencieuse, eut son tour. Que dirai-je ? de réaction en réaction, ce jeune homme en vint, chose monstrueuse en 1829, à admirer et à préconiser les vers de Voltaire. En un mot, M. de Musset, dans toute la crudité de l'adolescence *(proterva ætas)*, se comporta comme un bachelier impétueux qui brise, chaque matin, ses adorations de la veille, et talonne, un peu injurieusement peut-être, en le quittant, le degré où il s'accoudait tout à l'heure. Il faut ajouter que, pour sa peine, il fut quelque temps à débarrasser le seuil de son talent de ce pêle-mêle de statues, et des débris qu'il en avait faits*.

Les *Contes d'Espagne et d'Italie*, publiés en janvier

* C'est ce qui a fait dire à quelqu'un de plus sévère que nous : « Musset a un merveilleux talent de pastiche : tout jeune, il faisait des vers comme Casimir Delavigne, des élégies à l'André Chénier, des ballades à la Victor Hugo ; ensuite il est passé au Crébillon fils. Plus tard, il s'est acquis quelque chose de très-semblable à la fantaisie shakspearienne ; il y a joint des poussées d'essor lyrique à la Byron, il a surtout refait du Don Juan avec une pointe de Voltaire. Tout cela constitue bien une espèce d'originalité ; *e pure...* On dirait de la plupart de ses jolies petites pièces ou *saynètes* que c'est traduit on ne sait d'où, mais cela fait l'effet d'être traduit. »

1830, annonçaient hautement un poëte. Les bonnes gens n'y virent que *la Ballade à la lune*, et n'entendirent pas raillerie sur ce *point* d'invention nouvelle : ce fut un haro de gros rires. Tous ceux qui avaient un cœur capable de passion relurent *Portia* et palpitèrent. Le noble Farcy en raffolait. Ce tableau d'alcôve au retour du bal, la blancheur de l'aube qui fait pâlir le croissant et l'ombre, tandis qu'une femme lasse, couchée et à demi sommeillante, livre aux yeux un bras nu qui pend ; le parfum qu'elle exhale, comme une fleur sous la brise des nuits, ce chant incertain accompagné de guitare au pied du balcon, toute cette scène mystérieuse qui aboutit au soupçon dans le cœur de l'époux, forme une ouverture d'un calme inquiétant, assez approchante, pour l'effet, du début de *Parisina*. Après cette suavité première, succède aussitôt la grandeur : l'entrée du jeune inconnu dans l'église, sans respect et aussi sans mépris, son attente agitée, ses pas distraits sous les voûtes sonores, contrastent avec le génie des solitudes de Dieu. Sa fuite empressée, le soir, quand son coursier l'emporte au rendez-vous, provoque la bénédiction imprévue et presque tendre que le poëte envoie à l'amant. Puis, tout à côté, jaillit l'apostrophe outrageante et impie aux vieillards, dérision dure qui les traîne devant nous par les cheveux, afin qu'ils nous récitent, un pied dans la tombe, leurs joies de vingt ans, comme s'il n'y avait de sacré au monde que la jeunesse, la beauté et l'amour. Ainsi, d'élans en élans, d'émotion en impiété, tout nous mène à la volupté enivrante de la nuit, au meurtre de l'époux, à la volupté encore, sur cette mer de Venise, où reparaissent voguant, pleins d'oubli, le meurtrier aimé et la belle adultère :

Peut-être que le seuil du vieux palais Luigi
Du pur sang de son maître était encor rougi ;
Que tous les serviteurs, sur les draps funéraires,
N'avaient pas achevé leurs dernières prières ;
Peut-être qu'à l'entour des sinistres apprêts,
Les prieurs, s'agitant comme de noirs cyprès,
Et mêlant leurs soupirs aux cantiques des vierges,
N'avaient pas sur la tombe encore éteint les cierges,
Peut-être de la veille avait-on retrouvé
Le cadavre perdu, le front sous un pavé ;
Son chien pleurait sans doute et le cherchait encore :
Mais, quand Dalti parla, Portia prit sa mandore,
Mêlant sa douce voix, que la brise écartait,
Au murmure moqueur du flot qui l'emportait...

Les deux autres drames de ce volume, *Don Paez* et *la Camargo*, renfermaient des beautés du même ordre, mais moins soutenues, moins enchaînées, et dans un style trop bigarré d'enjambements, de trivialités et d'archaïsmes. En somme, il y avait dans ce jeune talent une connaissance prématurée de la passion humaine, une joute furieuse avec elle, comme d'un nerveux écuyer cramponné, à force de jarret et d'ongles, au dos d'une cavale fumante. Le *durus Amor*, l'*Amour, fléau du monde, exécrable folie**, n'avait jamais été étreint plus au vif, et, pour ainsi dire, plus au sang. Le poëte de dix-neuf ans remuait l'âme dans ses abîmes, il en

* Ce qui n'a pas été remarqué, c'est que cette apostrophe si admirée à l'Amour n'est autre qu'un passage de la Notice de Latouche sur André Chénier ; Latouche y apostrophait déjà en propres termes « ce sentiment *qui tient à la douleur par un lien, par tant d'autres à la volupté* ».

arrachait la vase impure à une étrange profondeur ; il culbutait du pied le couvercle de la tombe : à lui les femmes en cette vie, et le néant après ! La vieillesse était apostrophée, foulée en maint endroit, secouée par le menton, comme décrépite. Sous le masque de son Mardoche, irrécusable bâtard de Cunégonde et de Don Juan dans leur vieillesse, il ricanait quelque part, à voix intelligible, de *ce bon peuple hellène*,

Dont les flots ont rougi la mer Hellespontienne
Et taché de leur sang tes marbres, ô Paros !

Quel était donc ce cœur de poëte qui avait tant de pitié de la blancheur des marbres ? Comment fallait-il l'entendre ? Était-il sérieux et sincère ? Car, pour poëte, il l'était manifestement, même au fort de sa débauche. Dans ses plus mauvais chemins, la vérité rayonnante, l'image inespérée, l'éclat facile et prompt, jaillissaient de la poussière de ses pas. Ce que ne donnent ni l'effort, ni l'étude, ni la logique d'un goût attentif et perfectible, il l'atteignait au passage ; il avait dans le style cette vertu d'ascension merveilleuse qui transporte en un clin d'œil là où nul n'arrive en gravissant. Ce n'étaient pas des couleurs combinées, surajoutées par un procédé successif, mais bien le réel se dorant çà et là comme un atome à un rayon du matin, et s'envolant tout d'un coup au regard dans une transfiguration divinisée.

[...]

M. de Musset ne paraît pas s'être inquiété jusqu'ici d'établir en son talent une force concentrique et régnante : il embrasse beaucoup, il s'élance très-haut et très-avant en tous sens ; mais il brise, il bouleverse à plaisir ; il se plaît à aller, puis soudain à rebrousser ; il accouple exprès les contraires. Bien des talents d'une moindre étendue sont plus sphériques en quelque sorte, et, suivant moi, plus parfaits que le sien. Il suffirait qu'on le louât de préférer et de pratiquer une chose, pour qu'il s'applaudît à l'instant d'aimer également toutes les autres. Sa préface exprime très-vivement ce goût, oserai-je dire cette manie de diversité ? qui se retrouve à la fin dans *Hassan*, que *Beppo* avait déjà eue, je crois. L'adorable drôlerie, *À quoi rêvent les jeunes filles*, imbroglio malicieux et tendre qu'on peut lire entre *le Songe d'une nuit d'été* ou *Comme il vous plaira* et le cinquième acte de *Figaro*, n'est que le gracieux persiflage de cette idée de chaos où il se joue, de même que Frank m'en paraît la personnification sombre, fatiguée et luttante. Le plus beau passage du volume, ces stances du milieu de *Namouna*, que nul ne se chantera sans larmes, ce Don Juan vraiment nouveau, réalisé d'après Mozart, qu'est-ce encore, je le demande, sinon l'amas de tous les dons et de tous les fléaux, de tous les vices et de toutes les grâces ; l'éternelle profusion de l'impossible ; terres et palais, naissance et beauté; trois mille* noms de femmes dans un seul cœur ; le paradis de l'enfer, l'amour dans le mal et pour le mal, un amour pieux, attendri, infini, comme celui du *vieux Blondel pour son pauvre roi* ? Si j'ai dit que l'œuvre manquait d'unité, je me rétracte ; l'insaisissable unité se rassemble ici comme dans un éclair, et tombe magiquement sur ce visage : voilà l'objet d'idolâtrie.

* *Trois mille*, c'est une traduction libre, et très-libre, du *mille e tre* du Don Juan antérieur.

À travers tout le premier drame qui se passe au Tyrol, un air vif des montagnes circule ; on entend l'*hallali* des chasseurs qui fait bondir ; on croit boire à pleine main la saveur glacée des neiges dont la franche âcreté répare un sang affadi. Mais, dans les jardins du duc Laërte, sous le double bosquet où les deux sœurs soupirent, ce sont de tièdes et languissants parfums, mille Zéphires moqueurs et la mélodie lutine des fées.

Le style du *Spectacle dans un Fauteuil* n'a plus rien du système ni du pastiche, comme certains endroits des *Contes d'Espagne et d'Italie* ; mais, en revanche, les incorrections et les négligences n'y sont pas ménagées : *la plupart meurt*, etc., etc. Il y a force obscurités par manque de liaison ; ainsi, je n'ai pas compris le duc Laërte disant (page 168) :

Nous voulons la beauté pour avoir la tristesse.

Belcolore dit quelque part à Frank :

Prétends-tu me prouver que j'aie un cœur de pierre ?

Frank lui répond :

Et ce que je te dis ne te le lève pas !

Les rimes sont partout réduites à leur minimum, *griser* et *lévrier* par exemple, *Danaé* et *tombé* : le poëte en cela a trouvé moyen de renchérir sur Voltaire. De plus, grâce à l'emploi des rimes entre-croisées comme dans *Tancrède*, on croirait de temps à autre lire des vers blancs ; on peut trouver en effet quatre vers de suite qui forment un sens complet sans rimer. Il s'en est même glissé un tout à fait blanc, page 55, et, dans l'absence générale de rythme, j'ai eu quelque peine à l'apercevoir*.

Bien qu'un poëte ne soit pas nécessairement un critique, que mille éléments suspects animent les jugements littéraires qu'il laisse tomber d'un ton d'oracle, et qu'on ne doive pas lui en demander un compte trop scrupuleux, pourtant la préface en vers de M. de Musset renferme, entre autres opinions contestables, un rapprochement entre Mérimée et Calderon, qui m'a semblé dépasser toutes les bornes de la licence poétique en pareille matière :

L'un, comme Calderon et comme Mérimée,
Incruste un plomb brûlant sur la réalité, etc.

Nous avons peu pratiqué Calderon ; mais nous en avons assez entrevu pour ne jamais rapprocher ce grand dramatiste catholique, presque canonisé par les Schlegel, du talent fort médiocrement spiritualiste de notre énergique et sobre contemporain. Les comédies de cape et d'épée, par lesquelles il peut coudoyer un moment Mérimée, ne sont qu'une portion secondaire

* « Musset, a dit l'un de nos amis déjà cités, a l'affectation et la prétention de la négligence. Il a voulu rompre avec l'école dite de la *forme*, et, en rimant mal exprès, il a cru donner une ruade au Cénacle. Sa ballade *andalouse* était mieux rimée dans le premier jet ; il l'a *dérimée* après coup, comme s'il avait craint de montrer le bout de la cocarde. Un aimable d'esprit qui donnait dans un autre abus, Émile Deschamps, pendant ce temps-là, n'avait pas de cesse qu'il n'eût remis sur de meilleures rimes les ballades de Moncrif. *Sua quemque...* On touche en ces deux exemples les deux excès opposés, et l'un des deux explique l'autre. »

de son œuvre. L'image du *plomb incrusté dans la réalité*, de l'*effigie d'airain emportée d'un coup de ciseau*, cette image si juste quand elle s'applique au père de *Mateo Falcone*, de *Tamango* et de *Catalina*, jure énormément avec la nature tout ailée du génie à qui l'on doit *Psyché*, *le Lis du Carmel*, et ces *Actes* sans nombre d'où les chant séraphiques s'exhalent comme des bouffées de chauds arômes ou les nuées d'encens dans les sanctuaires*.

* À l'appui de ce jugement sur M. Mérimée, et pour mieux distinguer un talent contemporain qu'on n'a pas eu encore l'occasion d'analyser avec plus de détail, on citera ici un passage du *Globe* (janvier 1831) ; il y faut faire la part de la phraséologie légèrement saint-simonienne : « En relisant le *Théâtre de Clara Gazul*, toutes les autres productions de l'auteur me sont revenues à l'esprit, et je me suis confirmé dans l'idée que c'était l'un des artistes les plus originaux et les plus caractéristiques de cette époque souverainement individuelle. Né, j'imagine, avec une sensibilité profonde, il s'est bientôt aperçu qu'il y aurait duperie à l'épandre au milieu de l'égoïsme et de l'ironie du siècle ; il a donc pris soin de la contenir au dedans de lui, de la concentrer le plus possible, et, en quelque sorte, sous le moindre volume ; de ne la produire dans l'art qu'à l'état de passion âcre, violente, héroïque, et non pas en son propre nom ni par voie lyrique, mais en drame, en récit, et au moyen de personnages responsables. Ces personnages mêmes, l'artiste les a poussés d'ordinaire au profil le plus vigoureux et le plus simple, au langage le plus bref et le plus fort ; dans sa peur de l'épanchement et de ce qui y ressemble, il a mieux aimé s'en tenir à ce qu'il y a de plus certain, de plus saisissable dans le réel ; sa sensibilité, grâce à ce détour, s'est produite d'autant plus énergique et fière qu'elle était nativement peut-être plus timide, plus tendre, plus rentrée en elle-même ; elle a fait bonne contenance, elle s'est aguerrie et a pris à son tour sa revanche d'ironie sur le siècle : de là une manière à part, à laquelle toutes les autres qualités de l'auteur ont merveilleusement concouru. — Esprit positif, observateur, curieux et studieux des détails, des faits, et de tout ce qui peut se montrer et se préciser, l'auteur s'est de bonne heure affranchi de la métaphysique vague de notre époque critique, en religion, en philosophie, en art, en histoire, et il ne s'est guère soucié d'y rien substituer.

Mais c'est épiloguer bien longtemps : quoi qu'il en soit des détails, un poëte nouveau, par cette éclatante récidive, nous est dûment acquis et constaté. Ainsi les rangs se pressent ; le ciel poétique de la France se peuple. À chaque heure, de plus jeunes étoiles lèvent le front ; d'autres, qui n'étaient que pâles et douteuses

---

Éclectiques, romantiques, doctrinaires, républicains ou monarchistes ; systématiques de tout bord et de toute conviction, il les a laissés dire ; il n'en a repoussé ni épousé aucun, se taisant, n'écoutant pas toujours, s'abstenant d'avoir là-dessus le moindre avis ; mais il relisait de temps à autre *le Prince* de Machiavel, qui lui semblait une œuvre solide à méditer ; il relisait *l'Art poétique* d'Horace, pour y retrouver quelques détails sur les procédés scéniques des anciens, ou les *Confessions* de saint Augustin, pour y voir comment un jour le saint prit goût, malgré lui, aux jeux du cirque. Il s'attachait aux faits, interrogeait les voyageurs, s'enquérait des coutumes sauvages comme des anecdotes les plus civilisées ; s'intéressait à la forme d'une dague ou d'une liane, à la couleur d'un fruit, aux ingrédients d'un breuvage ; il rétrogradait sans répugnance et avec une nerveuse souplesse d'imagination aux mœurs antérieures, se faisait à volonté Espagnol, Corse, Illyrien, Africain, et de nos jours choisissait de préférence les curiosités rares, les singularités de passions, les cas étranges, débris de ces mœurs premières et qui ressortent avec le plus de saillie du milieu de notre époque blasée et nivelée ; des adultères, des duels, des coups de poignard, de bons scandales à notre morale d'étiquette. En s'appliquant à ces faits, pour leur imprimer le cachet de son génie, pour les tailler en diamant et les enchâsser dans un art très-ferme et très-serré, l'auteur n'a jamais songé, ce semble, à les rapporter aux conceptions générales, soit religieuses, soit politiques, dont ils n'étaient que des fragments ou des vestiges ; la vue d'ensemble ne lui sied pas ; il est trop positif pour y croire ; il croit au fait bien défini, bien circonstancié, poursuivi jusqu'au bout dans sa spécialité de passion et dans son expression matérielle ; le reste lui paraît fumée et nuage. Sans croyance aux doctrines générales du passé, sans confiance aux vagues pressentiments d'avenir ni aux inductions d'une critique conjecturale, s'il abordait des actes et des passions tenant par leur milieu à une époque *organique*, il les

encore, grossissent, se dégagent ; et, à mesure que l'importance de chacun diminue, la gloire et l'ornement du pays s'augmentent.

Pour nous, critique, chargé d'enregistrer à temps ces choses nouvelles, nous tâcherons de n'y jamais manquer, et nous gardant, s'il se peut, de la précipitation

---

verrait mal et les peindrait incomplètement. S'il s'attaquait au vrai Moyen Âge, aux siècles de Hildebrand et de Bernard, il n'accorderait pas assez à l'influence universelle, à la splendeur du soleil catholique ; les exceptions et les points obscurs le distrairaient de la vérité d'ensemble. De nos jours, quand il a abordé certaines parties du règne de Napoléon, ç'a été la critique et l'ironie qui ont prévalu ; il nous a peint des lieutenants de la vieille armée espions, de jeunes fils de famille bonapartistes grossiers ; et sa sublime *Prise d'une Redoute* n'est que le côté lugubre de la gloire militaire : il n'a pas embrassé, dans les peintures détachées qu'il en a données, l'harmonie de ce grand règne. Aussi M. Mérimée, dans le choix de ses sujets, se prend-il de préférence à des époques où les particularités ne sont pas trop commandées par un ordre dominant, ou à des races qui sont demeurées dans leur sauvagerie primitive. Le XVIe siècle lui va à merveille, parce que le Moyen Âge, en s'y brisant, le remplit d'éclats, et qu'en crimes et en vertus l'énergie individuelle, poussée à son comble, y hérite directement de tout ce qu'avait amassé, durant des siècles, l'organisation féodale et catholique. Son talent d'observation et son génie de peintre y triomphent dans le choc violent des événements et l'originalité des caractères. De nos jours les histoires de bandits corses, de peuplades slaves, les aventures de négriers, lui conviennent encore ; il s'y complaît et y excelle. Ou bien c'est ce que notre civilisation raffinée a de plus piquant et de plus relevé dans son insipidité habituelle : des comédiennes héroïques, des prêtres amoureux, des retours subtils de jalousie ou de remords. Le procédé d'exécution répond tout à fait à ce qu'on peut attendre : une simplicité parfaite, une force continue ; point de *pomposo* ni de bavardage ; point de réflexions ni de digressions ; quelque chose de droit qui va au but, qui ne se détourne ni d'un côté ni de l'autre, et pousse devant, en marquant chaque pas, comme un bélier sombre ; point de vapeurs à l'horizon ni de demi-teintes, mais des lignes nettes, des couleurs fortes dans leur sobriété, des *ciels* un peu crus, des tons graves et bruns ;

enthousiaste qui prophétise inconsidérément des splendeurs par trop nébuleuses, nous ne serons pas des derniers à signaler les vraies apparitions dignes du regard. Nous ferons l'office de la vigie, et notre cri de découverte sera toujours mêlé d'émotion et de joie. Quand on a soi-même des portions de l'artiste, qu'on l'a été un moment, ou du moins qu'on a désiré de le devenir à quelque degré, la vigilance sur les créations naissantes est extrême ; le clin d'œil est rapide et peu trompeur ; on reconnaît avec un instinct vif, presque jaloux, ces lumières qui pointent à l'horizon et vont à mesure éteindre les anciennes. Il y a quelque chose qui nous parvient vite dans tout ce qui hâte l'oubli qu'on fera de nous, dans tout ce qui rappelle les honneurs et les palmes exclusives auxquelles on avait songé. Qu'y faire ? Il faut se répéter chaque matin, quand on ne vit pas dans un âge de barbarie, quand les rivaux abondent et que les rangs se pressent, ce que disait à Dante le peintre Oderic, puni d'orgueil au purgatoire : « Après moi, disait cette âme en rougissant, après moi, Fran-

---

chaque circonstance essentielle décrite, chaque réalité serrée de près et rendue avec une exactitude sévère ; chaque personnage conséquent à lui-même de tout point ; vrai de geste, de costume, de visage : concentré et viril dans sa passion, même les femmes ; et derrière ces personnages et ces scènes, l'auteur qui s'efface, qu'on n'entend ni ne voit, dont la sympathie ni l'amour n'éclatent jamais dans le cours du récit par quelque cri irrésistible, et qui n'intervient au plus que tout à la fin, sous un faux air d'insouciance et avec un demi-sourire d'ironie. Tel nous semble M. Mérimée. C'est assurément l'artiste le moins chrétien d'aujourd'hui, celui dont le caractère individuel est le plus purgé de toutes réminiscences doctrinales et sentimentales du passé. » — M. Vinet a défini M. Mérimée un *esprit à la fois exquis et dur*.

cesco de Bologne qui déjà m'efface ; après Cimabué, le Giotto ; après le premier Guido, le second ! chacun a le cri à son tour. » Tieck, dans une *Vie de Poëte*, a bien fidèlement décrit ce mouvement de tristesse jalouse, quand Marlow se voit d'abord en présence du drame levant de Shakspeare. Mais Marlow se décide à admirer ; c'est par là qu'il se sauve de la souffrance ; cette première émotion, qui pouvait rentrer en envie, déborde en louange. Rotrou fit de même devant Corneille. — À plus forte raison la critique le doit-elle faire à l'égard des œuvres de prix qui se succèdent. Quand elle a quelque fonds d'artiste en elle, disions-nous, elle est promptement avertie par un tact chatouilleux de ce qui se remue de poétique alentour ; qu'elle se réjouisse donc d'avoir à le dire ; qu'elle mette sa gloire à saluer la première : sa consolation comme son devoir est de ne se lasser jamais.

Janvier 1833.

« *Lélia* »

On doit être frappé du singulier mouvement moral et littéraire qui se déclare en France chez les femmes, d'une manière croissante, depuis les dernières années. À toutes les époques, sans doute, des personnes du sexe, nées la plupart dans des conditions de loisir où la culture de l'esprit est facile, avaient attiré l'attention par des romans, des lettres, des poésies, des livres d'éducation. Mme de Staël avait uni à des dons puissants d'imagination et de sensibilité un coup d'œil politique et philosophique fort étendu ; mais elle faisait exception dans son sexe, et, depuis elle, la prétention de nos femmes, même les plus distinguées, s'était restreinte à des chants suaves, à de délicates peintures, à une psychologie fine et tendre sous l'aile du christianisme. Or, voici que depuis trois ans environ, depuis que, d'une part, le bon ton rangé et le vernis moral de la Restauration ont disparu, et que, d'autre part, le

Le National, 29 septembre 1833, repris sous le titre « George Sand, *Lélia* », dans les *Portraits contemporains* (5 vol.), t. I, p. 495-506 (notre texte *in extenso*).

Saint-Simonisme a fait entendre ses cris d'émancipation et ses appels multipliés, voici que l'esprit d'indépendance a remué les femmes comme le reste, et qu'une multitude d'entre elles prenant la parole, dans des journaux, dans des livres de contes, dans de longs romans, sont en train de confesser leurs peines, de réclamer une part de destinée plus égale, et de plaider contre la société. Est-ce là un pur caprice sans importance, une mode passagère qui ne tient à aucune cause sérieuse et qui ne vise à aucun effet ? Est-ce un dernier écho perdu de la tentative saint-simonienne ? Cette tentative, qui a été si impuissante pour rien édifier, a eu le mérite de mettre à nu plusieurs plaies de l'ordre social : on a mieux senti en particulier ce qu'avaient d'irrégulier et de livré au hasard la condition de la femme, son éducation d'abord, et plus tard dans le mariage son honneur et son bonheur. Les peintures que faisaient à ce sujet les prédicateurs saint-simoniens étaient sans doute excessives et ne tenaient nul compte de beaucoup des adoucissements de la réalité ; mais sur certains points, le trait n'était que juste, et bien des cœurs jusque-là muets et contenus y répondirent avec tressaillement. Aujourd'hui donc, de toutes parts, les femmes écrivent ; chacune a son secret, son roman douloureux à l'appui du plaidoyer d'émancipation, et chacune le livre. Ce ne sont plus seulement des femmes du monde et d'un rang distingué, comme on disait, qui se délassent de la sorte ; ici comme ailleurs il n'y a plus de rang, et la démocratie coule à pleins bords. De quelque manière qu'on veuille interpréter ces symptômes évidents, qu'on y voie, comme les plus illuminés semblent le croire, l'annonce de je ne sais quelle femme miraculeuse destinée à tout pacifier ; qu'on y voie simplement, comme certains esprits plus positifs, la nécessité de réformer trois ou quatre articles du Code civil, nous pensons qu'il doit y avoir sous ce singulier phénomène littéraire une indication sociale assez grave ; nous aimons surtout à y voir un noble effort de la femme pour entrer en partage intellectuel plus égal avec l'homme, pour manier toutes sortes d'idées et s'exprimer au besoin en sérieux langage. Le sexe en masse ne deviendra jamais auteur, nous l'espérons bien ; mais beaucoup d'ignorances et d'interdictions seront levées pour lui, dussent même quelques grâces d'Agnès y disparaître. Aux abords de l'ordre social où nous touchons, en des situations de plus en plus rapprochées et nivelées, la femme aura à se pourvoir de moins de culte et de plus d'estime.

Parmi les femmes qui se sont ainsi lancées, la plainte à la bouche, dans cette mêlée, la plus éloquente, la plus hardie, la première de bien loin en talent, a été sans aucun doute l'auteur d'*Indiana*, l'accusatrice de Raymon de Ramière. Nous avons essayé autrefois de caractériser le genre de mérite et d'intérêt de ce premier ouvrage, mais sans faire assez ressortir peut-être l'inspiration philosophique et l'esprit de révolte contre la société qui perçait en maint endroit ; ce même esprit, qui ne s'était montré dans *Valentine* que sous des nuances moins directes et plus distrayantes, vient d'éclater avec toute son énergie et sa plénitude dans *Lélia*, roman lyrique et philosophique. Vers l'âge de trente ans, combien n'est-il pas actuellement de femmes qui, belles encore, ayant devant elles, ce semble, un riant automne de jeunesse, sentent pourtant en leur cœur l'ennui, la mort, l'impuissance d'aimer et de croire ! Elles ont été trompées une ou deux fois ; elles se sont heurtées en leur premier élan contre l'égoïsme et la fatuité vulgaire : les unes se veulent guérir en trompant désormais à leur tour ; les autres gardent en leur sein la cendre et dévorent leurs pleurs. S'il en est de plus fortes, de plus puissantes d'essor, de plus orgueilleusement douées, sentant ainsi cette vie d'amour éteinte, elles doivent frémir de colère, se frapper souvent la poitrine, redemander la flamme perdue à tous les êtres, et, dans leurs moments égarés, en vouloir aux hommes et à Dieu, à la société, à la création elle-même. Telle est l'idée de *Lélia*.

Mais cette idée, qui, si elle avait été réalisée selon des conditions naturelles d'existence, dans un lieu, dans un encadrement déterminé, et à l'aide de personnages vivant de la vie commune, aurait été admise des lecteurs superficiels et probablement amnistiée, cette même idée venant à se transfigurer en peinture idéale, à se déployer en des régions purement poétiques, et à s'agiter au loin sur le trépied, a dû être l'objet de mille méprises sottes ou méchantes : on n'a jamais tant déraisonné ni calomnié qu'à ce sujet.

Comme il était arrivé qu'aux approches et aux environs de *Lélia* le mot de *roman intime* avait été prononcé par je ne sais qui*, et sans qu'on eût, je le crois bien, la pensée de faire à *Lélia* l'application de ce mot, les plus subtils et les plus clairvoyants critiques ont à l'instant dénoncé l'œuvre nouvelle comme un

* Par moi-même, à l'occasion du roman de M. Delécluze, *Mademoiselle de Liron* (voir dans le volume de *Portraits de femmes*, 1855).

formidable signal d'invasion, comme le monstre du genre. Il est merveilleux de voir combien, en ce temps-ci, une idée vraie ou fausse, une fois trouvée, devient précieuse. On en vit, on se la passe, elle circule d'un feuilleton à l'autre ; c'est la multiplication des cinq pains et des deux poissons, c'est une économie miraculeuse. Au lieu de signaler dans *Lélia* la véritable donnée génératrice, la pensée mi-partie saint-simonienne et mi-partie byronienne, au lieu d'y relever le côté original et senti, d'y blâmer le côté rebattu et déclamatoire, au lieu de saisir la filiation étroite de cette œuvre avec les précédentes de l'auteur, et d'apprécier cette Lélia au sein de marbre comme une sorte d'héroïne vengeresse de la pauvre Indiana, on a chicané sur une question de forme et d'école, on a reproché à l'écrivain l'abus du *genre intime*, comme s'il y avait le moindre rapport entre le genre intime et le ton presque partout dithyrambique, grandiose, symbolique ainsi qu'on l'a dit, et même par moments apocalyptique de ce poëme.

Mais c'était peu, et une autre découverte moins innocente, ayant succédé à la première, n'a pas tardé à être mise en circulation et à tout dominer. Je me garderai bien de répéter ici les accusations voilées que la pudeur de ces autres critiques n'osait articuler sur le sens ineffable du livre : il faut laisser certaines pensées où elles sont nées. Deux ou trois passages de *Lélia* pouvaient mériter, à coup sûr, des reproches et soulever des scrupules par une grande nudité d'aveu ; mais le sérieux continu et l'élévation du sentiment rendaient ces passages mêmes beaucoup plus chastes que les trois quarts des scènes triviales qu'admirent et célèbrent nos critiques dans les romans de chaque jour. Aussi ç'a été un curieux spectacle que ce débordement soudain de continence et de chasteté virginale de la part des vigoureux convertis ; chaque critique, subitement recouvert du bouclier de diamant de la vertu, est venu en accabler à son tour l'impie, l'effrontée Tarpéia.

L'idée réelle de *Lélia*, avons-nous dit, est l'impuissance d'aimer et de croire, la stérilité précoce d'un cœur qui s'est usé dans les déceptions et dans les rêves. Le front reste uni et pur, les cheveux sont noirs, abondants comme toujours ; la taille élégante et haute n'a pas fléchi. Le regard se promène avec dédain ou sérénité sur le monde, l'intelligence des choses n'a jamais été si limpide ; mais où est la vie, où est l'amour ? Si l'on me demande ce que je pense de la moralité de *Lélia*, dans le seul sens où cette question soit possible, je dirai que, les angoisses et le désespoir d'une telle situation d'âme ayant été admirablement posés, l'auteur n'a pas mené à bon port ses personnages ni ses lecteurs, et que les crises violentes par où l'on passe n'aboutissent point à une solution moralement heureuse. Le souffle général du livre est un souffle de colère par la bouche de Lélia ; et l'on n'a pour se délasser, pour se rafraîchir de ce vent âpre et contraire, que le stoïcisme glacé de Trenmor. Ce Trenmor, qui représente la vertu et l'impassibilité finale après l'expiation, n'est pas un être à l'usage des hommes ; il ne console ni ne dirige personne. C'est un dieu d'Épicure, baptisé d'un nom d'Ossian et descendu assez mal à propos sur la terre. Il n'empêche aucun malheur ni aucune faute. Sténio se moque de lui vers la fin ;

Magnus ne l'attend pas pour faire son crime. Ce Trenmor signifie simplement qu'on se guérit à la longue des vices et des douleurs, si toutefois on est assez fort et assez heureux pour s'en guérir. Or, excepté lui, pourtant, il n'y a dans le livre entier qu'une grande complication de plainte et d'amertume ; il y a le sentiment immense d'un mal sans remède ; et ce mal, au lieu de se rapporter à certaines circonstances sociales et d'être relatif au sort des individus en question, envahit tout, se généralise dans la création comme dans la société, accuse la Providence autant que les lois humaines. Il est arrivé de là qu'une œuvre si pleine de puissance et souvent de grâce, mais où ne circule aucun zéphyr mûrissant, a paru extraordinaire plutôt que belle, et a effrayé plutôt que charmé ceux qui admirent sur la foi de leur cœur.

Comme la donnée première de *Lélia* est tout à fait réelle et a ses analogues dans la société où nous vivons, j'ai eu peine à ne pas regretter, malgré l'éclat prestigieux de cette forme nouvelle, que l'auteur ne se fût pas renfermé dans les limites du roman vraisemblable. Cette situation de Lélia et de Sténio, qui était exactement l'inverse de celle d'Adolphe et d'Ellénore dans le roman de Benjamin Constant, cette présence de Trenmor, c'est-à-dire d'un homme mûr, ironique, que Lélia estime, qui comprend Lélia, et qui porte ombrage à Sténio ; c'était là un germe heureux que la réflexion eût pu développer dans le sens de la réalité aussi bien que dans celui de la poésie et du symbole. Les plaintes sur la société, les conversations métaphysiques elles-mêmes y auraient trouvé place, mais avec plus de précision souvent, dans des scènes plus particularisées ; et ainsi eût été évité le voisinage de Byron, dont l'ombre doit se rencontrer trop aisément sur ces cimes imaginaires de Monte-Verdor ou de Monte-Rosa. En passant d'ailleurs à l'état de représentation idéale et de symbole, les personnages ou les scènes, dont la première donnée était, pour ainsi dire, à terre, n'ont pu éviter, au moment indécis de leur métamorphose, de revêtir un caractère mixte et fantastique qui ne satisfait pas. On s'accoutume difficilement à l'idée que Trenmor, cet homme et ce nom des régions inconnues, ait été dix ans au bagne à Toulon. Dans la scène du choléra, Lélia atteinte et déjà bleue discute avec le docteur et s'exhale vers son amant, comme les demi-dieux blessés n'auraient pas assez d'haleine pour le faire. Je ne reprocherai pas l'invraisemblance au bal du prince de Bambucci et à tout ce qui s'y passe : là, nous sommes en pleine féerie, dans le songe d'une nuit d'été, d'une nuit orientale ; mais nous n'y sommes plus, ou du moins nous ne devrions plus y être, lors de la description du couvent des Camaldules, et pourtant la fantaisie continue. Ce mélange de réel et d'impossible, qui était presque inévitable dans un roman-poëme, déconcerte un peu et nuit à la suite de l'émotion. L'auteur a heurté à plusieurs reprises cet écueil, bien que chaque fois il ait tâché de le recouvrir sous d'immenses richesses.

Comme témoignage de lui-même, comme déploiement de sa force et de son talent, si l'auteur n'avait visé qu'à cela, *Lélia* atteindrait certes le but. On peut plus ou moins aimer cette œuvre, selon qu'on y reconnaît plus ou moins les pensées et la situation de son âme, selon qu'on est plus ou moins facile à la vibration poétique ; on peut la réprouver plus ou moins vivement, selon qu'on est plus ou moins sûr d'avoir trouvé le remède moral et la vérité ; mais on ne peut qu'être émerveillé de ces ressources infinies dans une femme qui a commencé, il y a environ dix-huit mois, à écrire. En lui désirant plus de calme dans la conception, et une continuité plus réfléchie, on admire cette rare faculté de style et cette source variée de développements. J'irai même jusqu'à reprocher à ce style ses formes trop savantes, trop arrêtées, qui n'ont jamais de défaillances gracieuses, de négligences irrégulières, comme Jean-Jacques ne se les permettait pas, comme Mme de Sévigné et tant d'écrivains du grand siècle en offrent délicieusement. Il y a certains replis délicats de la pensée qui ne se trahissent que par ces oublis de l'écrivain. L'auteur de *Lélia* n'a point de ces oublis : il m'a semblé que quelquefois même son talent seul achevait un développement qui était commencé avec l'âme. Les couleurs, la science, l'harmonie, affluent, se combinent et ne font jamais faute ; mais je préférerais encore une expression plus voisine du sentiment, fût-elle incomplète par endroits. J'attribue à la rapidité de l'exécution ce surcroît de talent qui, d'après ma conjecture, vient au secours de la pensée primitive et la perd bientôt de vue en allant au delà. Il est nécessaire à un auteur, en ces sortes de compositions, de s'arrêter souvent et de n'avancer que pas à pas, pour suivre sans écart le courant caché.

Mais il y a bien des passages dans *Lélia* où toutes les grâces du talent ne sont employées qu'à nuancer et à revêtir les sentiments les plus éprouvés, les émotions les plus présentes. Ainsi dans la confession même de Lélia, lorsqu'elle raconte les mystères de sa solitude, sa retraite au vieux couvent, et tous les détails enchanteurs de sa claustration volontaire : « Je relevai en imagination les enceintes écroulées de l'abbaye ; j'entourai le préau, ouvert à tous les vents, d'une barrière invisible et sacrée ; je posai des limites à mes pas, et je mesurai l'espace où je voulais m'enfermer pour une année entière. Les jours où je me sentais agitée au point de ne pouvoir plus reconnaître la ligne de démarcation imaginaire tracée autour de ma prison, je l'établissais par des signes visibles ; j'arrachais aux murailles décrépites les longs rameaux de lierre et de clématite dont elles étaient rongées, et je les couchais sur le sol aux endroits que je m'étais interdit de franchir : alors, rassurée sur la crainte de manquer à mon serment, je me sentais enfermée dans mon enceinte avec autant de rigueur que je l'aurais été dans une bastille. » J'indiquerai encore dans le début toute cette promenade poétique du jeune Sténio sur la montagne, la description si animée de l'eau et de ses aspects changeants, et, au sein de la nature vivement peinte, les secrets surpris au cœur : « Couché sur l'herbe fraîche et luisante qui croît aux marges des courants, le poëte oubliait, à contempler la lune et à écouter l'eau, les heures qu'il aurait pu passer avec Lélia : car à cet âge tout est bonheur dans l'amour, même l'absence. » On pourrait, chemin faisant, noter dans *Lélia* une foule de ces douces et fines révélations, dont l'effet disparaît trop dans l'orage de l'ensemble.

Quoi qu'il en soit, *Lélia*, avec ses défauts et ses excès, est un livre qui méritait grandement d'être osé. Si la rumeur du moment lui semble contraire, la violence même de cette rumeur prouve assez pour l'audace de l'entreprise. Nous aurions souhaité au livre un ton plus apaisé, des conclusions plus consolantes, plus de conduite et de tempérance, en quelque sorte ; mais n'eût-ce pas été en changer la nature et y retrancher une portion notable des qualités ou défauts extraordinaires ? *Lélia*, d'ailleurs, est un ouvrage une fois fait ; il n'est pas à craindre que l'auteur continue cette manière et donne suite à ce genre. L'auteur, nous l'espérons, reviendra au roman de la vie réelle, comme *Indiana* et *Valentine* l'ont posé ; mais il y reviendra avec toute la force acquise dans une excursion supérieure. Parmi les personnages et portraits charmants déjà en foule échappés à sa plume, nous en savons un dont nous voudrions lui inculquer le souvenir, parce qu'en même temps qu'il est proche parent de Lélia pour les principales circonstances, il a, dans le caractère et dans l'expression, la mesure, la grâce, la nuance qu'on aime et qui attire tout lecteur : ce personnage est celui de Lavinia, que l'auteur a peinte dans *une Vieille Histoire*. Si le souffle et l'accent de Lavinia se font sentir dans les productions futures de l'auteur, au lieu de l'ironie et de l'invective éloquente de Lélia, nous louerons alors *Lélia* avec beaucoup plus de sécurité. Nous admirerons encore plus le poëte d'avoir enfanté cette grande figure, dès que nous verrons qu'il ne vit plus sous son ombre.

Septembre 1833.

M. de Balzac

Lundi 2 septembre 1850.

Une véritable Étude sur le romancier célèbre qui vient d'être enlevé, et dont la perte soudaine a excité l'intérêt universel, serait tout un ouvrage à écrire, et le moment, je le crois, n'en est pas venu. Ces sortes d'autopsies morales ne se font pas sur une tombe récente, surtout quand celui qui y est entré était plein de force, de fécondité, d'avenir, et semblait encore si plein d'œuvres et de jours. Tout ce que l'on peut et ce que l'on doit envers une grande renommée contemporaine au moment où la mort la saisit, c'est d'indiquer en quelques traits bien marqués les mérites, les habiletés diverses, les séductions délicates et puissantes par où elle a charmé son époque et y a conquis l'influence. Je tâcherai de le faire à l'égard de M. de Balzac, avec un sentiment dégagé de tout ressouvenir personnel*, et

Le Constitutionnel, 2 septembre 1850, et *Causeries du Lundi*, t. II, p. 443-463 (notre texte *in extenso*).

* Voir dans la *Revue parisienne* de M. de Balzac, du 25 août 1840, l'article qui me concerne. Si je l'ai oublié, qu'on sache bien

dans une mesure où la critique seulement se réserve quelques droits.

M. de Balzac fut bien un peintre de mœurs de ce temps-ci, et il en est peut-être le plus original, le plus approprié et le plus pénétrant. De bonne heure, il a considéré ce XIXe siècle comme son sujet, comme sa chose ; il s'y est jeté avec ardeur et n'en est point sorti. La société est comme une femme, elle veut son peintre, son peintre à elle toute seule : il l'a été ; il n'a rien eu de la tradition en la peignant ; il a renouvelé les procédés et les artifices du pinceau à l'usage de cette ambitieuse et coquette société qui tenait à ne dater que d'elle-même et à ne ressembler à nulle autre ; elle l'en a d'autant plus chéri. Né en 1799, il avait quinze ans à la chute de l'Empire ; il a donc connu et senti l'époque impériale avec cette clairvoyance et cette pénétration de coup d'œil particulière à l'enfance, et que la réflexion achèvera ensuite, mais dont rien n'égalera la jeune lucidité. Quelqu'un du même âge que lui a dit : « Dès mon enfance, je pénétrais les choses avec une sensibilité telle, que c'était comme une lame fine qui m'entrait à chaque instant dans le cœur. » Ainsi il a pu dire lui-même. Ces impressions de l'enfance, ressaisies plus tard dans les jugements ou dans les peintures, s'y font sentir par un fonds d'émotion singulière, et sont précisément ce qui y donne la finesse et la vie. Jeune homme sous la Restauration, il l'a traversée, il l'a vue tout entière comme on est le mieux placé peut-être pour voir les choses en observateur artiste, c'est-à-dire d'en bas, dans la foule, dans la souffrance et les luttes,

---

que je ne crains pas que d'autres s'en souviennent. De pareils jugements ne jugent dans l'avenir que ceux qui les ont portés.

avec ces convoitises immenses du talent et de la nature qui font que les objets défendus ont été mille fois devinés, imaginés, pénétrés, avant d'être possédés enfin et connus ; il a senti la Restauration en amant. Il commençait à arriver à la réputation en même temps que s'installait le nouveau régime promu en Juillet 1830. Ce dernier régime, il le vit de plain-pied et même un peu de haut ; il le jugea dans sa rondeur, il l'a peint à ravir dans ses types et ses reliefs bourgeois les plus saillants. Ainsi ces trois époques de physionomie si diverse qui constituent le siècle arrivé à son milieu, M. de Balzac les a connues et les a *vécues* toutes les trois, et son œuvre en est jusqu'à un certain point le miroir. Qui mieux que lui, par exemple, a peint les vieux et les belles de l'Empire ? Qui surtout a plus délicieusement touché les duchesses et les vicomtesses de la fin de la Restauration, ces femmes de trente ans, et qui, déjà venues, attendaient leur peintre avec une anxiété vague, tellement que, quand lui et elles se sont rencontrés, ç'a été comme un mouvement électrique de reconnaissance ? Qui, enfin, a mieux pris sur le fait et rendu dans sa plénitude le genre bourgeois, triomphant sous la dynastie de Juillet, le genre désormais immortel et déjà éclipsé, hélas ! des Birotteau d'alors et des Crevel ?

Voilà donc un champ immense, et il faut dire que M. de Balzac se l'est proposé de bonne heure dans toute son étendue, qu'il l'a parcouru et fouillé en tous sens, et qu'il le trouvait encore trop étroit au gré de sa vaillance et de son ardeur. Non content d'observer et de deviner, il inventait et rêvait bien souvent. Quoi qu'il en soit de son rêve, ce fut d'abord par ses observations de finesse et de grâce qu'il gagna le cœur de cette société aristocratique à laquelle il avait toujours aspiré. *La Femme de trente ans*, *la Femme abandonnée*, *la Grenadière*, furent les premières troupes d'élite qu'il introduisit dans la place, et il fut maître aussitôt de la citadelle. La femme de trente ans n'est pas une création tout à fait imprévue. Depuis qu'il existe une société civilisée, la femme de cet âge y a tenu une grande place, la première peut-être. Dans ce XVIIIe siècle qui avait eu le temps de tout raffiner, il se donna à la Cour, au mardi-gras de 1763, un bal qu'on appela *le Bal des mères* ; la jeunesse, à proprement parler, fut spectatrice, et il n'y eut que les femmes de trente ans qui dansèrent. On fit à ce sujet une jolie chanson :

Il est plus d'un mois pour les fleurs,
Et toutes les roses sont sœurs.

Voici le plus joli couplet de cette agréable chansonnette :

Belles qui formez des projets,
Trente ans est pour vous le bel âge ;
Vous n'en avez pas moins d'attraits,
Vous en connaissez mieux l'usage :
C'est le vrai moment d'être heureux ;
On plaît autant, on aime mieux.
Enfants de quinze ans,
Laissez danser vos mamans !

C'était le refrain. On voit comment le XVIIIe siècle prenait encore légèrement cette réhabilitation en forme, qui ne dura qu'une soirée. Mais le XIXe siècle devait renchérir, et la théorie de la femme de trente ans, avec tous ses avantages, ses supériorités et ses perfections définitives, ne date que d'aujourd'hui. M. de Balzac en est l'inventeur, et c'est là une de ses découvertes les plus réelles dans l'ordre du roman intime. La clef de son immense succès était tout entière dans ce premier petit chef-d'œuvre*. Les femmes lui passèrent ensuite bien des choses et le crurent, en toute rencontre, sur parole, pour avoir, une première fois, si bien deviné.

Si rapide et si grand qu'ait été le succès de M. de Balzac en France, il fut peut-être plus grand encore et plus incontesté en Europe. Les détails qu'on pourrait donner à cet égard sembleraient fabuleux, et ne seraient que vrais. Oui, M. de Balzac a peint les mœurs de son temps, et son succès même en serait une des plus curieuses peintures. Il y a plus de deux siècles déjà, en 1624, Honoré d'Urfé (l'auteur du fameux roman de l'*Astrée*), qui vivait en Piémont, reçut une lettre très-sérieuse qui lui était adressée par vingt-neuf princes ou princesses et dix-neuf grands seigneurs ou dames d'Allemagne ; les susdits personnages l'informaient qu'ils avaient pris les noms des héros et héroïnes de l'*Astrée*, et s'étaient constitués en *Académie des vrais amants* ; ils demandaient avec instance la suite de l'ouvrage. Ce qui est arrivé là à d'Urfé s'est renouvelé à la lettre pour M. de Balzac. Il y a eu un moment où, à Venise, par exemple, la société qui s'y trouvait réunie

* Ne le lisez, je vous prie, que dans les premières éditions ; l'auteur me l'a gâté en le voulant amplifier depuis.

imagina de prendre les noms de ses principaux personnages, et de jouer leur jeu. On ne vit, pendant toute une saison, que Rastignacs, duchesses de Langeais, duchesses de Maufrigneuse, et l'on assure que plus d'un acteur ou actrice de cette comédie de société tint à pousser son rôle jusqu'au bout. Telle est la loi assez ordinaire dans ces influences réciproques entre le peintre et ses modèles : le romancier commence, il touche le vif, il l'exagère un peu ; la société se pique d'honneur et exécute ; et c'est ainsi que ce qui avait pu paraître d'abord exagéré finit par n'être plus que vraisemblable.

Ce que je dis de Venise se reproduit à des degrés divers en différents lieux. En Hongrie, en Pologne, en Russie, les romans de M. de Balzac faisaient loi. À cette distance, la portion légèrement fantastique qui s'y mêle à la réalité, et qui de près en compromettait le plein succès auprès des esprits difficiles, disparaissait ou même n'était qu'un attrait de plus. Par exemple, ces ameublements riches et bizarres, où il entassait au gré de son imagination les chefs-d'œuvre de vingt pays et de vingt époques, devenaient une réalité après coup ; on copiait avec exactitude ce qui nous semblait à nous un rêve d'artiste millionnaire ; on se meublait *à la Balzac*. Comment l'artiste serait-il resté insensible et sourd à ces mille échos de la célébrité, et n'y aurait-il pas entendu l'accent de la gloire ?

Il y croyait, et ce sentiment d'une ambition, du moins élevée, lui a fait tirer de son organisation forte et féconde tout ce qu'elle contenait de ressources et de productions en tout genre. M. de Balzac avait le corps d'un athlète et le feu d'un artiste épris de la gloire ; il ne lui fallut pas moins pour suffire à sa tâche immense. Ce n'est que de nos jours qu'on a vu de ces organisations énergiques et herculéennes se mettre, en quelque sorte, *en demeure* de tirer d'elles-mêmes tout ce qu'elles pourraient produire, et tenir durant vingt ans la rude gageure. Quand on lit Racine, Voltaire, Montesquieu, on n'a pas trop l'idée de se demander s'ils étaient ou non robustes de corps et puissants d'organisation physique. Buffon était un athlète, mais son style ne le dit pas. Les écrivains de ces âges plus ou moins classiques n'écrivaient qu'avec leur pensée, avec la partie supérieure et tout intellectuelle, avec l'essence de leur être. Aujourd'hui, par suite de l'immense travail que l'écrivain s'impose et que la société lui impose à courte échéance, par suite de la nécessité où il est de frapper vite et fort, il n'a pas le temps d'être si platonique ni si délicat. La personne de l'écrivain, son organisation tout entière s'engage et s'accuse elle-même jusque dans ses œuvres ; il ne les écrit pas seulement avec sa pure pensée, mais avec son sang et ses muscles. La physiologie et l'hygiène d'un écrivain sont devenues un des chapitres indispensables dans l'analyse qu'on fait de son talent.

M. de Balzac se piquait d'être physiologiste, et il l'était certainement, bien qu'avec moins de rigueur et d'exactitude qu'il ne se l'imaginait ; mais la nature physique, la sienne et celle des autres, joue un grand rôle et se fait sentir continuellement dans ses descriptions morales. Ce n'est pas un blâme que je lui adresse, c'est un trait qui affecte et caractérise toute la littérature pittoresque de ce temps-ci. Un jour, M. Villemain, bien jeune encore, lisait à Sieyès son *Éloge de Mon-*

taigne, ce charmant éloge, le premier qu'il ait composé, et si plein de légèreté et de fraîcheur. Quand il en fut de sa lecture au passage où il dit : « Mais je craindrais, en lisant Rousseau, d'arrêter trop longtemps mes regards sur de coupables faiblesses, qu'il faut toujours tenir loin de soi... » Sieyès l'interrompit en disant : « Mais non, il vaut mieux les laisser approcher de soi, pour pouvoir les étudier de plus près. » Le physiologiste, avant tout curieux, venait ici à la traverse du littérateur qui veut le goût avant tout. Le dirai-je ? je suis comme Sieyès.

C'est dire aussi que je suis un peu comme M. de Balzac. Mais je l'arrête pourtant, je m'arrête moi-même sur deux points. J'aime de son style, dans les parties délicates, cette *efflorescence* (je ne sais pas trouver un autre mot) par laquelle il donne à tout le sentiment de la vie et fait frissonner la page elle-même. Mais je ne puis accepter, sous le couvert de la physiologie, l'abus continuel de cette qualité, ce style si souvent chatouilleux et dissolvant, ěnervé, rosé, et veiné de toutes les teintes, ce style d'une corruption délicieuse, tout asiatique comme disaient nos maîtres, plus brisé par places et plus amolli que le corps d'un mime antique. Pétrone, du milieu des scènes qu'il décrit, ne regrette-t-il pas quelque part ce qu'il appelle *oratio pudica*, le style *pudique* et qui ne s'abandonne pas à la *fluidité* de tous les mouvements ?

Un autre point sur lequel j'arrête en M. de Balzac le physiologiste et l'anatomiste, c'est qu'en ce genre il a pour le moins autant imaginé qu'observé. Anatomiste délicat au moral, il a certainement trouvé des veines neuves ; il a découvert et comme injecté des portions de vaisseaux lymphatiques encore inaperçus jusqu'alors ; mais il en invente aussi. Il y a un moment où, dans son analyse, le plexus véritable et réel finit et où le plexus illusoire commence, et il ne les distingue pas : la plupart de ses lecteurs, et surtout de ses lectrices, les ont confondus comme lui. Ce n'est pas le lieu ici d'insister sur ces points de séparation. Mais, on le sait, M. de Balzac a un faible déclaré pour les Swedenborg, les Van-Helmont, les Mesmer, les Saint-Germain et les Cagliostro en tout genre : c'est dire qu'il est sujet à illusion. En un mot, pour suivre mon image toute physique et anatomique, je dirai : Quand il tient la *carotide* de son sujet, il l'injecte à fond avec fermeté et vigueur ; mais quand il est à faux, il injecte tout de même et pousse toujours, créant, sans trop s'en apercevoir, des réseaux imaginaires.

M. de Balzac avait la prétention de la science, mais ce qu'il avait surtout en effet, c'était une sorte d'*intuition* physiologique. M. Chasles l'a très-bien dit : « On a répété à outrance que M. de Balzac était un observateur, un analyste ; c'était mieux ou pis, c'était un *voyant*. » Ce qu'il n'avait pas vu du premier coup, il le manquait d'ordinaire ; la réflexion ne le lui rendait pas. Mais que de choses aussi il savait voir et dévorer d'un seul coup d'œil ! Il venait, il causait avec vous ; lui, si enivré de son œuvre, et, en apparence, si plein de lui-même, il savait interroger à son profit, il savait écouter ; mais, même quand il n'avait pas écouté, quand il semblait n'avoir vu que lui et son idée, il sortait ayant emporté de là, ayant absorbé tout ce qu'il voulait savoir, et il vous étonnait plus tard à le décrire.

J'ai dit qu'il était comme enivré de son œuvre ; et,

en effet, dès sa jeunesse, il n'en sortait pas, il y habitait. Ce monde, qu'il avait à demi observé, à demi créé en tous sens ; ces personnages de toute classe et de toute qualité qu'il avait doués de vie, se confondaient pour lui avec le monde et les personnages de la réalité, lesquels n'étaient plus guère qu'une copie affaiblie des siens. Il les voyait, il causait avec eux, il vous les citait à tout propos comme des personnages de son intimité et de la vôtre ; il les avait si puissamment et si distinctement créés en chair et en os, qu'une fois posés et mis en action, eux et lui ne s'étaient plus quittés : tous ces personnages l'entouraient, et, aux moments d'enthousiasme, se mettaient à faire cercle autour de lui et à l'entraîner dans cette immense ronde de la Comédie humaine qui nous donne un peu le vertige, rien qu'à la regarder en passant, qui le donnait à son auteur tout le premier.

La puissance propre à M. de Balzac a besoin d'être définie : c'était celle d'une nature riche, copieuse, opulente, pleine d'idées, de types et d'inventions, qui récidive sans cesse et n'est jamais lasse ; c'était cette puissance-là qu'il possédait et non l'autre puissance, qui est sans doute la plus vraie, celle qui domine et régit une œuvre, et qui fait que l'artiste y reste supérieur comme à sa création. On peut dire de lui qu'il était en proie à son œuvre, et que son talent l'emportait souvent comme un char lancé à quatre chevaux. Je ne demande pas qu'on soit précisément comme Goethe et qu'on ait toujours son front de marbre au-dessus de l'ardent nuage ; mais lui, M. de Balzac, il voulait (et il l'a écrit) que l'artiste se précipitât dans son œuvre tête baissée, *comme Curtius dans le gouffre*. De telles allures de talent impliquent bien de la verve et de la fougue, mais aussi du hasard et beaucoup de fumée.

Pour exposer sa vraie théorie littéraire, il ne faudrait d'ailleurs qu'emprunter ses paroles : si je prends, par exemple, *les Parents pauvres*, son dernier roman et l'un des plus vigoureux, publié dans ce journal même*, j'y trouve, à propos de l'artiste polonais Wenceslas Steinbock, les idées favorites de l'auteur et tous ses secrets, s'il eut jamais des secrets. Pour lui, « un grand artiste aujourd'hui, c'est un prince qui n'est pas titré ; c'est la gloire et la fortune. » Mais cette gloire ne s'acquiert pas en se jouant ni en rêvant ; elle est le prix du travail opiniâtre et de l'ardeur appliquée : « Vous avez des idées dans la cervelle ? la belle affaire ! et moi aussi j'ai des idées... À quoi sert ce qu'on a dans l'âme, si l'on n'en tire aucun parti ? » Voilà ce qu'il pensait, et aussi ne s'épargna-t-il jamais le travail acharné de l'exécution. Concevoir, disait-il, c'est jouir, c'est *fumer des cigarettes enchantées* ; mais sans l'exécution tout s'en va en rêve et en fumée : « Le travail constant, a-t-il dit encore, est la loi de l'art comme celle de la vie ; car l'art, c'est la création idéalisée. Aussi les grands artistes, les poëtes, n'attendent-ils ni les commandes, ni les chalands ; ils enfantent aujourd'hui, demain, toujours. Il en résulte cette habitude du labeur, cette perpétuelle connaissance des difficultés qui les maintient *en concubinage* avec la Muse, avec ses forces créatrices. Canova vivait dans son atelier comme Voltaire a vécu dans son cabinet. Homère et Phidias ont dû vivre ainsi. » J'ai voulu exprès citer ce

* *Les Parents pauvres* parurent d'abord en feuilletons dans *le Constitutionnel.*

passage, parce qu'avec les mérites de vaillance et de labeur qui s'y déclarent et qui honorent M. de Balzac, on y saisit à nu le côté moderne, et la singulière inadvertance par laquelle il dérogeait et attentait aussitôt à cette beauté même qu'il prétendait poursuivre. Non, Homère ni Phidias n'ont pas vécu *ainsi en concubinage* avec la Muse ; ils l'ont toujours accueillie et connue chaste et sévère.

« Le beau en tout est toujours sévère », a dit M. de Bonald. Quelques paroles de cette autorité me sont nécessaires ; elles sont comme les colonnes immuables et sacrées que je tiens seulement à montrer du doigt dans le lointain, pour que notre admiration même et notre hommage de regret envers un homme d'un merveilleux talent n'aillent pas se jouer au delà des bornes permises.

M. de Balzac parle encore quelque part de ces artistes qui ont « un succès fou, un succès à écraser les gens qui n'ont pas les épaules et des reins pour le porter ; ce qui, par parenthèse, dit-il, arrive souvent. » En effet, il est pour l'artiste une épreuve plus redoutable encore que la grande bataille qu'il doit tôt ou tard livrer, c'est le lendemain de la victoire. Pour soutenir cette victoire, pour porter cette vogue, n'en être ni effrayé ni découragé, ne pas défaillir et ne pas abdiquer sous le coup comme fit Léopold Robert, il faut avoir une force réelle, et se sentir arrivé seulement à son niveau. M. de Balzac avait ce genre de force, et il l'a prouvé.

Quand on lui parlait de la gloire, il en acceptait le mot et mieux que l'augure ; il en parlait lui-même quelquefois agréablement : « La gloire, disait-il un jour, à qui en parlez-vous ? je l'ai connue, je l'ai vue. Je voyageais en Russie avec quelques amis. La nuit vient, nous allons demander l'hospitalité à un château. À notre arrivée, la châtelaine et ses dames de compagnie s'empressent ; une de ces dernières quitte, dès le premier moment, le salon pour aller nous chercher des rafraîchissements. Dans l'intervalle, on me nomme à la maîtresse de la maison ; la conversation s'engage, et quand celle des dames qui était sortie rentre, tenant le plateau à la main pour nous l'offrir, elle entend tout d'abord ces paroles : « Eh bien ! monsieur de Balzac, vous pensez donc... » De surprise et de joie elle fait un mouvement, elle laisse tomber le plateau de ses mains, et tout se brise. N'est-ce pas là la gloire ? »

On souriait, il souriait lui-même, et pourtant il en jouissait. Ce sentiment-là le soutenait et l'enflammait dans le labeur. Le plus spirituel et le plus regrettable de ses disciples, M. Charles de Bernard, mort depuis peu, manquait de ce mobile ; il doutait de tout avec ironie et avec goût, et son œuvre si distinguée s'en est ressentie. L'œuvre de M. de Balzac a gagné en verve et en chaleur à l'enivrement même de l'artiste. Une exquise finesse trouvait moyen de se glisser à travers cet enivrement.

L'Europe tout entière lui était comme un parc où il n'avait qu'à se promener pour y rencontrer des amis, des admirateurs, des hospitalités empressées et somptueuses. Cette petite fleur qu'il vous montrait sèche à peine, il l'avait cueillie l'autre matin en revenant de la Villa-Diodati ; ce tableau qu'il vous décrivait, il l'avait vu hier dans le palais d'un prince romain. Il semblait pour lui que, d'une capitale à l'autre, d'une villa de

Rome ou de l'*Isola-Bella* à un château de Pologne ou de Bohême, il n'y eût qu'un pas. Un coup de baguette l'y transportait. On ne peut pas dire pour lui que ce fut là un rêve ; car ce qui sembla longtemps le rêve et l'illusion du poëte, une femme dévouée, une de celles qu'il avait divinisées au passage, l'avait réalisé pour lui en bonheur.

Tous les artistes du temps furent ses amis, et il les a presque tous magnifiquement placés dans ses œuvres. Il avait le goût, la passion des œuvres de l'art, peinture, sculpture, antiques ameublements. Quand il était de loisir (et il trouvait souvent moyen de l'être, livrant ses journées à la fantaisie, consumant ses nuits au travail), il aimait à aller à la chasse de ce qu'il appelait *les beaux morceaux*. Il connaissait en fureteur tous les magasins de *bric-à-brac* de l'Europe, et il en discourait à merveille. Aussi, lorsque ensuite il plaçait dans un roman ces masses d'objets qui, chez d'autres, eussent ressemblé à des inventaires, c'était avec couleur et vie, c'était avec amour. Les meubles qu'il décrit ont quelque chose d'animé ; les tapisseries frémissent. Il décrit trop, mais le rayon tombe en général là où il faut. Même lorsque le résultat ne répond pas à l'attention qu'il a paru y donner, il en reste au lecteur l'impression d'avoir été ému. Balzac a le don de la couleur et des *fouillis*. Par là il a séduit les peintres, qui reconnaissaient en lui un des leurs transplanté et un peu fourvoyé dans la littérature.

Il appréciait peu la critique ; il avait fait sa trouée dans le monde presque malgré elle, et sa fougue n'était pas, je crois, de celles qui se peuvent modérer ni diriger. Il a dit quelque part d'un artiste sculpteur découragé et tombé dans la paresse : « Redevenu artiste *in partibus*, il avait beaucoup de succès dans les salons, il était consulté par beaucoup d'amateurs ; *il passa critique comme tous les impuissants qui mentent à leurs débuts.* » Ce dernier trait peut être vrai d'un artiste sculpteur ou peintre qui, au lieu de se mettre à l'œuvre, passe son temps à disserter et à raisonner ; mais, dans l'ordre de la pensée, cette parole de M. de Balzac, qui revient souvent sous la plume de toute une école de jeunes littérateurs, est à la fois (je leur en demande bien pardon) une injustice et une erreur. Pourtant, comme il est toujours très-délicat de démontrer aux gens comme quoi l'on est ou l'on n'est pas impuissant, passons.

Un Aristarque vrai, sincère, intelligent, s'il avait pu le supporter, lui eût été pourtant bien utile ; car cette riche et luxueuse nature se prodiguait et ne se gouvernait pas. Il y a trois choses à considérer dans un roman : les caractères, l'action, le style. Les caractères, M. de Balzac excelle à les poser ; il les fait vivre, il les creuse d'une façon indélébile. Il y a du grossissement, il y a de la minutie, qu'importe ? ils ont en eux de quoi subsister. On fait avec lui de fines, de gracieuses, de coquettes et aussi de très-joyeuses connaissances, on en fait à d'autres jours de très-vilaines ; mais, une fois faites, ni les unes ni les autres, on est bien sûr de ne les oublier jamais. Il ne se contente pas de bien tracer ses personnages, il les nomme d'une façon heureuse, singulière, et qui les fixe pour toujours dans la mémoire. Il attachait la plus grande importance à cette façon de baptiser son monde ; il attribuait, d'après Sterne, aux noms propres une certaine *puissance occulte* en harmonie ou en ironie avec les caractères. Les *Marneffe*, les

Bixiou, les *Birotteau*, les *Crevel*, etc., sont ainsi nommés chez lui en vertu de je ne sais quelle onomatopée confuse qui fait que l'homme et le nom se ressemblent. Après les caractères vient l'action : elle faiblit souvent chez M. de Balzac, elle dévie, elle s'exagère. Il y réussit moins que dans la formation des personnages. Quant au style, il l'a fin, subtil, courant, pittoresque, sans analogie aucune avec la tradition. Je me suis demandé quelquefois l'effet que produirait un livre de M. de Balzac sur un honnête esprit, nourri jusqu'alors de la bonne prose française ordinaire dans toute sa frugalité, sur un esprit comme il n'y en a plus, formé à la lecture de Nicole, de Bourdaloue, à ce style simple, sérieux et scrupuleux, *qui va loin*, comme disait La Bruyère : un tel esprit en aurait le vertige pendant un mois. La Bruyère a dit encore qu'il n'y a pour toute pensée qu'une *seule* expression qui soit la bonne, et qu'il faut la trouver. M. de Balzac, en écrivant, semble ignorer ce mot de La Bruyère. Il a des suites d'expressions vives, inquiètes, capricieuses, jamais définitives, des expressions *essayées* et qui cherchent. Ses imprimeurs le savent bien ; en faisant imprimer ses livres, il remaniait, il refaisait sur chaque épreuve à n'en plus finir. Chez lui le moule même était dans un bouillonnement continuel, et le métal ne s'y fixait pas. Il avait trouvé la forme voulue, qu'il la cherchait encore.

La critique la plus cordiale, celle d'un ami, d'un camarade, comme il l'était de Louis Lambert, aurait-elle jamais pu lui faire accepter quelques idées de sobriété relative, et les lui introduire dans le torrent de son talent, pour qu'il le contînt et le réglât un peu ? Sans prétendre le détourner en rien de sa voie féconde, j'aurais voulu qu'il eût présents à l'esprit quelques axiomes que je crois essentiels en tout art, en toute littérature :

« La netteté est le vernis des maîtres. »

(VAUVENARGUES.)

« L'œuvre d'art ne doit exprimer que ce qui élève l'âme, la réjouit noblement, et rien de plus. Le sentiment de l'artiste ne doit porter que là-dessus, tout le reste est faux. »

(BETTINE À LA MÈRE DE GOETHE.)

« Le bon sens et le génie sont de la même famille : l'esprit n'est qu'un collatéral. »

(BONALD.)

Enfin, lui, qui admirait tant Napoléon, et que ce grand exemple, transposé et réfléchi dans la littérature, éblouissait comme il en a ébloui tant d'autres, j'aurais voulu qu'il laissât de côté, une bonne fois, ces comparaisons, ces émulations insensées et à l'usage des enfants, et, s'il lui fallait absolument chercher son idéal de puissance dans les choses militaires, qu'il se posât quelquefois cette question, bien faite pour trouver place dans toute bonne rhétorique française : « Lequel est le plus beau, un conquérant d'Asie entraînant à sa suite des hordes innombrables, ou M. de Turenne défendant le Rhin à la tête de trente mille hommes ? »

Ne forçons point les natures, et, puisque la mort a fermé la carrière, acceptons, du talent qui n'est plus, l'héritage opulent et complexe qu'il nous a légués. L'auteur d'*Eugénie Grandet* vivra. Le père, j'allais dire l'amant, de *Mme de Vieuménil*, de *Mme de Beauséant*, gardera sa place sur la tablette du boudoir la plus secrète et la plus choisie. Ceux qui cherchent joie, gaieté, épanouissement, la veine satirique et franche du Tourangeau rabelaisien, ne sauraient méconnaître les illustres *Gaudissart*, les excellents *Birotteau* et toute leur race. Il y en a, comme on voit, pour chacun. Si j'avais l'espace devant moi, j'aimerais à parler ici du dernier roman de M. de Balzac, l'un des plus remarquables, à mon sens, sinon des plus flatteurs pour la société actuelle. *Les Parents pauvres* nous montrent ce talent vigoureux arrivé à sa plus forte maturité et se donnant toute carrière. Il surabonde, il nage, il semble en plein dans ses eaux. On n'a jamais plus étalé ni secoué le *sens-dessus-dessous* de la guenille humaine. La première partie de ce roman *(la Cousine Bette)* présente des caractères d'une grande vérité, et aussi des exagérations telles qu'en a presque inévitablement l'auteur. Bette toute la première, qui donne son nom au roman, est une de ces exagérations : il ne semble pas que cette pauvre personne qu'on a vue d'abord une simple paysanne des Vosges, mal vêtue, mal mise, rude, un peu envieuse, mais non pas méchante ni scélérate, soit la même qui se transforme à un certain moment en personne du monde presque belle, et de plus si perverse et si infernale, un vrai Iago ou un Richard III femelle ! Cela ne se passe point ainsi dans la vie ; cette fille est de la race des *Ferragus* et des *Treize*. Notre société gâtée et vicieuse ne comporte point de ces haines atroces et de ces vengeances. Nos péchés certes ne sont pas mignons, nos crimes pourtant sont moins gros. Mais d'autres caractères du roman sont vrais, profondément vrais, et avant tout le baron Hulot, avec cet amour effréné des femmes qui mène de degré en degré l'honnête homme au déshonneur et le vieillard à l'avilissement ; et Crevel, excellent de tout point, de ton, de geste, de plaisanterie, le vice bourgeois dans toute sa tenue et son importance. Car ici, notons-le bien, nous n'avons plus affaire seulement aux travers, aux ridicules, ni même aux folies humaines, c'est le vice qui est le ressort, c'est la dépravation sociale qui fait la matière du roman. L'auteur y plonge ; à voir sa verve, on dirait même par endroits qu'il s'y joue. Quelques scènes élevées, pathétiques, arrachent une larme ; mais les scènes atroces dominent ; la sève de l'impur déborde ; ces infâmes Marneffe infectent tout. Ce remarquable roman, étudié à part, prêterait à des réflexions qui n'atteindraient pas M. de Balzac lui seul, mais nous tous, enfants plus ou moins mystérieux ou avoués d'une littérature sensuelle. Les uns, fils de René, ont caché et comme *ennuagé* leur sensualisme sous le mysticisme ; les autres l'ont franchement démasqué.

M. de Balzac a souvent pensé à Walter Scott, et le génie du grand romancier écossais l'a vivement excité, dit-il. Mais, au milieu de cette œuvre immense de l'aimable enchanteur, n'avait-il donc pas reconnu, selon l'heureuse expression de M. de Lamartine,

Les nobles sentiments s'élevant de ces pages,
Comme autant de parfums des odorantes plages ?

N'avait-il pas respiré ce charme universel de pureté et comme de santé, ces courants d'air salubre qui y circulent, même à travers le conflit des passions humaines ? On sent d'abord le besoin d'aller s'y retremper, d'aller se jeter dans quelque lecture limpide et saine au sortir des *Parents pauvres* — de se plonger dans quelque chant de Milton, *in lucid streams*, dans les *purs et lucides courants*, comme dit le poëte.

Il y aurait, dans un travail moins incomplet, et si l'on était libre de se donner carrière, à bien établir et à graduer les rapports vrais entre le talent de M. de Balzac et celui de ses plus célèbres contemporains, Mme Sand, Eugène Sue, Alexandre Dumas. En un tout autre genre, mais avec une vue de la nature humaine qui n'est pas plus en beau ni plus flattée, M. Mérimée pourrait se prendre comme opposition de ton et de manière, comme contraste.

M. Mérimée n'a peut-être pas une meilleure idée de la nature humaine que M. de Balzac, et, si quelqu'un a semblé la calomnier, ce n'est pas lui certes qui la réhabilitera. Mais c'est un homme de goût, de tact, de sens exact et rigoureux, qui, même dans l'excès de l'idée, garde la retenue et la discrétion de la manière ; qui a autant le sentiment personnel du ridicule que M. de Balzac l'avait peu, et en qui, au milieu de tout ce qu'on admire de netteté, de vigueur de trait et de précision de burin, on ne peut regretter qu'un peu de cette verve, dont l'autre avait trop. On dirait qu'en lui l'homme du monde accompli, l'*honnête homme*, comme on s'exprimait autrefois, a tenu de bonne heure l'artiste en échec.

Mme Sand, est-il besoin de le rappeler ? est un plus grand, plus sûr et plus ferme écrivain que M. de Balzac ; elle ne tâtonne jamais dans l'expression. C'est un grand peintre de nature et de paysage. Comme romancier, ses caractères sont souvent bien saisis à l'origine, bien dessinés ; mais ils tournent vite à un certain idéal qui rentre dans l'école de Rousseau, et qui touche au systématique. Ses personnages ne vivent pas d'un bout à l'autre ; il y a un moment où ils passent à l'état de type. Elle ne calomnie jamais la nature humaine, elle ne l'embellit pas non plus ; elle veut la rehausser, mais elle la force et la distend en visant à l'agrandir. Elle s'en prend surtout à la société, et déprime des classes entières, pour faire valoir *quand même* des individus, qui restent encore, malgré tout, à demi abstraits. En un mot, cette sûreté de maître qu'elle porte dans l'expression et la description, elle ne l'a pas également dans la réalisation de ses caractères. Ceci soit dit avec toutes les réserves convenables pour tant de situations et de scènes charmantes et naturelles. Quant au style, c'est chez elle un don de première qualité et de première trempe.

M. Eugène Sue (laissons de côté le socialiste et ne parlons que du romancier) est peut-être l'égal de M. de Balzac en invention, en fécondité et en composition. Il dresse à merveille de grandes charpentes ; il a des caractères qui vivent aussi, et qui, bon gré, mal gré, se retiennent ; surtout il a de l'action et des machines dramatiques qu'il sait très-bien faire jouer. Mais les détails sont faibles souvent ; ils sont assez nombreux et variés, mais moins fins, moins fouillés, d'une observation bien moins originale et moins neuve que chez M. de Balzac. Il a aussi de la gaieté et rencontre en ce genre des types heureux et naturels ; mais, de plus, il aime, il affecte les excentricités et se plaît trop à les décrire. Chez l'un comme chez l'autre, il faut faire bon marché de la nature saine ; ils opèrent volontiers sur le gâté ou le factice. Eugène Sue ne sait pas autant écrire que Balzac, ni aussi bien, ni même aussi mal, et aussi subtilement dans le mal. Enfin il a eu le tort de ne pas se livrer uniquement aux instincts de sa nature propre, et de consulter les systèmes du jour, de les professer dans ses derniers romans, ce que M. de Balzac n'a jamais fait. Au moins lui, il n'a obéi qu'à ses instincts, à ses inspirations favorites, et s'y est livré de plus en plus en artiste qui ne transige pas. En fait de torrent, M. de Balzac n'a jamais suivi que le sien.

Quant à M. Dumas, tout le monde sait sa verve prodigieuse, son entrain facile, son bonheur de mise en scène, son dialogue spirituel et toujours en mouvement, ce récit léger qui court sans cesse et qui sait enlever l'obstacle et l'espace sans jamais faiblir. Il couvre d'immenses toiles sans fatiguer jamais ni son pinceau ni son lecteur. Il est amusant. Il embrasse, mais n'étreint pas comme M. de Balzac.

Des trois derniers, M. de Balzac est celui qui étreint et qui creuse le plus.

La Révolution de Février avait porté un coup sensible à M. de Balzac. Tout l'édifice de la civilisation raffinée, telle qu'il l'avait rêvée toujours, semblait s'écrouler ; l'Europe un moment, son Europe à lui, allait lui manquer comme la France. Cependant il se relevait déjà, et méditait de peindre à bout portant cette société nouvelle sous la quatrième forme dans laquelle elle se présentait à lui. Je pourrais tracer ici l'esquisse de son futur roman, son dernier roman en projet, dont il ne parlait qu'avec flamme. Mais à quoi bon un songe de plus ? Il est mort d'une maladie de cœur, comme meurent aujourd'hui tant d'hommes parmi ceux qui ont trop ardemment labouré la vie. C'est au même mal qu'avait succombé, il y a trois ans à peine, Frédéric Soulié, qu'il serait injuste d'oublier, dès l'instant qu'on groupe les principaux chefs de cette littérature.

Peut-être, sur la tombe d'un des plus féconds d'entre eux, du plus inventif assurément qu'elle ait produit, c'est l'heure de redire que cette littérature a fourni son école et fait son temps ; elle a donné ses talents les plus vigoureux, presque gigantesques ; tant bonne que mauvaise, on peut penser aujourd'hui que le plus fort de sa sève s'est épuisé. Qu'elle fasse trêve du moins, qu'elle se repose ; qu'elle laisse aussi à la société le temps de se reposer après l'excès, de se recomposer dans un ordre quelconque, et de présenter à d'autres peintres, d'une inspiration plus fraîche, des tableaux renouvelés. Une terrible émulation et comme un concours furieux s'était engagé dans ces dernières années entre les hommes les plus vigoureux de cette littérature active, dévorante, inflammatoire. Le mode de publication en feuilletons, qui obligeait, à chaque nouveau chapitre, de frapper un grand coup sur le lecteur, avait poussé les effets et les tons du roman à un diapason extrême, désespérant, et plus longtemps insoutenable. Remettons-nous un peu. En admirant le parti qu'ont su tirer souvent d'eux-mêmes des hommes dont le talent a manqué des conditions nécessaires à un développement meilleur, souhaitons à l'avenir de notre société des tableaux non moins vastes, mais plus apaisés, plus consolants, et à ceux qui les peindront une vie plus calmante et des inspirations non pas plus fines, mais plus adoucies, plus sainement naturelles et plus sereines.

M. de Stendhal.
Ses œuvres complètes

Lundi 2 janvier 1854.

Cette fois, ce n'est qu'un chapitre de l'histoire littéraire de la Restauration. On s'est fort occupé depuis quelque temps du spirituel auteur, M. Beyle, qui s'était déguisé sous le pseudonyme un peu teutonique de *Stendhal**. Lorsqu'il mourut à Paris, le 23 mars 1842, il y eut silence autour de lui ; regretté de quelques-uns, il parut vite oublié de la plupart. Dix ans à peine écoulés, voilà toute une génération nouvelle qui se met à s'éprendre de ses œuvres, à le rechercher, à l'étudier en tous sens presque comme un classique ; c'est autour de lui et de son nom comme une Renaissance. Il en eût été fort étonné. Ceux qui ont connu personnellement M. Beyle, et qui ont le plus goûté son esprit, sont heureux d'avoir à reparler de cet écrivain distingué, et,

Le Moniteur universel, 2 et 9 janvier 1854, et *Causeries du Lundi*, t. IX, p. 301-341 (extraits p. 301-303 et p. 337-341).

* Steindal est une ville de la Saxe prussienne, lieu natal de Winckelmann. Il est probable que Beyle y aura songé en prenant le nom sous lequel il devint un guide de l'art en Italie.

s'ils le font quelquefois avec moins d'enthousiasme que les critiques tels que M. de Balzac, qui ne l'ont vu qu'à la fin et qui l'ont inventé, ils ne sont pas disposés pour cela à lui rendre moins de justice et à moins reconnaître sa part notable d'originalité, et d'influence, son genre d'utilité littéraire.

Il y a dans M. Beyle deux personnes distinctes, le *critique* et le *romancier* ; le romancier n'est venu que plus tard et à la suite du critique : celui-ci a commencé dès 1814. C'est du critique seul que je m'occuperai aujourd'hui, et il le mérite bien par le caractère singulier, neuf, piquant, paradoxal, bien souvent sensé, qu'il nous offre encore, et qui frappa si vivement non pas le public, mais les gens du métier et les esprits attentifs de son temps.

Henri Bayle est, comme Paul-Louis Courier, du très-petit nombre de ceux qui, au sortir de l'Empire en 1814, et dès le premier jour, se trouvèrent prêts pour le régime nouveau qui s'essayait, et il a eu cela de plus que Courier et d'autres encore, qu'il n'était pas un mécontent ni un boudeur : il servait l'Empire avec zèle ; il était un fonctionnaire et commençait à être un administrateur lorsqu'il tomba de la chute commune ; et il se retrouva à l'instant un homme d'esprit, plein d'idées et d'aperçus sur les arts, sur les lettres, sur le théâtre, et empressé de les inoculer aux autres. Beyle, c'est le Français (l'un des premiers) qui est sorti de chez soi, littérairement parlant, et qui a comparé. En suivant la Grande Armée et en parcourant l'Europe comme l'un des membres de l'état-major civil de M. Daru dont il était parent, il regardait à mille choses, à un opéra de Cimarosa ou de Mozart, à un tableau, à une statue, à toute production neuve et belle, au génie divers des nations ; et tout bas il réagissait contre la sienne, contre cette nation française dont il était bien fort en croyant la juger, contre le goût français qu'il prétendait raviver et régénérer, du moins en causant ; c'était là être bien Français encore. Chose singulière ! tandis que M. Daru, occupé des grandes affaires et portant le dur poids de l'administration des provinces conquises ou de l'approvisionnement des armées, trouvait encore le temps d'entretenir avec ses amis littérateurs de Paris, les Picard et les Andrieux, une correspondance charmante d'attention, pleine d'aménité et de conseils, il y avait là, tout à côté, le plus lettré des commissaires des guerres, le moins classique des auditeurs du Conseil d'État, Beyle, qui faisait provision d'observations et de malices, qui amassait toute cette jolie érudition piquante, imprévue, sans méthode, mais assez forte et abondante, avec laquelle il devait attaquer bientôt et battre en brèche le système littéraire régnant. C'est ainsi, je le répète, qu'il se trouva en mesure dès 1814, à une date où bien peu de gens l'étaient. En musique, en peinture, en littérature, il perça aussitôt d'une veine nouvelle : il fut surtout un excitateur d'idées.

Dans ce rôle actif qu'il eut avec distinction pendant une douzaine d'années, je me le figure toujours sous une image. Après les grandes guerres européennes de conquête et d'invasion, vinrent les guerres de plume et les luttes de parole pour les systèmes. Or, dans cet ordre nouveau, imaginez un hussard, un hulan, un chevau-léger d'avant-garde qui va souvent insulter l'ennemi jusque dans son retranchement, mais qui aussi, dans ses fuites et refuites, pique d'honneur et aiguillonne la colonne amie qui cheminait parfois trop lentement et lourdement, et la force d'accélérer le pas. Ç'a été la manœuvre et le rôle de Beyle : un hussard romantique, enveloppé, sous son nom de *Stendhal*, de je ne sais quel manteau scandinave, narguant d'ailleurs le solennel et le sentimental, brillant, aventureux, taquin, assez solide à la riposte, excellent à l'escarmouche.

[...]

Lundi 9 janvier 1854.

[...]

On voit combien je suis loin, à l'égard de *la Chartreuse* de Beyle, de partager l'enthousiasme de M. de Balzac. Celui-ci a tout simplement parlé de Beyle romancier comme il aurait aimé à ce qu'on parlât de lui-même : mais lui du moins, il avait la faculté de concevoir d'un jet et de faire vivre certains êtres qu'il lançait ensuite dans son monde réel ou fantastique et qu'on n'oubliait plus. Il a fort loué dans *la Chartreuse* le personnage du comte de Mosca, le ministre homme d'esprit d'un petit État despotique, et dans lequel il avait cru voir un portrait ressemblant du prince de Metternich : Beyle n'y avait jamais pensé. On ne peut d'ailleurs se ressembler moins que Beyle et M. de Balzac. Ce dernier était aussi confiant que l'autre l'était peu ; Beyle était toujours en garde contre le sot, et craignait tout ce qui eût laissé percer la vanité. Il songeait sans cesse au ridicule et à n'y pas prêter, et M. de Balzac n'en avait pas même le sentiment. Lorsque M. de Balzac fit sur Beyle, à propos de *la Chartreuse*, l'article inséré dans les *Lettres parisiennes*, Beyle, à la fin de sa réponse datée de Civita-Vecchia (octobre 1840), et après des remerciements confus pour cette bombe outrageuse d'éloges à laquelle il s'attendait si peu, lui disait : « Cet article étonnant, tel que jamais écrivain ne le reçut d'un autre, je l'ai lu, j'ose maintenant vous l'avouer, *en éclatant de rire*. Toutes les fois que j'arrivais à une louange un peu forte, et j'en rencontrais à chaque pas, je voyais la mine que feraient mes amis en le lisant*. »

Tous deux ne différaient pas moins par la manière dont ils concevaient la forme et le style, ou la façon de s'exprimer. Sur ce point, M. de Balzac croyait n'en avoir jamais fait assez. Dans ses *Mémoires d'un touriste*, Beyle, passant dans je ne sais quelle ville de Bourgogne, a dit : « J'ai trouvé dans ma chambre un volume de M. de Balzac, c'est *l'Abbé Biroteau* de Tours. Que j'admire cet auteur ! Qu'il a bien su énumérer les malheurs et petitesses de la province ! Je voudrais un style plus simple ; mais, dans ce cas, les

* L'anecdote qu'on va lire est authentique, et je la tiens d'original : « On sait que Balzac admirait Beyle à la folie pour sa *Chartreuse de Parme* et qu'il l'a loué à mort dans sa *Revue parisienne*. Beyle, vers ce temps, revenait de Rome, de Civita-Vecchia, à Paris, et dans le premier moment, craignant le ridicule, il fut tout confus d'un pareil éloge si exorbitant : il ne savait où se cacher. Cependant il vit Balzac et ne lui sut pas mauvais gré d'avoir été ainsi bombardé grand homme. Vers ce temps, Beyle vendait à la *Revue des Deux Mondes* une série de nouvelles italiennes qu'il se proposait de faire et dont il n'y eut qu'une ou deux d'achevées. Il reçut pour cela la somme de 3 000 francs. Or, à sa mort, on trouva dans ses papiers la preuve que ces 3 000 francs avaient été donnés ou prêtés par lui à Balzac qui fut ainsi payé de son éloge : un service d'argent contre un service d'amour-propre. M. Colomb, ami intime de Beyle, et qui eut à mettre en ordre ses papiers, a lui-même certifié le fait. » — Et moi je n'ajouterai qu'un mot qui est celui du poëte de la *Métromanie* :

Ce mélange de gloire et de gain m'importune !

provinciaux l'achèteraient-ils ? Je suppose qu'il fait ses romans en deux temps ; d'abord raisonnablement, puis il les habille en beau style néologique, avec les *patiments* de l'âme, *il neige dans mon cœur*, et autres belles choses. » De son côté, M. de Balzac trouvait qu'il manquait quelque chose au style de Beyle, et nous le trouvons aussi. Celui-ci dictait ou griffonnait comme il causait ; quand il voulait corriger ou retoucher, il refaisait autrement, et recommençait à tout hasard pour la seconde ou troisième fois, sans mieux faire nécessairement que la première. Ce qu'il n'avait pas saisi du premier mot, il ne l'atteignait pas, il ne le réparait pas. Son style, en appuyant, n'éclaircit pas la pensée ; il se faisait des idées singulières des écrivains proprement dits : « Quand je me mets à écrire, disait-il, je ne songe plus à mon *beau idéal* littéraire ; je suis assiégé par des idées que j'ai besoin de noter. Je suppose que M. Villemain est assiégé par des formes de phrases ; et, ce qu'on appelle un poëte, M. Delille ou Racine, par des formes de vers. Corneille était agité par des formes de réplique. » Enfin il se donne bien de la peine pour s'expliquer une chose très-simple ; il n'était pas de ceux à qui l'image arrive dans la pensée, ou chez qui l'émotion lyrique, éloquente, éclate et jaillit par places dans un développement naturel et harmonieux. L'étude première n'avait rien fait chez lui pour suppléer à ce défaut ; il n'avait pas eu de maître, ni ce professeur de rhétorique qu'il est toujours bon d'avoir eu, dût-on s'insurger plus tard contre lui. Il sentait bien, malgré la théorie qu'il s'était faite, que quelque chose lui manquait. En paraissant mépriser le style, il en était très-préoccupé.

En critiquant ainsi avec quelque franchise les romans de Beyle, je suis loin de le blâmer de les avoir écrits. S'il se peut faire encore des chefs-d'œuvre, ce n'est qu'en osant derechef tenter la carrière, au risque de s'exposer à rester en chemin par bien des œuvres incomplètes. Beyle eut ce genre de courage. En 1825, il y avait une école ultra-critique et toute raisonneuse qui posait ceci en principe : « Notre siècle *comprendra* les chefs-d'œuvre, mais n'en *fera* pas. Il y a des époques d'artistes, il en est d'autres qui ne produisent que des gens d'esprit, d'infiniment d'esprit si vous voulez. » Beyle répondait à cette théorie désespérante dans une lettre insérée au *Globe* le 31 mars 1825 :

« Pour être artiste après les La Harpe, il faut un courage de fer. Il faut encore moins songer aux critiques qu'un jeune officier de dragons, chargeant avec sa compagnie, ne songe à l'hôpital et aux blessures. C'est le manque absolu de ce *courage* qui cloue dans la médiocrité tous nos pauvres poëtes. Il faut écrire pour se faire plaisir à soi-même, écrire comme je vous écris cette lettre ; l'idée m'en est venue, et j'ai pris un morceau de papier. C'est faute de *courage* que nous n'avons plus d'artistes. Nierez-vous que Canova et Rossini ne soient de grands artistes ? Peu d'hommes ont plus méprisé les critiques. Vers 1785, il n'y avait peut-être pas un amateur à Rome qui ne trouvât ridicules les ouvrages de Canova, etc. »

Toutes les fois que Beyle a eu une idée, il a donc pris un morceau de papier, et il a écrit, sans s'inquiéter du qu'en dira-t-on, et sans jamais mendier d'éloges : un vrai galant homme en cela. Ses romans sont ce qu'ils peuvent, mais ils ne sont pas vulgaires ; ils sont comme sa critique, surtout à l'usage de ceux qui en font ; ils donnent des idées et ouvrent bien des voies. Entre toutes ces pistes qui s'entre-croisent, peut-être l'homme de talent dans le genre trouvera la sienne.

Plusieurs écrivains dans ces derniers temps, et après M. de Balzac, se sont occupés de Beyle, de sa vie, de son caractère et de ses œuvres : M. Arnould Frémy, M. Paulin Limayrac, M. Charles Monselet, ont parlé de lui tour à tour, il y a à s'instruire sur son compte à leurs discussions et à leurs spirituelles analyses ; mais s'ils me permettent de le dire, pour juger au net de cet esprit assez compliqué et ne se rien exagérer dans aucun sens, j'en reviendrai toujours de préférence, indépendamment de mes propres impressions et souvenirs, à ce que m'en diront ceux qui l'ont connu en ses bonnes années et à ses origines, à ce qu'en dira M. Mérimée, M. Ampère, à ce que m'en dirait Jacquemont s'il vivait, ceux en un mot qui l'ont beaucoup vu et goûté sous sa forme première. Au physique, et sans être petit, il eut de bonne heure la taille forte et ramassée, le cou court et sanguin ; son visage plein s'encadrait de favoris et de cheveux bruns frisés, artificiels vers la fin ; le front était beau, le nez retroussé et quelque peu à la kalmouck ; la lèvre inférieure avançait légèrement et s'annonçait pour moqueuse. L'œil assez petit, mais très vif, sous une voûte sourcilière prononcée, était fort joli dans le sourire. Jeune, il avait eu un certain renom dans les bals de la cour par la beauté de sa jambe, ce qu'on remarquait alors. Il avait la main petite et fine, dont il était fier. Il devint lourd et apoplectique dans ses dernières années, mais il était fort soigneux de dissimuler, même à ses amis, les indices de décadence. Il mourut subitement à Paris, où il était en congé, le 23 mars 1842, âgé de cinquante-neuf ans. En continuant littérairement avec originalité et avec une sorte d'invention la postérité française des Chamfort, des Rulhière, de ces hommes d'esprit qu'il rappelle par plus d'un trait ou d'une malice, Beyle avait au fond une droiture et une sûreté dans les rapports intimes qu'il ne faut jamais oublier de reconnaître quand on lui dit d'ailleurs ses vérités.

« Madame Bovary »
par M. Gustave Flaubert

Lundi, 4 mai 1857.

Je n'oublie pas que cet ouvrage a été l'objet d'un débat tout autre qu'un débat littéraire, mais je me souviens surtout des conclusions et de la sagesse des juges. L'ouvrage appartient désormais à l'art, seulement à l'art, il n'est justiciable que de la critique, et celle-ci peut user de toute son indépendance en en parlant.

Elle le peut et elle le doit. On se donne souvent bien de la peine pour réveiller des choses passées, pour ressusciter d'anciens auteurs, des ouvrages que personne ne lit plus guère et auxquels on rend un éclair d'intérêt et un semblant de vie : mais quand des œuvres vraies et vives passent devant nous, à notre portée, à pleines voiles et pavillon flottant, d'un air de dire : *Qu'en dites-vous ?* si l'on est vraiment critique, si l'on a dans les veines une goutte de ce sang qui animait les Pope, les Boileau, les Johnson, les Jeffrey, les Hazlitt, ou

Le Moniteur universel, 4 mai 1857, et *Causeries du Lundi*, t. XIII, p. 346-363 (extraits p. 346-351 et p. 360-363).

simplement M. de la Harpe, on pétille d'impatience, on s'ennuie de toujours se taire, on grille de lancer son mot, de les saluer au passage, ces nouveaux venus, ou de les annoncer vivement. Il y a longtemps que Pindare l'a dit pour ce qui est des vers : Vive le vieux vin et les jeunes chansons ! — Les jeunes chansons, c'est aussi la pièce du soir, c'est le roman du jour, c'est ce qui fait l'entretien de la jeunesse à l'instant où cela paraît.

Je n'avais pas lu *Madame Bovary* sous sa première forme et dans le Recueil périodique où l'ouvrage avait été publié d'abord par chapitres successifs. Si saisissantes qu'en fussent les parties, il devait y perdre, et surtout la pensée générale, la conception devait en souffrir. Le lecteur, s'arrêtant court sur des scènes déjà hardies, se demandait : *Qu'y aura-t-il au delà ?* On pouvait supposer à l'ouvrage de folles poussées, à l'auteur des intentions qu'il n'avait pas. Une lecture continue remet chaque scène à son vrai point. *Madame Bovary* est un livre avant tout, un livre composé, médité, où tout se tient, où rien n'est laissé au hasard de la plume, et dans lequel l'auteur ou mieux l'artiste a fait d'un bout à l'autre ce qu'il a voulu.

L'auteur, évidemment, a beaucoup vécu à la campagne et dans le pays normand qu'il nous décrit avec une vérité incomparable. Chose singulière ! quand on vit beaucoup aux champs, qu'on sent si bien cette nature et qu'on la sait si bien peindre, c'est pour l'aimer en général, c'est du moins pour la présenter en beau après surtout qu'on l'a quittée ; on est porté à en faire un cadre de bonheur, de félicité plus ou moins regrettée, parfois idyllique et tout idéale. Bernardin de Saint Pierre s'ennuya fort à l'Île-de-France tant qu'il y vécut, mais revenu de là, et de loin, il ne considéra plus que la beauté des sites, la douceur et la paix des vallons ; il y plaça des êtres de son choix, il fit *Paul et Virginie*. Sans aller si loin que Bernardin de Saint-Pierre, Mme Sand, qui s'était peut-être ennuyée d'abord dans son Berry, ne s'est plu ensuite à nous le montrer que par des aspects assez attrayants ; elle ne nous a pas désenchantés, tant s'en faut, des bords de la Creuse ; en y introduisant même des personnages à théories ou à passions, elle a laissé circuler un large souffle pastoral, rural, poétique dans le sens des Anciens. Ici, avec l'auteur de *Madame Bovary*, nous touchons à un autre procédé, à un autre mode d'inspiration, et, s'il faut tout dire, à des générations différentes. L'idéal a cessé ; le lyrique est tari. On en est revenu. Une vérité sévère et impitoyable est entrée jusque dans l'art comme dernier mot de l'expérience. L'auteur de *Madame Bovary* a donc vécu en province, dans la campagne, dans le bourg et la petite ville ; il n'y a point passé en un jour de printemps comme le voyageur dont parle La Bruyère et qui, du haut d'une côte, se peint son rêve en manière de tableau au penchant de la colline, il y a vécu tout de bon. Or, qu'y a-t-il vu ? Petitesses, misères, prétentions, bêtise, routine, monotonie et ennui : il le dira. Ces paysages si vrais, si francs, et où respire l'agreste génie des lieux, ne lui serviront qu'à encadrer des êtres vulgaires, plats, sottement ambitieux, tout à fait ignorants ou demi-lettrés, des amants sans délicatesse. La seule nature distinguée et rêveuse qui s'y trouvera jetée, et qui aspire à un monde d'au delà, y sera comme dépaysée, étouffée ; à force d'y souffrir, de ne pas trouver qui lui réponde, elle s'altérera, elle se dépravera, et, poursuivant le faux rêve et le charme absent, elle arrivera de degré en degré à la perdition et à la ruine. Est-ce moral ? Est-ce consolant ? L'auteur ne semble pas s'être posé cette question ; il ne s'est demandé qu'une chose : Est-ce vrai ? Il est à croire qu'il aura observé de ses yeux quelque chose de semblable, ou du moins il a aimé à condenser dans ce tableau étroitement lié et à y reporter le résultat de ses observations diverses, sur un fonds général d'amertume et d'ironie.

Autre particularité également remarquable ! parmi tous ces personnages très-réels et très-vivants, il n'en est pas un seul qui puisse être supposé celui que l'auteur voudrait être ; aucun n'a été soigné par lui à d'autre fin que pour être décrit en toute précision et crudité, aucun n'a été ménagé comme on ménage un ami ; il s'est complètement abstenu, il n'y est que pour tout voir, tout montrer et tout dire ; mais dans aucun coin du roman on n'aperçoit même son profil. L'œuvre est entièrement impersonnelle. C'est une grande preuve de force.

Le personnage le plus essentiel à côté de Mme Bovary est M. Bovary. Charles Bovary fils (car il a un père qui nous est dépeint aussi d'après nature) nous est montré dès le temps du collège comme un garçon rangé, docile mais gauche, mais nul ou incurablement médiocre, un peu *bêta*, sans distinction aucune, sans ressort, sans réponse à l'aiguillon, né pour obéir, pour suivre pas à pas une route tracée et pour se laisser conduire. Fils d'un ancien aide-chirurgien-major assez mauvais sujet, il n'a rien de la crânerie ni des vices de son père ; les épargnes de sa mère l'ont mis à même de faire à Rouen de chétives études qui l'ont mené à se faire recevoir officier de santé. Le grade obtenu non sans peine, il ne s'agit plus que de choisir un lieu où il ira exercer. Il se décide pour Tostes, petit pays non loin de Dieppe ; on le marie à une veuve bien plus vieille que lui, et qui a, dit-on, quelques rentes. Il se laisse faire et n'a pas même l'idée de s'apercevoir qu'il n'est pas heureux.

Une nuit, il est appelé à l'improviste pour aller à une ferme, à six bonnes lieues de là, remettre une jambe cassée au père Rouault, un cultivateur veuf, aisé, et qui a une fille unique. Le voyage de nuit à cheval, les abords et l'aspect de la riche ferme dit *des Bertaux*, l'arrivée, l'accueil que lui fait la jeune fille qui n'est pas du tout une paysanne, mais qui a été élevée en demoiselle dans un couvent, l'attitude du malade, tout cela, est admirablement décrit et rendu de point en point comme si nous y étions : c'est hollandais, c'est flamand, c'est normand. Bovary s'accoutume à retourner aux Bertaux, et plus souvent même qu'il n'est besoin pour le pansement du malade ; il continue d'y aller même après la guérison. Ses visites à la ferme, sans qu'il s'en aperçoive, sont devenues peu à peu un besoin, et au milieu de ses occupations pénibles une exception charmante :

« Ces jours-là, il se levait de bonne heure, partait au galop, poussait sa bête, puis il descendait pour s'essuyer les pieds sur l'herbe, et passait ses gants noirs avant d'entrer. Il aimait à se voir arriver dans la cour, à sentir contre son épaule la barrière qui tournait, et le coq qui chantait sur le mur, les garçons qui venaient à sa rencontre. Il aimait la grange et les écuries ; il aimait le père Rouault qui lui tapait dans la main en l'appelant son sauveur ; il aimait les petits sabots de Mlle Emma sur les dalles lavées de la cuisine : ses talons hauts la grandissaient un peu, et quand elle marchait devant lui, les semelles de bois, se relevant vite, claquaient avec un bruit sec contre le cuir de sa bottine.

« Elle le reconduisait toujours jusqu'à la première marche du perron. Lorsqu'on n'avait pas encore amené son cheval, elle restait là. On s'était dit adieu, on ne parlait plus ; le grand air l'entourait, levant pêle-mêle les petits cheveux follets de sa nuque, ou secouant sur sa hanche les cordons de son tablier, qui se tortillaient comme des banderoles. Une fois, par un temps de dégel, l'écorce des arbres suintait dans la cour, la neige sur les couvertures des bâtiments se fondait. Elle était sur le seuil ; elle alla chercher son ombrelle ; elle l'ouvrit. L'ombrelle de soie gorge de pigeon, que traversait le soleil, éclairait de reflets mobiles la peau blanche de sa figure : elle souriait là-dessous à la chaleur tiède, et on entendait les gouttes d'eau, une à une, tomber sur la moire tendue. »

Se peut-il un plus frais, un plus net tableau, et mieux découpé et mieux éclairé, et où le ressouvenir de la forme antique soit mieux déguisé à la moderne ? Ce bruit des gouttes de neige fondue, qui tombent sur l'ombrelle, m'en rappelle un autre des gouttes de glace qui tintent en tombant des branches sur les feuilles sèches du sentier, dans la *Promenade d'hiver à Midi* de William Cowper. Une qualité précieuse distingue M. Gustave Flaubert des autres observateurs plus ou moins exacts qui, de nos jours, se piquent de rendre en conscience la seule réalité, et qui parfois y réussissent ;

il a le *style*. Il en a même un peu trop, et sa plume se complaît à des curiosités et des minuties de description continue qui nuisent parfois à l'effet total. Chez lui, les choses ou les figures les plus faites pour être regardées sont un peu éteintes ou nivelées par le trop de saillie des objets environnants. Mme Bovary elle-même, cette mademoiselle Emma que nous venons de voir si charmante à son apparition, nous est si souvent décrite en détail et par le menu, que physiquement je ne me la représente pas très-bien dans son ensemble ni d'une manière bien distincte et définitive.

[...]

Dans la dernière moitié de l'ouvrage qui n'est pas moins étudiée ni moins exactement exprimée que la première, je signalerai un inconvénient qui a trop éclaté ; c'est que, sans que l'auteur y ait visé certainement, mais par l'effet même de sa méthode qui consiste à tout décrire et à insister sur tout ce qui se rencontre, il y a des détails bien vifs, scabreux, et qui touchent, peu s'en faut, à l'émotion des sens : il eût absolument fallu s'arrêter en deçà. Un livre, après tout, n'est pas et ne saurait jamais être la réalité même. Il y a des points où la description, en se prolongeant, trahit le but, je ne dis pas du moraliste, mais de tout artiste sévère. Je sais que jusqu'en ces endroits les plus risqués et les plus osés le sentiment chez M. Flaubert demeure très-âpre et ironique ; le ton n'est jamais tendre ni complice : au fond, rien n'est moins tentant. Mais il a affaire à un lecteur français *né malin*, et qui met de cette malice partout où il le peut.

La fin atroce de Mme Bovary, son châtiment si on veut l'appeler ainsi, sa mort, sont présentés et exposés dans un détail inexorable. L'auteur n'a pas craint d'appuyer sur cette corde d'airain, jusqu'à la faire grincer. La fin de M. Bovary, qui suit de près, est touchante et intéresse à ce pauvre excellent homme. J'ai parlé de mots naturels, et terriblement vrais, qui échappent. Dans sa douleur de la perte de sa femme sur les torts de laquelle il s'est abusé tant qu'il l'a pu, Bovary continue de tout rapporter à elle, et, recevant vers ce temps la lettre de faire part du mariage de Léon, il s'écrie : « Comme ma pauvre femme aurait été heureuse ! » Bientôt après, quand il a trouvé le paquet de lettres tant de Léon que de Rodolphe, il pardonne tout, il aime encore l'ingrate et l'indigne qu'il a perdue, et il meurt de douleur.

Il faudrait peu de chose, à certains moments de ces situations, pour que l'idéal s'ajoutât à la réalité, pour que le personnage s'achevât et se réparât en quelque sorte. Ainsi pour Charles Bovary vers la fin : le sculpteur n'avait qu'à vouloir, il suffisait d'un léger coup de pouce à la pâte qu'il pétrissait pour faire aussitôt d'une tête vulgaire une noble et attendrissante figure. Le lecteur s'y serait prêté et le réclamait presque. Mais l'auteur s'y est toujours refusé ; il n'a pas voulu.

Au moment même où le père Rouault, arrivé tout exprès, vient d'enterrer sa fille, au milieu de sa douleur désespérée il a un mot de paysan, grotesque et sublime de naturel : chaque année il envoyait à Charles Bovary une dinde en souvenir de sa jambe remise ; en le quittant les larmes aux yeux, il lui dit pour dernier mot de sentiment : « N'ayez peur, vous recevrez toujours votre dinde. »

Tout en me rendant bien compte du parti pris qui est la méthode même et qui constitue l'*art poétique* de l'auteur, un reproche que je fais à son livre, c'est que le bien est trop absent ; pas un personnage ne le représente. Le seul dévoué, désintéressé, amoureux en silence, le petit Justin, apprenti de M. Homais, est imperceptible. Pourquoi ne pas avoir mis là un seul personnage qui soit de nature à consoler, à reposer le lecteur par un bon spectacle, ne pas lui avoir ménagé un seul ami ? Pourquoi mériter qu'on vous dise : « Moraliste, vous savez tout, mais vous êtes cruel. » Le livre, certes, a une moralité : l'auteur ne l'a pas cherchée, mais il ne tient qu'au lecteur de la tirer, et même terrible. Cependant, l'office de l'art est-il de ne vouloir pas consoler, de ne vouloir admettre aucun élément de clémence et de douceur, sous couleur d'être plus vrai ? La vérité d'ailleurs, à ne chercher qu'elle, elle n'est pas tout entière et nécessairement du côté du mal, du côté de la sottise et de la perversité humaine. Dans ces vies de province, où il y a tant de tracasseries, de persécutions, d'ambitions chétives et de coups d'épingle, il y a aussi de bonnes et belles âmes, restées innocentes, mieux conservées qu'ailleurs et plus recueillies ; il y a de la pudeur, des résignations, des dévouements durant de longues années : qui de nous n'en sait des exemples ? Vous avez beau faire, dans vos personnages même si vrais vous rassemblez un peu comme avec la main et vous rapprochez avec art les ridicules, les travers ; pourquoi aussi ne pas rassembler le bien sur une tête au moins, sur un front charmant ou vénéré ? J'ai connu, au fond d'une province du centre de la France, une femme jeune encore*, supérieure d'intelligence, ardente de cœur, ennuyée ; mariée sans être mère, n'ayant pas un enfant à aimer, que fit-elle pour occuper le trop-plein de son esprit et de son âme ? Elle en adopta autour d'elle. Elle s'était mise à être une bienfaitrice active, une civilisatrice dans la contrée un peu sauvage où le sort l'avait fixée. Elle apprenait à lire et enseignait la culture morale aux enfants des villageois souvent épars à de grandes distances. Bénévolement elle faisait quelquefois une lieue et demie à pied ; son élève, de son côté, en faisait autant, et l'on prenait la leçon dans un sentier, sous un arbre, sur une bruyère. Il y a de ces âmes dans la vie de province et de campagne : pourquoi ne pas aussi les montrer ? cela relève, cela console, et la vue de l'humanité n'en est que plus complète.

Voilà mes objections à un livre dont je prise très haut d'ailleurs les mérites, observation, style (sauf quelques taches), dessin et composition.

L'ouvrage, en tout, porte bien le cachet de l'heure où il a paru. Commencé, dit-on, depuis plusieurs années, il vient à point en ce moment. C'est bien le livre à lire en sortant d'entendre le dialogue net et acéré d'une comédie d'Alexandre Dumas fils, ou d'applaudir *les Faux Bonshommes*, entre deux articles de Taine. Car en bien des endroits et sous des formes diverses, je crois reconnaître des signes littéraires nouveaux : science, esprit d'observation, maturité, force, un peu de dureté. Ce sont les caractères que semblent affecter les chefs

* Je puis la nommer aujourd'hui qu'elle n'est plus, — Mme Marsaudon, qui résidait à Mézières, dans la Haute-Vienne.

de file des générations nouvelles. Fils et frère de médecins distingués, M. Gustave Flaubert tient la plume comme d'autres le scalpel. Anatomistes et physiologistes, je vous retrouve partout !

[À propos des « Fleurs du mal »]

Le poète Baudelaire, très raffiné, très corrompu, à dessein, et par recherche d'art, avait mis des années à extraire de tout sujet et de toute fleur un suc vénéneux, et même, il faut le dire, assez agréablement vénéneux ; il avait tout fait pour justifier ce vers d'un poète :

La rose a des poisons qu'on finit par trouver.

C'était d'ailleurs un homme d'esprit, assez aimable à ses heures et très capable d'affection. Lorsqu'il eut publié ce recueil, intitulé *Fleurs du mal*, il n'eut pas seulement affaire à la critique, la Justice s'en mêla ; elle prit fait et cause au nom de la morale publique, comme s'il y avait véritablement danger à ces malices enveloppées et sous-entendues dans des rimes élégantes. Quoi qu'il en soit, il y eut procès, condamnation même, et c'est à la veille de cette plaidoirie plus que littéraire que j'adressai à l'auteur la lettre suivante,

Note sur Baudelaire et citation d'une lettre à lui adressée par Sainte-Beuve, le 20 juillet 1857, publiées dans l'appendice du t. IX des *Causeries du Lundi*, p. 527-529.

dans la pensée de venir en aide à la défense et de ramener la question à ce qu'elle était en soi, c'est-à-dire à une simple affaire de goût relevant de la seule critique. Cette lettre a été publiée depuis peu par les éditeurs des œuvres de Baudelaire, mais avec des fautes d'impression selon l'usage ; j'ai tenu à les corriger.

Ce 20 juillet 1857.

Mon cher ami,

J'ai reçu votre beau volume, et j'ai à vous remercier d'abord des mots aimables dont vous l'avez accompagné ; vous m'avez depuis longtemps accoutumé à vos bons et fidèles sentiments à mon égard.

Je connaissais quelques-uns de vos vers pour les avoir lus dans divers recueils ; réunis, ils font un tout autre effet. Vous dire que cet effet général est triste ne saurait vous étonner ; c'est ce que vous avez voulu. Vous dire que vous n'avez reculé, en rassemblant vos *Fleurs*, devant aucune sorte d'image et de couleur, si effrayante et affligeante qu'elle fût, vous le savez mieux que moi ; c'est ce que vous avez voulu encore. Vous êtes bien un poète de l'école de l'*art*, et il y aurait, à l'occasion de ce livre, si l'on parlait entre soi, beaucoup de remarques à faire. Vous êtes, vous aussi, de ceux qui cherchent de la poésie partout ; et, comme avant vous, d'autres l'avaient cherchée dans des régions tout ouvertes et toutes différentes ; comme on vous avait laissé peu d'espace ; comme les champs terrestres et célestes étaient à peu près tous moissonnés, et que, depuis trente ans et plus, les lyriques, sous toutes les formes, sont à l'œuvre — venu si tard et le dernier, vous vous êtes dit, j'imagine : *« Eh bien ! j'en trouve-*

rai encore de la poésie, et j'en trouverai là où nul ne s'était avisé de la cueillir et de l'exprimer. » Et vous avez pris l'enfer, vous vous êtes fait diable ; vous avez voulu arracher leurs secrets aux démons de la nuit. En faisant cela avec subtilité, avec raffinement, avec un talent curieux et un abandon quasi *précieux* d'expression, en *perlant* le détail, en *pétrarquisant* sur l'horrible, vous avez l'air de vous être joué ; vous avez pourtant souffert, vous vous êtes rongé à promener et à caresser vos ennuis, vos cauchemars, vos tortures morales ; vous avez dû beaucoup souffrir, mon cher enfant. Cette tristesse particulière qui ressort de vos pages et où je reconnais le dernier symptôme d'une génération malade, dont les aînés nous sont très connus, est aussi ce qui vous sera compté.

Vous dites quelque part, en marquant le réveil spirituel qui se fait le matin après les nuits mal passées, que, lorsque *l'aube blanche et vermeille*, se montrant tout à coup, apparaît en compagnie de *l'Idéal rongeur*, à ce moment, par une sorte d'expiation vengeresse,

Dans la brute assoupie un ange se réveille !

C'est cet ange que j'invoque en vous et qu'il faut cultiver. Que si vous l'eussiez fait intervenir un peu plus souvent, en deux ou trois endroits bien distincts, cela eût suffi pour que votre pensée se dégageât, pour que tous ces rêves du mal, toutes ces formes obscures et tous ces bizarres entrelacements où s'est lassée votre fantaisie, parussent dans leur vrai jour, c'est-à-dire à demi dispersés déjà et prêts à s'enfuir devant la lumière. Votre livre alors eût offert comme une *Tenta-*

tion de saint Antoine, au moment où l'aube approche et où l'on sent qu'elle va cesser.

C'est ainsi que je me le figure et que je le comprends. Il faut, le moins qu'on peut, se citer en exemple : mais nous aussi, il y a trente ans, nous avons cherché de la poésie là où nous avons pu. Bien des champs aussi étaient déjà moissonnés, et les plus beaux lauriers étaient coupés. Je me rappelle dans quelle situation douloureuse d'esprit et d'âme j'ai fait *Joseph Delorme*, et je suis encore étonné, quand il m'arrive [ce qui m'arrive rarement] de rouvrir ce petit volume, de ce que j'ai osé y dire, y exprimer. Mais en obéissant à l'impulsion et au progrès naturel de mes sentiments, j'ai écrit l'année suivante un recueil, bien imparfait encore, mais animé d'une inspiration douce et plus pure, *les Consolations*, et grâce à ce simple développement en mieux, on m'a à peu près pardonné. Laissez-moi vous donner un conseil qui surprendrait ceux qui ne vous connaissent pas : vous vous défiez trop de la passion ; c'est chez vous une théorie. Vous accordez trop à l'esprit, à la combinaison. Laissez-vous faire, ne craignez pas tant de sentir comme les autres, n'ayez jamais peur d'être trop commun ; vous aurez toujours assez, dans votre finesse d'expression, de quoi vous distinguer.

Je ne veux pas non plus paraître plus prude à vos yeux que je ne suis. J'aime plus d'une pièce de votre volume, ces *Tristesses de la lune*, par exemple, délicieux sonnet qui semble de quelque poète anglais contemporain de la jeunesse de Shakspeare. Il n'est pas jusqu'à ces stances, *À celle qui est trop gaie*, qui ne me semblent exquises d'exécution. Pourquoi cette pièce n'est-elle pas en latin, ou plutôt en grec, et comprise dans la section des *Erotica* de l'*Anthologie* ? Le savant Brunck l'aurait recueillie dans les *Analecta veterum poetarum* ; le président Bouhier et La Monnoye, c'est-à-dire des hommes d'autorité et de mœurs graves, *castissimae vitae morumque integerrimorum*, l'auraient commentée sans honte, et nous y mettrions le signet pour les amateurs. *Tange Chloen semel arrogantem.*

Mais encore une fois, il ne s'agit pas de cela ni de compliments ; j'ai plutôt envie de gronder, et si je me promenais avec vous au bord de la mer, le long d'une falaise, sans prétendre à faire le Mentor, je tâcherais de vous donner un croc-en-jambe, mon cher ami, et de vous jeter brusquement à l'eau, pour que vous, qui savez nager, vous alliez désormais sous le soleil et en plein courant.

Tout à vous.

SAINTE-BEUVE.

Des prochaines élections de l'Académie

[À propos de la candidature de Baudelaire]

Pour remplacer M. Scribe : *candidats*, M. Mazères, M. Cuvillier-Fleury, M. Camille Doucet, M. Octave Feuillet, M. Gozlan, M. Jules Lacroix, M. Léon Halévy, M. Belmontet, M. Gérusez, M. Baudelaire, — et même M. de Carné....

[...]

On s'est demandé d'abord si M. Baudelaire, en se présentant, voulait faire une niche à l'Académie, et une épigramme, s'il ne prétendait point l'avertir par là qu'il était bien temps qu'elle songeât à s'adjoindre ce poète et cet écrivain si distingué et si habile dans tous les genres de diction, Théophile Gautier, son maître. On a eu à apprendre, à épeler le nom de M. Baudelaire à plus d'un membre de l'Académie, qui ignorait totalement son existence. Il n'est pas si aisé qu'on le croirait de prouver à des académiciens politiques et hommes d'État comme quoi il y a, dans *les Fleurs du mal*, des pièces très remarquables vraiment pour le talent et pour

Le Constitutionnel, 22 janvier 1862 ; *Nouveaux Lundis*, t. I, p. 387-410 (extraits p. 395 et p. 400-402).

l'art ; de leur expliquer que dans les *Petits Poèmes en prose* de l'auteur, *le Vieux Saltimbanque* et *les Veuves* sont deux bijoux, et qu'en somme M. Baudelaire a trouvé moyen de se bâtir, à l'extrémité d'une langue de terre réputée inhabitable et par delà les confins du romantisme connu, un kiosque bizarre, fort orné, fort tourmenté, mais coquet et mystérieux, où on lit de l'Edgar Poe, où l'on récite des sonnets exquis, où l'on s'enivre avec le haschich pour en raisonner après, où l'on prend de l'opium et mille drogues abominables dans des tasses d'une porcelaine achevée. Ce singulier kiosque, fait en marqueterie, d'une originalité concertée et composite, qui, depuis quelque temps, attire les regards à la pointe extrême du Kamtschatka romantique, j'appelle cela *la folie Baudelaire*. L'auteur est content d'avoir fait quelque chose d'impossible, là où on ne croyait pas que personne pût aller. Est-ce à dire, maintenant, et quand on a tout expliqué de son mieux à de respectables confrères un peu étonnés, que toutes ces curiosités, ces ragoûts et ces raffinements leur semblent des titres pour l'Académie, et l'auteur lui-même a-t-il pu sérieusement se le persuader ? Ce qui est certain, c'est que M. Baudelaire gagne à être vu, que là où l'on s'attendait à voir entrer un homme étrange, excentrique, on se trouve en présence d'un candidat poli, respectueux, exemplaire, d'un gentil garçon, fin de langage et tout à fait classique dans les formes.

« *Le Capitaine Fracasse* »

par M. Théophile Gautier

Lundi 23 novembre 1863.

On n'est pas impunément poëte en ce temps-ci : à peine a-t-on prouvé qu'on l'était bien et dûment, avec éclat ou distinction, que chacun à l'envi vous sollicite de cesser de l'être. La prose, de toutes parts, sous toutes les formes, vous sourit, vous invite, vous tente, et finalement vous débauche. Je n'en sais, parmi les poëtes de ce temps-ci, qu'un seul, Brizeux, qui fasse exception et qui ait tenu bon jusqu'au bout pour la vertu poétique immaculée. Je me rappelle qu'en 1831, vers le temps où parut sa gracieuse idylle de *Marie*, comme je le visitais en compagnie d'un ami, directeur d'un journal, nous le trouvâmes au lit, dans une assez pauvre chambre d'hôtel où il logeait, et assez mécontent du sort ; nous l'engageâmes à travailler et à se joindre à nous pour quelques articles littéraires : à

« Poésie. – Voyages. – Salons. – Critique dramatique. – Romans : le capitaine Fracasse, par M. Théophile Gautier », 16, 23 et 30 novembre 1863, *le Constitutionnel*, et *Nouveaux Lundis*, t. VI, p. 265-339 (extraits p. 293-302 et 315-322).

quoi il nous répondit d'un ton sec : « Non, je veux que ma carte de visite reste pure. » Ce qui, je dois le dire, nous parut légèrement impertinent, à nous qui étions jusqu'au cou dans la prose. Brizeux aima mieux toute sa vie se soumettre à bien des gênes que de prendre sur son cours d'eau poétique un filet suffisant pour faire tourner quotidiennement le moulin. Il avait même fini par pousser si loin l'horreur de la prose, qu'il n'écrivait plus ses rares petits billets, toujours fort courts, à ses amis, qu'au crayon et dans un caractère à peine visible, de peur sans doute que les lignes qu'il risquait ainsi ne vinssent à être lues un jour et à le compromettre. Mais il est arrivé pour lui comme pour tous les chastes Joseph, c'est qu'on a attribué cet excès de vertu et de continence à son peu de tempérament.

Il n'en était pas ainsi de Théophile Gautier. Il fut tenté de bonne heure, et il céda. Il n'était pas de ces talents qui redoutent si fort la polygamie. Balzac, le premier, ayant lu *Mademoiselle de Maupin*, lui dépêcha un jour Jules Sandeau, à la rue du Doyenné où il était encore, pour l'engager à travailler à la *Chronique de Paris*, et Gautier y contribua en effet par quelques nouvelles et des articles de critique. Il collabora aussi au journal du soir, *la Charte de 1830*, fondé par Nestor Roqueplan vers 1836 — sans y faire ombre de politique, bien entendu. Il entra au *Figaro* avec Alphonse Karr ; il y mit des articles de fantaisie, entre autres *le Paradis des Chats*. Le roman de *Fortunio*, où la fantaisie de l'auteur s'est déployée en toute franchise et où il a glorifié tous ses goûts, se rapporte à ce temps de collaboration. Ce roman très-osé, et sur un ton qu'il ne renouvellera plus, parut d'abord dans le *Figaro*, chapitre par chapitre. On déchirait une feuille faisant partie du journal, et cela devait former un livre. La première édition du roman était composée de ces feuillets réunis ; l'édition régulière suivit aussitôt (1838). Mais dès 1837, Théophile Gautier était entré au journal *la Presse*, où il élut domicile pour bien des années, et qui lui fut comme une patrie. À dater de ce moment, il fit partie de ce brillant escadron d'écrivains que M. Émile de Girardin ralliait sous son habile direction, et dont Mme de Girardin n'était elle-même que la première et la plus vaillante lance. Sa double carrière de critique d'art et de critique dramatique commence régulièrement à *la Presse* pour ne plus s'interrompre depuis. Il n'y resta pas moins de dix-huit ans, jusqu'en 1855, et c'est alors seulement qu'il entra, pour s'y caser, au *Moniteur*.

Il débuta à *la Presse* par des articles d'art, notamment sur les peintures d'Eugène Delacroix à la Chambre des Députés. Il ne fut appliqué qu'un peu plus tard à la critique du théâtre. On avait essayé de diverses plumes ; Gautier eut son tour avec Gérard ; ils faisaient les feuilletons du théâtre à deux et signaient G. G., pour faire la contrepartie du célèbre J. J. des *Débats*. Cette combinaison dura près d'un an, après quoi Gautier resta seul et maître du feuilleton.

Maître ! que disons-nous, et quel critique peut se vanter de l'être ? Le journal, tel qu'il est constitué de nos jours, a créé une charge, une fonction capitale et des plus actives, laquelle, à son tour, réclame impérieusement son homme : c'est celle de critique ordinaire et universel. Vous l'êtes ou vous ne l'êtes pas par disposition première et naturelle, qu'importe ? Il vous faut à toute force le devenir. Les poëtes, lorsqu'on fait d'eux des critiques (car, on ne saurait se le dissimuler, la poésie de nos jours, c'est le luxe et l'ornement ; la critique, c'est le gagne-pain), les poëtes ont une difficulté particulière à vaincre : ils ont un goût personnel très-prononcé. Le père de la duchesse de Choiseul lui répétait souvent dans son enfance : « Ma fille, n'ayez pas de goût. » Ce sage père savait que les délicats sont malheureux. De même, la première leçon qu'un père prévoyant devrait donner à son fils, si ce fils se destinait à devenir un critique journaliste, ce serait, selon moi : « Mon fils, n'ayez pas le goût trop dégoûté ; apprenez à manger de tout. » Or, imaginez un poëte, c'est-à-dire un être accoutumé à cultiver et à chérir un idéal, à le caresser dès l'enfance sur l'aile de la fantaisie, imaginez ce poëte subitement mis à pied par la fortune et obligé par métier d'essayer de toutes les combinaisons, de déguster tous les breuvages et toutes les boissons à leur entrée, ou, si vous aimez mieux, de tremper le doigt dans toutes les sauces. On regimbe d'abord, puis l'on s'y fait ; on prend sur soi. La critique des artistes et poëtes est sans doute en certains cas la plus vive, la plus pénétrante, celle qui va le plus au fond ; mais elle est, de sa nature, tranchante et exclusive. Une fois qu'elle a dit son mot, elle a fini ; elle n'a plus qu'à se taire. Mais comment se taire quand on a un feuilleton à remplir ? Il faut parler, il faut juger, même quand les choses n'en valent guère la peine ; il faut s'étendre et motiver, et savoir intéresser encore, tout en louant et en blâmant. La nécessité fait loi et, bon gré, mal gré, vous accouche. Oh ! que d'esprit ainsi dépensé ! que d'idées, que d'aperçus, que de bon sens sous air de boutade, que d'inspirations heureuses ainsi dispersées en germe et jetées au vent ! que de poudre d'or embarquée sur des coquilles de noix au fil du courant ! Que si cela vous étonne et vous afflige, prenez-vous-en aux inventions et aux cadres du jour de créer ainsi des critiques d'office qui n'auraient jamais songé à l'être sans cela. Vous qui parlez de cet élégant feuilletoniste si à votre aise et à la légère, on voit bien que vous ne savez pas ce que c'est qu'un poëte condamné à la corvée à perpétuité.

Pour moi, qui viens de relire bon nombre de ces feuilletons de Théophile Gautier sur l'*Art dramatique*, j'ai plutôt admiré comme il s'acquitte de sa tâche en parfaite bonne grâce, comme il se tire des difficultés et triomphe à demi de ses goûts sans les sacrifier toutefois. Veuillez, en effet, réfléchir un peu et vous rendre compte de ses gênes. Il y a des genres tout entiers, réputés des plus français, auxquels il répugne, — et la Tragédie, — et l'Opéra-Comique, — et le Vaudeville ; il mettrait volontiers le pied dessus pour les écraser une bonne fois, s'il l'osait. Il a dans la pensée un type de théâtre à lui, une scène idéale de magnificence et d'éclat, de poésie en vers, de style orné et rehaussé d'images, de passion et de fantaisie luxuriante, d'enchantement perpétuel et de féerie ; il y admet la convention, le masque, le chant, la cadence et la déclamation quand ce sont des vers, la décoration fréquente et renouvelée, un mélange brillant, grandiose, capricieux et animé, qui est le contraire de la réalité et de la prose : et le voilà obligé de juger des tragédies modernes qui ne ressemblent plus au *Cid* et qui se ressemblent toutes, des comédies applaudies du public, et qui ne lui semblent, à lui, que « des opéras-comiques en cinq actes, sans couplets et sans air » ; ou bien de vrais opéras-comiques en vogue, « d'une musique agréable et légère, mais qui lui semble tourner trop au quadrille ». Il n'est pas de l'avis du public, et il est obligé dans ses jugements de compter avec le public. Ce qu'il loue le plus, ce qu'il soutient et défend de tout son cœur, les tentatives dramatiques d'amis illustres, n'obtiennent que des succès douteux et très-combattus : il lui faut dissimuler tant qu'il peut ces résistances obstinées de la masse bourgeoise à ce qu'il admire et à ce qu'il aime. Rachel paraît et semble ressusciter avec éclat un genre qu'il abhorre. Ponsard reprend en sous-œuvre la tragédie, et son succès de bon sens est un nouvel échec à la cause de l'imagination pure. Il y a plus : la muse de la maison, la brillante Delphine fait elle-même des rôles pour Rachel, et le critique, ces soirs-là, se voit pris et serré comme dans un étau. C'est au milieu de toutes ces difficultés, de tous ces écueils, que le feuilleton de Théophile Gautier a à se gouverner et à naviguer, et il s'en tire toujours d'un air d'aisance, d'élégance, avec infiniment d'adresse et toute la grâce d'une gondole qui se jouerait en plein canal*.

On lui a reproché comme critique, surtout vers la fin,

* Théophile Gautier, depuis que ceci est écrit, s'est lui-même expliqué sur la fonction de feuilletoniste, et ce qu'il en a dit, au moment où je le lisais, m'a dicté, à moi-même, cette remarque : « On admire chez Fontenelle la description des fonctions d'un lieutenant de police dans l'Éloge de d'Argenson – chez Cuvier, la description des fonctions et des qualités d'un intendant général d'armée dans son Éloge académique de Daru. Apprécions de même chez Théophile Gautier, parlant sur le cercueil de Fiorentino (il n'a

une souveraine indulgence et indifférence. Il a acquis en effet un surcroît de mansuétude avec les années ; le Gautier du *Moniteur* n'est plus tout à fait celui de *la Presse*. Mais je ne trouve pas cependant qu'il ait cette indifférence absolue qu'on lui prête ; il sait très-bien marquer et faire sentir toujours ses nuances d'affection ou de déplaisance. Quand il est forcé de louer ce qu'il aime moins, il n'y a qu'à bien l'écouter ; il indique finement le degré en baissant le ton et en mettant une sourdine à la louange. J'ai noté de lui un éloge de Béranger qui est, à cet égard, un petit chef-d'œuvre.

Notre métier de critique (je parle de ceux qui le font avec délicatesse et en honnêtes gens) a ses secrets, et il n'est que de les bien connaître. Un homme d'esprit et de tact qui avait vieilli dans le journalisme me disait un jour :

« Un critique, en restant ce qu'il doit être, peut avoir jusqu'à trois jugements — trois expressions de jugement — : le jugement secret, intime, causé dans la chambre et entre amis, un jugement d'accord avec le type de talent qu'on porte en soi, et, par conséquent, comme tout ce qui est personnel, vif, passionné, primesautier, enthousiaste ou répulsif, un jugement qui, en bien des cas, emporte la pièce : c'est celui de la *prédilection* ou de l'*antipathie*.

« Mais on n'est pas seul au monde, on n'est pas le type et le modèle unique et universel ; il y a d'autres moules que celui que nous portons en nous, il y a d'autres formes de beauté en dehors de celle que nous adorons comme la plus parente de notre esprit, et elles

---

pas choisi l'occasion), la charmante et si distinguée définition du métier de feuilletoniste (*Moniteur* du 5 juin 1864). C'est de première qualité. »

ont le droit d'exister. Au sein de cette infini variété des talents, pour les embrasser et les critiquer, la première condition est de les comprendre et, pour cela, de s'effacer, ou même de se contrarier et de se combattre. Il faut, si l'on veut rester juste, introduire à chaque instant dans son esprit un certain contraire. Cela constitue le second jugement, réfléchi et pondéré, en vue du public : c'est celui de l'*équité* et de l'*intelligence*.

« Enfin il y a un troisième jugement, souvent commandé et dicté, au moins dans la forme, par les circonstances, les convenances extérieures ; un jugement modifié, mitigé par des raisons valables, des égards et des considérations dignes de respect : c'est ce que j'appelle le jugement de *position* ou d'*indulgence*. »

Il y a de ces trois sortes de jugements dans les feuilletons de Théophile Gautier, comme chez nous tous. Ce qu'il y a surtout, c'est infiniment d'esprit et, sous air de paradoxe, plus d'une vérité. Ainsi à propos d'une pièce *(la Fille du Cid)* de Casimir Delavigne :

« Dans le monde des arts, il y a toujours au-dessous de chaque génie un homme de talent qu'on lui préfère. Le génie est inculte, violent, orageux ; il ne cherche qu'à se contenter lui-même et se soucie plus de l'avenir que du présent. — L'homme de talent est propre, bien rasé, charmant, accessible à tous ; il prend chaque jour la mesure du public et lui fait des habits à sa taille, tandis que le poëte forge de gigantesques armures que les Titans seuls peuvent revêtir. — Sous Delacroix, vous avez Delaroche ; sous Rossini, Donizetti ; sous Victor Hugo, M. Casimir Delavigne. »

Ainsi encore, à propos d'une pièce de Marivaux, il glissera ce spirituel éloge de la *manière* :

« *Marivaudage !* c'est bientôt dit, mais n'en fait pas qui veut, et peu de gens ont eu cet honneur de donner un vocable nouveau à la langue. Marivaux a l'horreur du vulgaire, et il cherche l'esprit. — Qu'est-ce que cela fait, puisqu'il le trouve ? — il est maniéré. — Soit ! Pourtant il ne faudrait pas trop dire de mal des maniérés : ce sont des gens de beaucoup de talent et d'invention, qui ont eu le tort de venir lorsque tous les magnifiques lieux communs, fonds du bon sens humain, avaient été exploités par les maîtres d'une façon supérieure : ne voulant pas être copistes, ils ont tâché de renouveler la face de l'art par la grâce, la délicatesse, le trait, les mille conquetteries du style ; le riche filon était épuisé, ils ont poursuivi la fibre dans ses ramifications les plus imperceptibles. C'est encore une assez belle part. Il n'est pas donné à tout le monde d'arriver à une époque vierge, au sortir d'une barbarie relative, où l'on puisse être simple, grand et naïf. Quand la société s'est compliquée, que les mœurs se sont effacées à force de se polir, que le goût usé se blase de chefs-d'œuvre, il faut cependant faire quelque chose, ou répéter dans une suite de contre-épreuves, de plus en plus pâles, les types classiques... Si Marivaux n'avait pas les défauts que l'on critique en lui et qui ne sont, à vrai dire, que des qualités poussées à l'excès, il se perdrait obscurément parmi la foule obscure des plats imitateurs de Molière. La *manière* l'a sauvé. »

On ne peut mieux dire en parlant de Marivaux, ni mieux plaider indirectement pour soi-même, quand on est Théophile Gautier.

[...]

Lundi 30 novembre 1863.

La critique d'art, la manière dont il l'a exercée et comprise, constitue l'une des innovations et l'un des talents spéciaux de Théophile Gautier. Depuis que Diderot et Grimm ont inauguré en France la critique des Salons, ce sont presque toujours des littérateurs qui ont rendu compte des expositions de statues ou de tableaux, et presque toujours ils l'ont fait plus ou moins au point de vue de la littérature. C'était le cas surtout pour les critiques d'art qui écrivaient sous la Restauration. M. Delécluze seul avait manié le pinceau ; mais son instruction, très-réelle et estimable quand elle se tenait dans le domaine historique, ne servit guère à lui affiner le goût. Les autres auteurs remarqués pour leurs jugements ou leurs comptes rendus de Salons, M. Guizot, M. Thiers, Stendhal — Jal, expression de l'opinion moyenne — avaient pu se rencontrer souvent et causer avec des artistes, mais ils ne l'étaient pas eux-mêmes. Ce ne fut guère qu'après 1830 que la critique d'art acquit, avec un développement croissant, un plus haut degré de précision et de compétence en chaque branche spéciale. Les juges, à force d'examiner et de voir de près, achevèrent de se former. Et ceux qui y apportaient une philosophie élevée de l'art comme Vitet, et ceux qui y introduisaient une psychologie ingénieuse comme Peisse, ne cessaient de voir et de comparer. Charles Lenormant mériterait d'être cité aussi à côté d'eux, s'il avait eu autant de goût que d'avidité de savoir et de zèle. L'étroite union qui existait dans le groupe romantique entre les poëtes et les peintres tourna vite au profit de la critique qui dès lors se fit de plus en plus en parfaite connaissance des procédés de l'atelier. Chez Gustave Planche, la morgue habituelle compromettait trop souvent le bon sens ; chez d'autres moins hautains, l'étude constante venait à l'appui de la finesse des aperçus et donnait toute valeur à la sagacité des analyses : les Paul Mantz, les Chennevières se sont formés de la sorte. Une publication à la fois spéciale et répandue, *l'Artiste*, sous la direction d'Arsène Houssaye, conviait les jeunes plumes et préparait le goût de plus d'un expert. La *Gazette des Beaux-Arts* ouvrit son cadre aux gens du métier. Mais je ne puis nommer tous ceux qui ont marqué depuis quinze ans et plus dans cette voie, et je n'ai point qualité pour les ranger : deux, entre autres, ont été signalés hors ligne, et ici même*, pour leur science intelligente et leur universalité : Charles Blanc et Théophile Gautier. Celui-ci y joint et y apporte en sus un talent pratique, un art de description qui n'est qu'à lui.

La description de Théophile Gautier, en présence des tableaux qu'il nous fait voir et qu'il nous dispense d'aller reconnaître, a cela de particulier qu'elle est exclusivement pittoresque et nullement littéraire, et qu'elle ne se complique pas, tant qu'elle dure, de remarques critiques et de jugements. Les critiques même, s'il en vient après quelqu'une, sont des plus légères. Est-ce à dire que Théophile Gautier, en nous montrant les tableaux, ne les différencie pas à nos yeux et ne nous avertisse pas du degré d'estime qu'il y attache ? Loin de là, nul, en nous faisant pénétrer dans

* Article de M. Ernest Chesneau, dans *le Constitutionnel* du 4 novembre 1863.

le talent de chaque peintre, dans la nature et dans l'intention de chaque œuvre, ne nous met plus à même de les qualifier.

Dans les nombreux *Salons* qu'il a faits et qu'il est loin d'avoir tous recueillis en volumes, je prendrai presque au hasard quelques exemples pour bien définir sa manière et expliquer son procédé.

A-t-il à parler d'Ingres, de Delacroix, voyez comme il sait, dans le choix même des termes employés à décrire et à caractériser leurs œuvres, impliquer l'éloge et le limiter à ce qui est dû. Dans Ingres, c'est l'idéal et le style, c'est la beauté absolue et en quelque sorte abstraite, — chez Delacroix, c'est la couleur non moins absolue, le mouvement et la passion, qu'il s'attache à démontrer en chaque toile par une reproduction des plus fidèles. Chaque peinture, chaque fresque, on la croit voir à la lumière dont il la décrit, et on la voit non-seulement dans son projet et sa disposition, mais dans son effet et son ton ou sa ligne. Le système de Gautier, en décrivant, est un système de transposition, une réduction exacte, équivalente, plutôt qu'une traduction. De même qu'on réduit une symphonie au piano, il *réduit* un tableau à *l'article*. Et tout ainsi que pour la symphonie transposée et réduite, ce sont toujours des sons qu'on entend, de même dans ses articles ce n'est pas de l'encre qu'il emploie, ce sont des couleurs et des lignes ; il a une palette, il a des crayons. Les gammes de nuances « qui se font valoir les unes les autres » sont indiquées et observées quand il expose des tableaux de Delacroix ; et dans les apothéoses d'Ingres qu'il nous rend, la simplicité hardie, le tranché nu et sculptural, les poses héroïques, les contrastes d'or et d'azur, sont mis en relief et accusés de façon à venir vous heurter et vous remplir le regard. Ce sont là de ces comptes rendus qui parlent et qui vivent. En fait d'art, montrer plutôt encore que juger est peut-être, de toutes les formes de critique, la plus utile. Il n'est rien de tel, pour faire l'éducation du public, que de lui apprendre avant tout à voir et à regarder. Gautier a appliqué ici aux tableaux peints le même procédé qu'il a suivi à l'égard des tableaux naturels et des climats : *la soumission absolue à l'objet*. Il rend cet objet sans réagir et le réfléchit sans lui résister. Il a en cela une vue plus sérieuse et plus lointaine qu'on ne le supposerait. Les tableaux, hélas ! tous sans distinction, les plus belle toiles comme les plus médiocres, doivent disparaître dans un temps donné ; la gravure perpétuera la composition et les traits, non les couleurs. Imaginez ce que ce serait si un Pausanias, un Pline, avaient fait autrefois pour les tableaux des anciens exactement ce que Théophile Gautier fait aujourd'hui pour les nôtres : les érudits seraient dispensés de tant conjecturer sur ce qu'ils ne savent pas bien. On ne connaît plus les tableaux grecs ; il faut les deviner. Au lieu d'appliquer le Quintilien à la peinture, que n'y a-t-on appliqué à temps le Théophile Gautier, sauf à laisser les Quintilien d'alors crier à la confusion des genres, à la corruption du goût et à la décadence ?

Et puis il faut tout dire : comme lui-même, si humble et si soumis descripteur qu'il soit, il n'est, après tout, dans cette tâche dont il s'acquitte si en conscience, qu'un peintre et un poëte dévoyé, il est juste qu'il se ménage de temps à autre de petites satisfactions et jouissances, c'est-à-dire des morceaux d'exécution. Il profitera donc des tableaux qu'il décrit comme d'un prétexte. « Il faut bien, dit-il, se donner quelques dédommagements et des consolations ; il faut aussi montrer son petit talent, essayer dans son art quelque chose de ce que l'artiste dont on parle a fait dans le sien. » Et c'est ainsi que, terminant le premier article sur Eugène Delacroix lors de l'Exposition universelle de 1855, il disait :

« ... Outre leur mérite intrinsèque, *les Femmes d'Alger* marquent un événement d'importance dans la vie de M. Delacroix, son voyage en Afrique, qui nous a valu tant de toiles charmantes et d'une fidélité si locale. — Oui ce sont bien là les intérieurs garnis, à hauteur d'homme, de carreaux de faïence formant des mosaïques comme dans les salles de l'Alhambra, les fines nattes de joncs, les tapis de Kabylie, les piles de coussins et les belles femmes aux sourcils rejoints par le furmeh, aux paupières bleuies de khiol, aux joues blanches avivées d'une couche de fard, qui, nonchalamment accoudées, fument le narguilhé ou prennent le café que leur offre, dans une petite tasse à soucoupe de filigrane, une négresse au large rire blanc. »

C'est sur cet admirable petit tableau que finissait le premier article*. Lui aussi il est peintre, et il le sait. Il a toute raison de dire avec un juste sentiment de sa valeur : « Nous faisons notre art à travers notre métier. »

Un autre petit finale d'article des plus achevés en son genre, qui me revient en mémoire, est dans le

* Il n'a pas pris soin d'observer la division dans son volume *les Beaux-Arts en Europe*, et il a mis les deux articles sur Delacroix bout à bout. Personne n'est plus négligent que lui de ses pages, une fois écrites et envolées.

compte rendu des peintres anglais, à propos d'un tableau de Hook qui a pour sujet *Venise telle qu'on la rêve*. Ici le poëte prend la parole et semble prier pour un moment le peintre de lui céder la place ; car, pour ces poëtes déclassés, la critique est comme une lucarne qu'on leur ouvre, et il leur est difficile, quand la chose les intéresse un peu vivement, de ne pas passer la tête à la fenêtre pour dire : *Me voici !* et pour venir chanter à leur tour leur petit couplet et leur chanson. À propos donc de ce tableau anglais, *Venise telle qu'on la rêve*, Théophile Gautier ne peut s'empêcher d'intervenir et de dire :

« Pour notre part, nous l'avons fait souvent, le rêve de M. Hook. — Plus d'une fois elle a passé devant les yeux de notre âme cette barque qui porte un négrillon à la poupe et de beaux jeunes gens vêtus de sveltes costumes dont Vittore Carpaccio habille ses Magnifiques ; plus d'une fois aussi nous avons vu en songe se pencher du haut des terrasses blanches ces belles filles aux tresses d'or crespelées, aux robes de brocart d'argent, aux colliers et aux bracelets de perles, qui jettent un baiser avec une fleur au galant haussé sur la pointe du pied !

« C'est ainsi en effet qu'on la rêve, la Vénus de l'Adriatique, séchant sur sa rive de marbre son corps rose et blanc, humide encore des caresses de la nuit ; — et M. Hook, de ce sentiment d'une poésie presque banale, a fait un tableaux délicieux. »

Jusqu'ici tout est bien ; mais écoutez la fin, qui est d'une mélancolique poésie :

« Cependant l'enduit rouge des palais s'écaille comme le fard aux joues d'une courtisane ; la vase et les herbes marines envahissent les canaux déserts ; des linges sèchent aux fenêtres bouchées de planches, et le crabe monte sur les marches où Violante et la reine Cornaro* posaient leur pantoufle d'or. »

Et le feuilleton du *Moniteur* finit là-dessus. Cela s'appelle de nos jours de la critique. C'est de la poésie toute pure, du lacryma-christi qu'on vous verse à chaque coin de rue sur un comptoir d'argent. Et plaignez-vous !

* Catarina Cornaro, dans *la Reine de Chypre*, d'Halévy, et Violante, la maîtresse du Titien.

CHRONOLOGIE

1804 *23 décembre*. Naissance à Boulogne-sur-Mer, de Charles-Augustin Sainte-Beuve. Son père est décédé le 4 octobre précédent.

1818 Rentrée scolaire. Sa rhétorique achevée (à l'âge de treize ans et demi), Sainte-Beuve vient compléter ses études à Paris. Pensionnaire de l'Institution Lancry, il entre en troisième au collège Charlemagne.

1820-1821 Son professeur de rhétorique est Paul-François Dubois, le futur fondateur du *Globe*.

1822-1823 Classe de philosophie au collège Bourbon, l'actuel lycée Condorcet. Bachelier ès lettres le 18 octobre 1823. Bachelier ès sciences le 17 juillet 1824, après avoir commencé ses études de médecine.

1823 Début des études de médecine, qu'il interrompra en 1827.

1824 Dans *Le Globe*, fondé par Dubois et Pierre Leroux, premier article anonyme le 10 octobre. Deuxième article signé le 4 novembre.

1826 *8 juillet*. Compte rendu assez critique du *Cinq-Mars* de Vigny.

1826 *Août*. Sainte-Beuve entreprend de répondre à la question proposée par l'Académie française sur l'histoire de la langue et de la littérature française au XVIe siècle.

1827 *2 et 9 janvier*. Sainte-Beuve publie dans *Le Globe* un article sur les *Odes et Ballades* de Victor Hugo, prélude à une amitié entre les deux voisins.

1828 *19 juillet*. Publication du *Tableau historique et critique de la poésie française et du théâtre français au XVIe siècle*, paru d'abord sous forme d'articles dans *Le Globe* du 14 avril 1827 au 30 avril 1828.

1828 *Août-début octobre*. Voyage en Angleterre.

1828 *Décembre*. Sainte-Beuve rédige le « Prospectus » pour les *Œuvres* de Victor Hugo chez Gosselin.

1829 *Janvier*. Il fait la connaissance de Musset et d'Ulric Guttinguer.

Avril. Publication de *Vie, poésies et pensées de Joseph Delorme*, chez Delangle.

5 avril. Débuts à la *Revue de Paris* dirigée par Véron. Son article sur Boileau, occupe les pages 1 à 24 du tout premier numéro, juste après la Préface du directeur.

3 mai. « Madame de Sévigné » (*Revue de Paris*).

12 août et 12 sept. « *Histoire de la vie et des ouvrages de Pierre Corneille*, de Jules Taschereau » (*Le Globe*).

16 août. « Mathurin Régnier et André Chénier » (*Revue de Paris*).

Oct.-nov. Voyage avec le peintre Louis Boulanger sur les bords du Rhin et en Belgique.

1830 *27 mars*. Publication des *Consolations*.

Juillet. Séjour chez Ulric Guttinguer en Normandie, projet d'un roman commun : *Arthur*. Retour à Paris après les Trois Glorieuses.

20 sept. Duel avec Dubois.

20 sept. « Mémoires, correspondance de Diderot » (*Le Globe*).

30 oct. Deuxième édition de *Joseph Delorme*.

11 octobre. « Du mouvement littéraire et poétique après la Révolution de 1830 » (*Le Globe*).

7 décembre. « Hoffmann, *Contes nocturnes* » (*Le Globe*).

1831 *18 janvier*. Dans *Le Globe*, devenu saint-simonien depuis le 27 décembre 1830, « Profession de foi », signée Pierre Leroux, mais rédigée par Sainte-Beuve.

Année de crise. Liaison avec Adèle Hugo. Brève expérience saint-simonienne ; en mai 1831, séjour à Juilly, auprès de Lamennais. Début de *Volupté*.

22 mars. Dernier article au *Globe*.

Avril. Il refuse la chaire qu'on lui propose à l'université de Liège.

Juin. « M. de Senancour, *Oberman* », préface de la seconde édition d'*Oberman*, chez Ledoux.
15 juin. Premier article à la *Revue des Deux Mondes* que Véron à reprise en main depuis les premiers mois de l'année (« Georges Farcy »).
26 juin. « Diderot » (*Revue de Paris*).
2 juillet. « Hugo, Victor-Marie, baron » dans la *Biographie des Contemporains* de Rabbe et Vielhe de Boisjolin, repris le 1er août dans la *Revue des Deux Mondes*, sous le titre « Poètes modernes. Victor Hugo ».
11 octobre. « Du mouvement littéraire et poétique après la Révolution de 1830 » (*Le Globe*), non signé.
15 déc. « Victor Hugo. *Les Feuilles d'automne* » (*RDM*).

1832 *21 janvier.* « *Oberman* » [de M. de Senancour] (*Revue de Paris*).
1er février. « L'Abbé de Lamennais » (*RDM*).
21 avril. Publication du 1er vol. des *Critiques et portraits littéraires* chez Renduel.
15 juillet. « Du roman intime et de *Mlle de Liron* (*RDM*).
1er oct.. « Lamartine » (*RDM).*
3 oct. Article dans *Le National*, « Indiana » de George Sand, à l'origine de l'amitié avec la romancière.
1er déc. « Béranger » (*RDM*).

1833 *15 janvier.* « M. A. de Musset » (*RDM*).
15 février. Article sur *Lucrèce Borgia* de Victor Hugo.
3 juin. « Adam Mickiewicz. *Le Livre des pèlerins polonais* » (*Le National*).
8 août. Article sur Heine dans *Le National.*
29 septembre. « Lélia » de George Sand (*Le National*).

1834 *18 janvier.* Dernier article au *National* sur André Chénier.
1er février. « Des Mémoires de Mirabeau et de l'étude de M. V. Hugo à ce sujet » (*RDM*), article hostile qui scelle la rupture.
Février. Il entretient Guttinguer de son projet de *Port-Royal.*
15 avril. « Chateaubriand. *Mémoires* » (*RDM*). Il assiste depuis fin février aux lectures des *Mémoires* à l'Abbaye-au-Bois.
1er mai. Article sur les *Paroles d'un croyant* (*RDM*).
19 juillet. Publication de *Volupté*, chez Renduel.

1er novembre. Publication anonyme de *Arthur*, commencé avec Guttinguer.
15 nov. « M. de Balzac. *La Recherche de l'absolu* » (*RDM*), signé C.A.
1835 *1er et 15 mai.* « Mme de Staël » (*RDM*).
Septembre. Il prend ses distances avec Lamennais.
1er novembre. Compte rendu des *Chants du crépuscule*, où il défend Adèle, et provoque la colère de Hugo.
1er décembre. « Du génie critique et de Bayle » (*RDM*).
1836 *1er janvier.* « M. Villemain » (*RDM*).
Avril. Publication du *Lys dans la vallée* de Balzac, inspiré de *Volupté*.
4 juin. Critiques et portraits littéraires, t. II et III avec préface.
1er nov. « M. Nisard » (*RDM*).
1837 *15 février.* « M. Ampère » (*RDM*).
Printemps. Il refuse la Légion d'honneur. Derniers mois de sa liaison avec Adèle.
Juillet-août. Premier séjour à Lausanne.
30 septembre. Publication des *Pensées d'août*.
15 octobre. Sainte-Beuve quitte Paris pour Lausanne où il enseignera jusqu'à la fin de mai 1838. Son cours sur Port-Royal commence le 6 novembre.
1838 *Juin.* Retour à Paris. Il travaille à la rédaction de *Port-Royal*.
1er novembre. « Revue littéraire », *Revue des Deux Mondes*, 1er novembre 1838 (à propos des *Etudes de mœurs au XIXe siècle* par H. de Balzac)
1er décembre. « M. de Fontanes » et « M. Joubert » (*RDM*).
1839 *15 mars.* « Mme de Charrières » (*RDM*).
Avril. Préface des « Pensées et Fragments », ajoutés au t. V des *Critiques et portraits littéraires* qui paraît en mai en même temps que le t. IV.
1er avril. « Lamartine. *Recueillements poétiques* » (*RDM*).
4 mai. Tomes IV et V des *Critiques et portraits littéraires*.
1er septembre. « De la littérature industrielle » (*RDM*).
1840 *15 janvier.* « M. de La Rochefoucauld » (*RDM*).
1er mars. « Dix ans après en littérature » (*RDM*).
Avril. Nouvelle édition de *Volupté* et t. I de *Port-Royal*, chez Renduel.

25 avril. Publication des *Poésies complètes*, chez Charpentier.
30 juin. « Des gladiateurs littéraires » (article non publié sur Victor Hugo).
8 août. Victor Cousin, ministre de l'Instruction publique, nomme Sainte-Beuve conservateur à la bibliothèque Mazarine.
10 août. Honoré de Balzac, « Lettre sur Sainte-Beuve » (*Revue parisienne*).
1841 *3 juin.* Réception de Hugo à l'Académie française.
1842 *Février.* Tome II de *Port-Royal*.
30 avril. *Corinne ou l'Italie* de Mme de Staël, nouvelle édition augmentée d'une préface de Sainte-Beuve.
12 juin. « Mme Desbordes-Valmore » (*Revue de Paris*).
15 juin. « Mme de Rémusat » (*RDM*).
31 juillet. « Aloysius Bertrand » (*RDM*).
1843 *18 février.* Première des *Chroniques parisiennes* publiées dans la *Revue Suisse* de Lausanne, dirigée par ses amis Juste et Caroline Olivier.
1er juillet. « Quelques vérités sur la situation en littérature » (*RDM*).
15 oct. « M. Charles Magnin, *Causeries et méditations historiques et littéraires* » (*RDM*).
11 nov. *Le Livre d'amour* paraît sans nom d'auteur.
1844 *1er février.* « Charles Nodier. Après les funérailles » (*RDM*).
8 février. Echec à l'Académie française. Hugo a voté « moins pour Vigny que contre [lui] ».
14 mars. Election à l'Académie française.
15 avril. « Benjamin Constant et Mme de Charrières » (*RDM*).
27 avril. Publication des *Portraits littéraires*, 2 vol., in-12, Didier et des *Portraits de femmes*, 1 vol., in-12, Didier.
31 octobre. « Théophile Gautier. *Les Grotesques* » (*Revue de Paris*).
15 décembre. « La Revue en 1845 » (*RDM*).
21 décembre. Réédition des *Caractères* de La Bruyère, avec une préface de Sainte-Beuve non signée.
1845 *13 janvier.* *Port-Royal* est mis à l'index.
27 février. Discours de réception à l'Académie.

5 juillet. Nouvelle édition de *Volupté* avec le nom de l'auteur.

1846 *15 janvier.* « Mademoiselle Aïssé » (*RDM*).

4 avril. Portraits contemporains, t. I et II, in-12, Didier. (En septembre, le t. III.)

21 octobre. « *Mémoires* de Mme de Staal-Delaunay » (*Journal des Débats*).

1847 *2 juin.* « Ballanche »

1848 *24 août.* Accusé d'avoir reçu des fonds secrets, Sainte-Beuve se prépare à quitter la Mazarine pour Liège.

2 septembre. Port-Royal, t. III, Hachette, in-8°.

Novembre. Début de ses cours sur Chateaubriand à Liège.

1849 *Août.* Il quitte Liège.

15 septembre. « Mme de Krüdner et ce qu'en aurait dit Saint-Evrémond » (*RDM*).

Septembre. Préface (publiée en 1860) de *Chateaubriand et son groupe littéraire sous l'Empire*.

1er octobre. Premier « Lundi » dans *Le Constitutionnel*.

8 octobre. « *Les Confidences* par M. de Lamartine » Deuxième « Causerie » dans *Le Constitutionnel*.

1850 *18 février.* Article sur *La Mare au Diable*, *La Petite Fadette* et *François le Champi* de George Sand.

22 mars. Mort de Mme d'Arbouville, amie de Sainte-Beuve depuis dix ans.

29 avril. « Madame de La Tour-Franqueville et Jean-Jacques Rousseau ».

27 mai. « *Mémoires d'Outre-Tombe* par M. de Chateaubriand ».

10 juin. « Mémoires et correspondance de Madame d'Epinay ».

17 juin. « Lettres de Madame de Grafigny ou Voltaire à Cirey ».

29 juillet. « Lettres de Goethe et de Bettina ».

21 octobre. « Qu'est-ce qu'un classique ? ».

28 octobre. « Madame de Caylus et de ce qu'on appelle urbanité ».

17 novembre. Mort de la mère de Sainte-Beuve.

2 décembre. « M. de Balzac », *Le Constitutionnel*.

Décembre. Préface des *Causeries du Lundi*.

1851 *Février.* Publication chez Garnier du t. I des *Causeries du Lundi.*
Mars. Installation rue du Montparnasse.
Juin. Tome II des *Causeries du Lundi.*
Octobre. Tome III des *Causeries du Lundi.*
2 décembre. Coup d'Etat de Louis-Napoléon Bonaparte.

1852 *Janvier.* Tome IV des *Causeries du Lundi.*
18 janvier. « Les Mémoires de Saint-Simon ».
9 février. « De la poésie et des poëtes en 1852 ».
24 mai. « De la retraite de MM. Villemain et Cousin ».
Août. Tome V des *Causeries du Lundi.*
23 août. Article sous le titre « Les Regrets » marquant son ralliement à l'Empire.
6 décembre. Il quitte *Le Constitutionnel* pour *Le Moniteur.*

1853 Tomes VI, VII et VIII des *Causeries du Lundi.*
10 janvier. « Grimm. Sa *Correspondance littéraire* ».
2 et 9 janvier. « M. de Stendhal. Ses Œuvres complètes ».
16 et 23 janvier. « Marivaux ».

1854 *17 avril.* « Chateaubriand. Anniversaire du *Génie du Christianisme* ».
Juillet. Tome IX des *Causeries du Lundi.*
24 et 28 août. « Léopold Robert. Sa vie, ses œuvres et sa correspondance, par M. Feuillet de Conches ».
4 septembre. « Ramond, le peintre des Pyrénées ».
Novembre. Election au Collège de France à la chaire de poésie latine.
13 novembre. « De la poésie de la nature, de la poésie du foyer et de la famille ».
20, 27 novembre, 4 décembre. « William Cowper ou de la poésie domestique ».

1855 *Mars.* Leçon au Collège de France interrompue par un chahut d'étudiants. Démission.
18 juillet. « *Les Chants modernes* par M. Maxime Du Camp ».
Janvier. « Une petite guerre sur la tombe de Voiture ».

1856 *Février.* Tome XI des *Causeries du Lundi.*
9 février. « Eugénie de Guérin. *Reliquiæ* ».
19 mars. Lettre de Baudelaire à Sainte-Beuve, son « cher protecteur », lui demandant un article sur sa traduction d'Edgar Poe : « Je sais combien vous êtes brave et amateur de la nou-

veauté ». Sainte-Beuve accepte, mais ne fera pas l'article promis.
5 avril. Mémoire de Sainte-Beuve relatif aux « encouragements à donner aux gens de lettres ».
17 avril. « Rapport fait par M. Sainte-Beuve, au nom du Jury d'examen, pour les prix proposés par la Société des gens de lettres ».
21 septembre. Première lettre d'Adèle Couriard.
15 novembre. « *Histoire de la Querelle des Anciens et des Modernes*, par M. Hippolyte Rigault ».

1857 *A partir de janvier.* Troisième édition des *Causeries du Lundi.*
Janvier-février. Procès de *Madame Bovary.*
Mars. Etude sur Virgile.
9 et 16 mars. « Divers écrits de M. H. Taine » (*Le Moniteur*).
25 avril. Lettre à Gustave Flaubert sur *Madame Bovary* : « Vous savez tout, Monsieur, mais vous êtes cruel. »
4 mai. « *Madame Bovary*, par M. Gustave Flaubert » (*Le Moniteur universel*).
11 mai. « Alfred de Musset ».
20 juin. A défaut d'article, lettre à Baudelaire sur les *Fleurs du mal*, qui sera insérée à la suite d'une note sur le poète en appendice au t. IX des *Causeries du Lundi* (datée par erreur du 20 juillet).
21 juin. Mise en vente des *Fleurs du Mal.* Le procès est lancé par un article dans le *Figaro* (5 juillet), et un Rapport accusateur présenté au Ministère de l'Intérieur (7 juillet).
24 et 31 août, 7 septembre. « *Œuvres* de Vauvenargues ».
12 octobre. « *Poésies complètes* de Théodore de Banville ».
Décembre. Tome XIII des *Causeries du Lundi.*

1858 *12 avril.* « De la tradition en littérature », leçon d'ouverture à l'Ecole normale, le 12 avril 1858.

1859 *9 mai.* « Correspondance inédite de Mme du Deffand ».
8 août. « La Princesse des Ursins ».
Décembre. Tomes IV et V de *Port-Royal.*

1860 *20 février.* « A Monsieur le Directeur-gérant du *Moniteur* ».
13 août. « Poésies inédites de Madame Desbordes-Valmore ».
4 novembre. Chateaubriand et son groupe littéraire sous l'Empire, Garnier.
Il commence à fréquenter le salon de la princesse Mathilde.

Juillet. Il refuse à Baudelaire un article sur *Les Paradis artificiels.*
3 février. Riposte à Taxile Delord (*Le Constitutionnel*).
Juillet. Fin des cours à l'Ecole normale.

1861 *Septembre.* Il revient au *Constitutionnel.* Début des *Nouveaux lundis.*

1862 *22 janvier.* « Des prochaines élections de l'Académie » (*Le Constitutionnel*).
5 mai. « Mme de Staël, Coppet et Weimar ».
2 et 29 juillet. « *Essais de morale et de critique* d'Ernest Renan » (*Le Constitutionnel*).
3 juillet. « La Princesse Mathilde » dans *Galerie Bonaparte*, chez Glaeser.
21 et 22 juillet. « Chateaubriand jugé par un ami intime en 1803 », *Le Constitutionnel.*
Novembre. Début des dîners Magny, avec Flaubert, Sand, les Goncourt, Taine, Renan.
1er décembre. « *La Femme au XVIIIe siècle*, par MM. Edmond et Jules de Goncourt », *Le Constitutionnel.*
8, 15 et 22 décembre. « Salammbô, par M. Gustave Flaubert », *Le Constitutionnel.*

1863 *7 septembre.* « *La Vie de Jésus*, par M. Renan ».
12, 19, 27 octobre. « Gavarni ».
16, 23 et 30 novembre. « Poésie. — Voyages. — Salons. — Critique dramatique. — Romans : *Le Capitaine Fracasse*, par M. Théophile Gautier ».
Mars. Tome I des *Nouveaux Lundis.*
Décembre. Invitation par l'Empereur au château de Compiègne.

1864 *1er et 8 février.* « *Dominique* par M. Eugène Fromentin. *Un Eté dans le Sahara, Une Année dans le Sahel* ».
30 mai, 6 et 13 juin. « *Histoire de la littérature anglaise* par M. Taine » (*Le Constitutionnel*).
7 novembre. « *Physiologie des écrivains et des artistes ou Essai de critique naturelle* par M. Emile Deschanel ».

1865 Attitude plus critique envers le gouvernement.
Tomes III et IV des *Nouveaux Lundis.*
27 février et 6 mars 1865. « Mme de Verdelin » (*Le Constitutionnel*).

Juin. « De la poésie en 1865 ».
Octobre. Etude sur Proudhon (*Revue contemporaine*).

1866 *Janvier.* Première opération chirurgicale.
14 mai. « *Idées et Sensations*, par MM. Edmond et Jules de Goncourt ».
Juillet. Il est rapporteur pour la loi sur la propriété littéraire du 6 juillet 1866.
26 août. Article élogieux de Jules Vallès le présentant comme « un homme libre dans ses uniformes d'académicien et de sénateur ».

1867 Correspondance avec Emile Zola.
28 janvier. Dernier article au *Constitutionnel.*
Février. Tome VII des *Nouveaux Lundis.*
Mai. Tome VIII des *Nouveaux Lundis.*
16 septembre. Il reprend les *Lundis* au *Moniteur.*

1868 *Avril.* Dîner gras du Vendredi saint, dénoncé par Veuillot.
7 mai. « De la loi sur la presse », discours au Sénat.
19 mai. Discours sur la liberté de l'enseignement.
Octobre. Il quitte *Le Moniteur* pour *Le Temps.*
21 novembre. Dernier *Lundi* du *Moniteur.*

1869 *4 janvier.* Premier article au *Temps.*
6 avril au 5 mai. « Madame Desbordes-Valmore, sa vie et sa correspondance ».
Juillet. Nouvelle édition des *Portraits contemporains.*
28 septembre. Sainte-Beuve désigne Jules Troubat comme son légataire universel.
13 octobre. Mort de Sainte-Beuve après une nouvelle opération.
16 octobre. Enterrement civil au cimetière Montparnasse.

1905 *Le Livre d'or de Sainte-Beuve*, publié par le Comité du *Journal des Débats*, à l'occasion du centenaire de sa naissance (daté 1904).

1908-1910 Proust, commençant à écrire la *Recherche*, rédige les textes qui seront regroupés ensuite sous le titre *Contre Sainte-Beuve.*

BIBLIOGRAPHIE

I. *Editions des œuvres critiques de Sainte-Beuve par ordre chronologique*

Tableau historique et critique de la Poésie française et du Théâtre français au XVIe siècle, Sautelet, 1828, 2. vol. (Edition revue et augmentée en 1843, chez Charpentier).

Critiques et Portraits littéraires, Renduel, 1832, 1 vol.

Critiques et portraits littéraires, Renduel, 1836-1839, 5 vol.

En 1844, les *Critiques et portraits littéraires* sont scindés en :

Portraits littéraires, Didier, 2 vol. (consacrés aux morts).

Portraits de femmes, Didier, 1 vol. Edition plus complète en 1852 et 1856. Edition reprise en 1862 par Garnier.

Portraits contemporains, Didier, 1846, 3 vol. Edition revue et corrigée en 1855. Edition très augmentée en 5 vol. chez Michel Lévy (1869-1871).

Derniers portraits littéraires, Didier, 1 vol., 1852.

Port-Royal, publié de 1840 à 1859, en 5 vol., d'abord chez Renduel, puis chez son successeur, Louis Hachette.

Chateaubriand et son groupe littéraire sous l'Empire, 2 vol., 1860, Garnier.

Causeries du Lundi, 15 vol. de 1851 à 1862, chez Garnier, qui réunissent les articles publiés dans *Le Constitutionnel* (1er oct. 1849 - 29 nov. 1852) et dans *Le Moniteur* (6 déc. 1852 - 26 août 1861). 3e éd., revue et corrigée, chez Garnier, 1857-1870, les 7 derniers volumes sont posthumes.

Nouveaux Lundis, 13 vol. de 1863 à 1870 chez Michel Lévy. Les deux derniers sont posthumes. Réunissent les articles publiés notamment dans *Le Constitutionnel* (16 sept. 1861 - 28 janv. 1867), *Le Moniteur* (16 sept. 1867 - 21 nov. 1868), *Le Temps* (4 janv. 1869 - 13 juillet 1869).

Premiers Lundis, (recueil posthume des articles de jeunesse, publié par Jules Troubat), 3 vol., Michel Lévy, 1874.

Chroniques parisiennes, (publication posthume par Jules Troubat des chroniques de Sainte-Beuve dans la *Revue Suisse* de ses amis Olivier, en 1843-1845), Michel Lévy, 1876.

P.J. Proudhon, sa vie et sa correspondance, Calmann-Lévy.

Etude sur Virgile, mars 1857.

II. *Principales éditions récentes*

Œuvres, « Bibliothèque de la Pléiade », Gallimard, 2 vol., texte présenté et annoté par Maxime Leroy, 1949. (Contient les *Premiers Lundis*, les *Portraits littéraires*, et les *Portraits de femmes*).

Port-Royal, « Bibliothèque de la Pléiade », Gallimard, 3 vol., texte présenté et annoté par Maxime Leroy, 1954.

Portraits littéraires et *Portraits de femmes*, édition préfacée par Gérald Antoine, « Bouquins », Laffont, 1992.

III. *Anthologies*

Les Grands écrivains français par Sainte-Beuve. Etudes des *Portraits* et des *Lundis* classées selon un ordre nouveau et annotées par Maurice Allem, Librairie Garnier, 1926 (23 vol.)

Anthologie critique, édition établie par Michel Balzano, préface de Bruno de Cessole, Editions universitaires, Paris, 1990.

La Vie des lettres, anthologie en quatre volumes, édition établie par Pierre Berès, Hermann, 1992.

IV. *Carnets, manuscrits*

Cahiers de Sainte-Beuve, publiés par Jules Troubat, Lemerre, 1876.

Sainte-Beuve, *Mes Poisons*, extraits des Cahiers publiés en 1926 par Victor Giraud, réédition dans la « Bibliothèque 10/18 », U.G.E., 1965.

Sainte-Beuve, *Le Cahier vert, 1834-1847*, édition de Raphaël Molho, Gallimard, 1974.

Notes inédites de Sainte-Beuve, édition critique partielle du manuscrit D. 569 de la Collection Lovenjoul à l'Institut (*Notes historiques et littéraires prises par Sainte-Beuve*), par Charly Guyot, *Recueil de travaux publiés à la Faculté des lettres*, Fascicule XVI, Neuchâtel, 1931.

Cahier brun, manuscrit D. 573 de la Collection Lovenjoul.

V. *Correspondance*

Correspondance générale, recueillie, classée et annotée par Jean Bonnerot (t. I à XIV) et par Alain Bonnerot (t. XV à XIX), Librairie Stock, puis Didier-Privat, 1935-1983.

VI *Bibliographies*

Charles Pierrot, *Table générale et analytique des « Causeries du Lundi », des « Portraits de femmes » et des « Portraits littéraires »*, Garnier, 1885.

Victor Giraud, *Table alphabétique et analytique des « Premiers Lundis », des « Nouveaux Lundis » et des « Portraits contemporains »*, Calmann-Lévy, s. d.

Jean Bonnerot, *Bibliographie de l'Œuvre de Sainte-Beuve*, Giraud-Badin, 1937-1952.

Jean Bonnerot, *Un demi-siècle d'études sur Sainte-Beuve (1904-1954)*, Les Belles Lettres, 1957.

VII. *Etudes sur Sainte-Beuve critique*

Maurice Allem, *Portrait de Sainte-Beuve*, Albin Michel, 1954.

Gérald Antoine, *Vie, Poésies et Pensées de Joseph Delorme* de Sainte-Beuve. Etablissement du texte, notes et lexique par G. Antoine, Nouvelles éditions latines, 1954.

Gérald Antoine, « Sainte-Beuve et l'esprit de la critique dite « universitaire » », dans *Sainte-Beuve et la critique littéraire contemporaine*, Actes du colloque tenu à Liège en octobre 1969, Bibliothèque de la Faculté de Philosophie et Lettres de l'Université de Liège, Fascicule CXCVIII, Les Belles Lettres, 1972, p. 105-123.

Gérald Antoine, « “ Groupe ”, “ école ”, “ famille ”, “ génération ” dans la critique de Sainte-Beuve », *R.H.L.F.*, 1980-5, sept.-oct., p. 737-748.

Gérald Antoine et Claude Pichois, « Sainte-Beuve juge de Stendhal et de Baudelaire », *Revue des Sciences Humaines*, janv.-mars 1957, p. 7-34.

M. Bach, « Sainte-Beuve et Voltaire », *The French Review*, décembre 1957, p. 109-115.

Honoré de Balzac, « Lettre sur Sainte-Beuve », *Revue parisienne*, 10 août 1840.

Jules Barbey d'Aurevilly, « Sainte-Beuve et Chateaubriand », *Le Pays*, 9 nov. 1860, « M. Sainte-Beuve », *Le Nain Jaune*, 14 oct. 1863, repris dans *Les Quarante médaillons de l'Académie*, « A propos de critique », *Le Constitutionnel*, 21 sept. 1869, « Sainte-Beuve », *Le Constitutionnel*, octobre 1869, textes cités dans *Le XIXᵉ siècle, Des Œuvres et des Hommes*, choix de textes établi par Jacques Petit, 2 vol., Mercure de France, 1966.

Pierre Barberis, « Signification de *Joseph Delorme* en 1830 », *R.S.H.*, juil.-sept. 1969, p. 365-390.

Maurice Barrès, « Méditation spirituelle sur Sainte-Beuve », *Un homme libre*, 1899, éd. déf. Plon, 1922.

André Bellessort, *Sainte-Beuve et le XIXᵉ siècle*, Librairie académique Perrin, 1927.

Maurice Bémol, « Valéry et Sainte-Beuve, contribution à l'étude de leur méthode critique », *Annales Universitatis Saraviensis*, nº 1, 1952, p. 48-59.

Paul Bénichou, « Sainte-Beuve », dans *L'Ecole du désenchantement*, « Bibliothèque des idées », Gallimard, 1992, p. 13-36.

G. Bertrin, *Sainte-Beuve et Chateaubriand*, 1906.

André Billy, *Sainte-Beuve, sa vie et son temps*, (*I. Le Romantique, II. L'Epicurien*), « Les Grandes Biographies », Flammarion, 2 vol., 1952.

Paul Bourget, « Actualité de Sainte-Beuve », *Revue des Deux Mondes*, 15 juin 1927, p. 926-937.

René Bray, *Sainte-Beuve et l'Académie de Lausanne. Chronique du cours sur Port-Royal (1837-1838)*, Paris-Lausanne, 1890.

Henri Brémond, « Sainte-Beuve ou le romantique impénitent », dans *Pour le romantisme*, Bloud et Gay, 1923, p. 175-211.

José Cabanis, *Pour Sainte-Beuve*, Gallimard, 1987.

Frédéric Choisy, *Sainte-Beuve, l'Homme et le Poète*, Plon-Nourrit, 1921, 199 p.

Mercer Cook, « Ampère and Sainte-Beuve : The study of an influence », *Romanic Review*, fév. 1938, p. 59-67.

Gisèle Corbière-Gille, *Aperçu de l'œuvre critique de Charles-Augustin Sainte-Beuve*, Nouvelles éditions Debresse, 1973.

Juliette Decreus-Van Liefland, *Sainte-Beuve et la critique des auteurs féminins*, Ed. contemporaines, Boivin, 1948.

José-Luis Diaz, « Sainte-Beuve chez les Muses », *Romantisme*, 1992-4.

José-Luis Diaz, « Sainte-Beuve et la gloire des autres », à paraître dans les Actes du colloque de Caleceite sur « La Gloire » (juillet 1992).

Emile Faguet, « Sainte-Beuve » dans *Politiques et moralistes au XIXe siècle*, 3e série, p. 185-235, 1900.

Roger Fayolle, « Le goût de Sainte-Beuve », dans *Sainte-Beuve et la critique littéraire contemporaine*, 1972, *ibid.*, p. 73-88.

Roger Fayolle, « Sainte-Beuve et Lamartine, ou l'histoire d'un désillusionnement », dans *Le Livre du Centenaire*. Etudes recueillies et présentées par Paul Viallaneix, Flammarion, 1971, p. 223-262.

Roger Fayolle, *Sainte-Beuve et le XVIIIe siècle ou comment les révolutions arrivent*, Armand Colin, 1972.

Roger Fayolle, « Sainte-Beuve et la science de la littérature », *Sainte-Beuve-Lamartine, Colloques*, 8 novembre 1969, Publications de la Société d'histoire littéraire de la France, 1970, p. 25-36.

V.H. Frobock, « The Critic an the Cult of art. Sainte-Beuve and the aesthetic Movement », *Romanic Review*, t. XXXII, 1941, p. 379-388.

Sylvia Glabischnig, *Der journalistiche Aspekt im kritischen Werk Sainte-Beuves*, Wien, 1986.

Edmond et Jules de Goncourt, *Journal, Mémoires de la vie littéraire*, Coll. Bouquins, Robert Laffont, 1989.

Henri Guillemin, « Sainte-Beuve secret », préface à la réédition de *Mes Poisons*, Bibliothèque 10/18, 1965.

Marius-François Guyard, « La critique beuvienne de Lamartine », *Revue des Sciences humaines*, juil.-sept. 1969, p. 429-437.

Simon Jeune, « Sainte-Beuve anonyme », *Revue d'histoire littéraire de la France*, mars-avril 1968, p. 229-259.

Gustave Lanson, « Avant-Propos » de *Hommes et livres. Etudes morales et littéraires*, Lecène, Oudin et Cie, 1895.

Gustave Lanson, « Sainte-Beuve et le Second Empire », *Revue bleue*, 27 mai 1899.

Gustave Lanson, *Extraits des « Causeries du Lundi »*, Garnier, 1900.

Gustave Lanson, « Sainte-Beuve. Ce qui fait de lui le maître de la critique et le patron des critiques », dans *Revue Universitaire*, 1905, p. 119-132, repris dans *Essais de méthode de critique et d'histoire littéraire*, rassemblés et présentés par Henri Peyre, Hachette, 1965, p. 427-441.

Maurice-Jean Lefebvre, « Critique et imaginaire », dans *Sainte-Beuve et la critique littéraire contemporaine*, 1972, *ibid.*, p. 137-145.

Maxime Leroy, *La Pensée de Sainte-Beuve*, Gallimard, 1940.

Maxime Leroy, *La Politique de Sainte-Beuve*, Gallimard, 1941.

Maxime Leroy, *La Vie de Sainte-Beuve*, « Coll. Janus », J.B. Janin, 1947.

Jules Levallois, *Sainte-Beuve. L'œuvre du poète. La méthode critique. L'homme privé*, Didier, 1872.

Le Livre d'or de Sainte Beuve, 1905 (1904 sur la couverture), publié par le Comité du *Journal des Débats*.

Daniel Madelénat, *Orientations étrangères chez Sainte-Beuve : Sainte-Beuve et l'Angleterre avant les Lundis*, Thèse d'Etat, Paris IV, 1979.

Gustave Michaud, *Sainte-Beuve avant les « Lundis ». Essais sur la formation de son esprit et de sa méthode critique*, Fribourg, Librairie de l'Université et Paris, Librairie A. Fontemoing, 1903, in 4°.

Gustave Michaud, *Etudes sur Sainte-Beuve*, Fontemoing, 1905.

Raphaël Molho, « La philosophie critique de Sainte-Beuve », *Sainte-Beuve et la critique littéraire contemporaine*, 1972, *ibid.*, p. 55-71.

Raphaël Molho, *L'Ordre et les ténèbres ou la naissance d'un mythe du* XVIIe *siècle chez Sainte-Beuve*, Armand Colin, 1972.

Raphaël Molho, « Sainte-Beuve et les problèmes de l'existence critique », *Sainte-Beuve-Lamartine, Colloques*, 8 novembre 1969, Publications de la Société d'histoire littéraire de la France, 1970, p. 12-23.

Pierre Moreau, *La Critique selon Sainte-Beuve*, SEDES, 1964.

Pierre Moreau, « Le bilan de Sainte-Beuve », *Revue des Sciences humaines*, juil.-sept. 1969, p. 353-363.

Pierre Moreau, « Le poète dans le critique », *Sainte-Beuve-Lamartine*,

Colloques, 8 novembre 1969, Publications de la Société d'histoire littéraire de la France, 1970, p. 7-11.

Michel Otten, « Proust et Sainte-Beuve », dans *Sainte-Beuve et la critique littéraire contemporaine*, 1972, *ibid.*, p. 95-103.

Marie-Louise Pailleron, *Sainte-Beuve à 16 ans*, Le Divan, 1927.

Claude Pichois, « Sainte-Beuve ou l'eau critique », *Revue des Sciences Humaines*, juil.-sept. 1969, p. 419-427.

Gustave Planche, « Sainte-Beuve », *Nouveaux portraits littéraires*, Librairie d'Amyot, 1854, p. 353-402.

Jean Pommier, « Marcel Proust et Sainte-Beuve », *Revue d'Histoire littéraire de la France*, 1954, p. 536-542.

Jean Prévost, « Profits de l'intelligence ou le destin de Sainte-Beuve », *Europe*, 15 mars, 15 avril, 15 mai 1931, repris dans *Epicuriens français. Trois vies exemplaires*, N.R.F., 1931.

Marcel Proust, *Marcel Proust contre Sainte-Beuve* [1954], Préface de Bernard de Fallois, repris sous le titre *Contre Sainte-Beuve* dans la collection « Idées », Gallimard, 1973, réimpression en Folio-Essais, en 1987.

Maurice Regard, *Sainte-Beuve*, « Connaissance des Lettres », Hatier, 1959.

Jean-Pierre Richard, « Sainte-Beuve et l'expérience critique », *Les chemins actuels de la critique*, Colloque de Cerisy, 1966, Plon, 1967 et « 10/18 ».

Jean-Pierre Richard, « Sainte-Beuve et l'objet littéraire », dans *Etudes sur le romantisme*, Editions du Seuil, 1970.

André Rousseaux, « Le réalisme de Sainte-Beuve », dans *Mélanges d'histoire littéraire et de bibliographie offerts à Jean Bonnerot*, Nizet, 1954, p. 371-379.

George Sand, « Réception de M. Sainte-Beuve », (2 mars 1845), *Questions d'art et de littérature*, Calmann Lévy, 1863, p. 201-214.

Léon Séché, *Sainte-Beuve, I. Son esprit, ses idées ; II. Ses Mœurs*, 1904, « Etudes d'histoire romantique », Mercure de France, 1904.

Léon Séché, *Le Cénacle de Joseph Delorme*, 2 vol., Mercure de France, 1911.

Spoelberch de Lovenjoul, *Sainte-Beuve inconnu*, Plon, 1901.

Hippolyte Taine, « Sainte-Beuve », *Derniers Essais de critique et d'histoire*, Hachette, 1894, p. 51-61.

Jules Troubat, *Souvenirs et indiscrétions du dernier secrétaire de Sainte-Beuve*, Michel Lévy, 1872.

Jules Vallès, « M. Sainte-Beuve » (1866), « M. Sainte-Beuve encore : le sceptique au réfractaire » (1866), « Lettre d'un irrégulier à M. Sainte-Beuve » (1868), dans *Littérature et Révolution*, recueil de textes de Roger Bellet, Ed. fr. réunis, 1969.

Fernand Vandérem, *Baudelaire et Sainte-Beuve*, H. Leclerc, 1917.

Emile Zola, « Sainte-Beuve », *Documents littéraires. Etudes et portraits*, Charpentier, 1898, p. 270-331.

VIII. *Sur la critique littéraire au XIXe siècle*

Brunetière, *L'Evolution des genres dans l'histoire de la littérature. I. Evolution de la critique depuis la Renaissance jusqu'à nos jours*, Paris, Hachette, 1890.

Antoine Compagnon, *La Troisième République des lettres*, Editions du Seuil, 1983.

Jacques Deguy, *Sartre et la critique littéraire du XIXe siècle*, Atelier national de reprographie des thèses, Lille, 1982.

Gérard Delfau et Anne Roche, *Histoire/Littérature. Histoire et interprétation du fait littéraire*, Ed.du Seuil, 1977.

Jacques Demogeot, *La critique et les critiques au XIXe siècle*, Hachette, 1857.

Manuel de Dieguez, *L'Ecrivain et son langage*, « Les Essais », Gallimard, 1960.

Roger Fayolle, *La Critique littéraire*, Librairie Armand Colin, 1964.

Paulin Limayrac, « L'esprit critique en France », *Revue des Deux Mondes*, 1er juin 1840.

Alfred Michiels, *Histoire des idées littéraires en France au XIXe siècle et de leurs origines dans les siècles antérieurs*, 4e éd, Dentu, 1863, p. 240-321.

Raphaël Molho, *La Critique littéraire en France au XIXe siècle, ses conceptions*, textes choisis et présentés par Raphaël Molho, Buchet/Chastel, 1963.

Pierre Moreau, *La Critique littéraire en France*, coll. U, Armand Colin, 1960.

Claude Pichois, « Petite histoire d'un tabou ou les présupposés de l'antibiographisme », dans *Approches des Lumières. Mélanges offerts à Jean Fabre*, Klincksieck, 1974.

Gustave Planche, « De la critique française en 1835 », *RDM*, 1er janvier 1835 et *Portraits littéraires*, t. II.

Georges Poulet, *La Conscience critique*, Corti, 1984.
Jean-Pierre Salgas, « Sainte-Beuve contre Sainte-Beuve, match nul », Revue parlée du Centre Pompidou, 16 déc. 1991.
Albert Thibaudet, *Physiologie de la critique*, Nizet, 1930.

Avant-propos 7

Présentation. Sainte-Beuve ou « l'office de la vigie » 11

I BIOGRAPHIE 77

Ma biographie (s.d.) 79
France [Sur Bories et les sergents de La Rochelle] (*Le Globe*, 20 sept. 1830) 109

II SUR LA CRITIQUE 113

Pierre Corneille (*Le Globe*, 12 août 1829 et 12 septembre 1829) 115
Diderot (*Revue de Paris*, 26 juin 1831) 121
Victor Hugo, *Les Feuilles d'automne* (*Revue des Deux Mondes*, 15 décembre 1831) 123
Adam Mickiewicz, *Le Livre des pèlerins polonais* (*Le National*, 3 juillet 1833) 128
Du génie critique et de Bayle (*Revue des Deux Mondes*, 1er décembre 1835) 131
[Préface des *Critiques et portraits littéraires*, tome II] (1836) 135

Quelques vérités sur la situation en littérature (*Revue des Deux Mondes*, 1er juillet 1843) 141
Chateaubriand jugé par un ami intime en 1803 (*Le Constitutionnel*, 21 et 22 juillet 1862) 145
Histoire de la littérature anglaise par M. Taine (*Le Constitutionnel*, 30 mai, 6 et 13 juin 1864) 165
Essai de critique naturelle par M. Emile Deschanel (7 novembre 1864) 183
[« Moi, disait Diderot... »] (s.d.) 191
Sonnet d'Hazlitt (s.d.) 192

III SUR LA SITUATION LITTÉRAIRE ET LA CONDITION DES ÉCRIVAINS 195

De la littérature industrielle (*Revue des Deux Mondes*, 1er septembre 1839) 197
Des gladiateurs en littérature (juin 1840) 223
Rapport fait par M. Sainte-Beuve, au nom du Jury d'examen, pour les prix proposés par la Société des gens de Lettres, et lu dans la séance publique du jeudi 17 avril 1856 243
A Monsieur le Directeur-gérant du *Moniteur* (20 février 1860) 251

IV SUR LES AUTEURS 265

Oberman (*Revue de Paris*, 21 janvier 1832) 267
M. A. de Musset (*Revue des Deux Mondes*, 15 janvier 1833) 277
Lélia (*Le National*, 29 septembre 1833) 296
M. de Balzac (*Le Constitutionnel*, 2 septembre 1850) 307
M. de Stendhal. Ses Œuvres complètes (*Le Moniteur Universel*, 2 et 9 janvier 1854) 330

Madame Bovary, par M. Gustave Flaubert (*Le Moniteur universel*, 4 mai 1857) 339
[A propos des *Fleurs du mal*] (Lettre du 20 juillet 1857) 350
Des prochaines élections de l'Académie
[A propos de la candidature de Baudelaire] (*Le Constitutionnel*, 22 janvier 1862) 355
Le Capitaine Fracasse, par M. Théophile Gautier (*Le Constitutionnel,* 16, 23 et 30 novembre 1863) 357

Chronologie 373

Bibliographie 383

ŒUVRES DE SAINTE-BEUVE

Aux Éditions Gallimard

Dans la collection Bibliothèque de la Pléiade

PORT-ROYAL (3 tomes)

Dans la collection Folio

VOLUPTÉ (Nº 1755)

Impression Bussière à Saint-Amand (Cher),
le 10 septembre 1992.
Dépôt légal : septembre 1992.
Numéro d'imprimeur : 2650.
ISBN 2-07-032722-1./Imprimé en France.